LITERATURA E LETRAMENTO:
ESPAÇOS, SUPORTES E INTERFACES
O JOGO DO LIVRO

ORGANIZADORAS

Aparecida Paiva
Aracy Martins
Graça Paulino
Zélia Versiani

LITERATURA E LETRAMENTO:
ESPAÇOS, SUPORTES E INTERFACES
O JOGO DO LIVRO

1ª edição
2ª reimpressão

autêntica

Copyright © 2003 by Os autores

Capa
Jairo Alvarenga Fonseca
(sobre pintura de Jean Jouvenet, A educação da virgem, 1700)

Conselho Editorial da Coleção Linguagem & Educação
*Antônio Augusto Gomes Batista, Arthur Gomes de Morais,
Ceres Ribas da Silva, Magda Soares]eme Brito*

Conselho Editorial da Série Literatura & Educação
*Aparecida Paiva, Graça Paulino, Magda Soares,
Regina Zilberman, Anne Marie-Chartier*

Revisão
Ana Elisa Ribeiro

L775	Literatura e letramento : espaços , suportes e interfaces — O jogo do livro / organizado por Aparecida Paiva , Aracy Martins , Graça Paulino , Zélia Versiani . – 1. ed., 2. reimp. – Belo Horizonte: Autêntica/CEALE/FaE/UFMG, 2007.
	272p – (Coleção Linguagem e educação, 8)
	ISBN 978-85-7526-092-0
	1.Educação. 2.Literatura. I.Paiva, Aparecida. II.Martins, Aracy. III.Paulino, Graça. IV.Versiani, Zélia. V.Título.
	CDU 37
	82

2007
Todos os direitos reservados pela Autêntica Editora.
Nenhuma parte desta publicação poderá ser reproduzida,
seja por meios mecânicos, eletrônicos, seja via cópia
xerográfica, sem a autorização prévia da editora.

Autêntica Editora
Belo Horizonte
Rua Aimorés, 981, 8º andar – Funcionários
30140-071 – Belo Horizonte – MG
TELEVENDAS: 0800 2831322
www.autenticaeditora.com.br
e-mail: autentica@autenticaeditora.com.br

São Paulo
Tel.: 0800 2831322
e-mail: autentica-sp1@autenticaeditora.com.br

ÍNDICE

Apresentação..07

I PARTE - ESPAÇOS

Livros, críticos, leitores: trânsitos de uma ética
Graça Paulino..13

Escolhas literárias e julgamento de valor por leitores jovens
Zélia Versiani..21

Questões de estilo no contexto do processo de letramento: crianças de 3ª série elaboram sinopses de livros literários
Cecilia M. A. Goulart..35

Adolescentes leitores: eles ainda existem
Hércules Tolêdo Corrêa...51

A didatização e a precária divisão de pessoas em faixas etárias: dois fatores no processo de (não) formação de leitores
Ricardo Azevedo..75

II PARTE - SUPORTES

Folhetos de cordel: experiências de leitores\ouvintes (1930-1950)
Ana Maria de Oliveira Galvão..87

A gaveta e o álbum: outras narrativas para a criança
Leo Cunha..99

Literatura e neoleitores jovens e adultos – encontros possíveis no currículo?
Jane Paiva...111

Letramento literário e livro didático de língua portuguesa: "Os amores difíceis"
Egon de Oliveira Rangel 127

Interlocuções do livro didático com a literatura
Aracy Martins 147

Leitura, escrita e literatura em tempos de internet
Maria Teresa de Assunção Freitas 155

III PARTE - INTERFACES

Margeando a Educação: o lugar das "outras linguagens"
Aparecida Paiva 177

Tradição e experimentação – metamorfoses do conto oral
Sônia Queiroz 187

Notícias de uma guerra simbólica
Wellington Srbek 201

Imagens e práticas intertextuais em processos educativos
Célia Abicalil Belmiro, Delfim Afonso Jr., Armando Martins de Barros 209

O estranho mundo de Jack: considerações literárias e cinematográficas
Alexandre Veloso de Abreu 225

A leitura literária diante da visão moderna de progresso
Marcelo Chiaretto 235

IV PARTE - LETRAMENTO LITERÁRIO

Letramento literário: não ao texto, sim ao livro
Regina Zilberman 245

Autores 267

APRESENTAÇÃO

Este livro reúne trabalhos de pesquisadores a respeito de diferentes dimensões envolvidas na difusão da literatura e na formação de seu público, no mundo contemporâneo.

Na discussão dessa difusão e dos processos de formação a ela relacionados, os autores convidam o leitor a percorrer estradas já trilhadas, já caminhadas: a conhecer melhor seu público por excelência, o jovem e a criança; a discutir traços de sua esfera privilegiada, a literatura infanto-juvenil; a analisar o principal espaço em que essa formação se exerce, a escola; a compreender suas relações com seu mais tradicional veículo, num país em que a indústria editorial é historicamente dependente do mercado escolar – o livro didático.

Estradas já trilhadas, caminhos já percorridos, mas com conhecidos acidentes: Como a escola propõe ao jovem e à criança modos de relação com a cultura literária? Que conteúdos dessa cultura seleciona e exclui? Que capacidades e procedimentos – de escolha, de leitura, de apreciação – jovens leitores desenvolvem no contato com a literatura na escola? Quais os efeitos das práticas escolares sobre a formação literária de jovens e crianças?

Se este livro convida seus leitores a percorrer caminhos e acidentes já conhecidos, ele faz, porém, esse convite de um modo estranho: à medida que por ele caminhamos, os limites das estradas tendem a se mover e se alargar; as trilhas que nos orientam tendem a se apagar, deixando-nos sem norte e sem bússola. É que os autores nos propõem uma revisão em nossa maneira de ver as coisas já vistas, de modo a melhor compreender esse complexo fenômeno da difusão da literatura. E o fazem de diferentes modos.

Primeiramente, eles nos propõem repensar a tradicional identificação entre difusão da literatura, de um lado, e a criança e o jovem, de outro: primeiro, porque nem a criança nem o jovem são categorias uniformes e abstratas, mas seres concretos, inseridos nas transformações por que passa a estrutura familiar, os diferentes estatutos da criança e do jovem, e habitantes de um mundo da cultura escrita em acentuado processo de modificação; mas ainda porque, numa sociedade que distribui desigualmente riquezas materiais e culturais, a difusão e a apropriação da literatura se fazem também junto a populações marginalizadas, não-escolarizadas ou tardiamente escolarizadas – seja por sua própria conta e risco, seja em programas de educação de adultos, essas populações reivindicam para si formas de participação na cultura literária, ouvindo, dizendo e lendo textos que estabelecem complexas relações com a instituição literária; desenvolvendo táticas de inserção nessa cultura, seja por meio da leitura coletiva, seja por meio da escuta, seja por meio de uma demanda de continuidade e aprofundamento da formação construída por programas de educação de jovens e adultos.

Mas os autores propõem que também desfaçamos a imobilidade de nosso olhar sobre a difusão da literatura, convidando-nos a desfazer outras associações que nos guiam nos caminhos já trilhados. Em seus trabalhos, eles nos dizem: a difusão da literatura não se faz apenas por meio da literatura infanto-juvenil, mas também por gêneros orais ou sem prestígio, como o cordel; o livro não é mais o único suporte sobre o qual se exerce a formação para a leitura de textos literários e mesmo os textos nesse tradicional suporte vem assumindo novas características, ensejando novos modos de fazer e ler literatura, sob o impacto de novos meios, como a Internet, ou de outras linguagens, como a imagem, o cinema, os quadrinhos.

Basculados por esses novos modos de ver a velha estrada, deixados sem bússola – ao final da leitura deste livro, professores, pesquisadores e profissionais ligados à difusão da literatura terão com certeza tropeçado aqui e ali, se perdido mais adiante, descoberto um atalho. Mas terão também, certamente, ao olhar a estrada percorrida, um novo mapa do trilhado, um novo jeito de ver o papel do livro na formação de leitores, um modo diferenciado de encarar seu público, uma diferente maneira de pensar a literatura e seu papel formativo. Combinar essas diferentes visadas da estrada e, como num caleidoscópio, construir novas configurações, aí está o convite que os autores deste livro nos fazem.

Antônio Augusto Gomes Batista

ESPAÇOS

LIVROS, CRÍTICOS, LEITORES:
TRÂNSITOS DE UMA ÉTICA

Graça Paulino

A mentira ética da arte

As artes são fazeres humanos cuja verdade não está na correspondência com o real vivido, mas na proposta assumida de um vir-a-ser, no sentido nietszcheano, que é simultaneamente antecipação e retorno, memória e força de criação. Assumindo, por exemplo, o gênero da novela histórica, a arte literária apresenta-nos, como se novo fosse, aquilo que já faz parte da história do país. É o caso de *Chica e João*, obra de Nelson Cruz, em que Chica da Silva, personagem-narradora, toma a palavra, como se cansada estivesse de tantas vezes ter sido objeto dela. Assim se abre a enunciação de Nelson, um homem de nosso tempo, para o relato de Chica, uma mulher, uma negra alforriada, que, após viver um grande amor com o rico português João Fernandes, se acha sozinha a narrar suas esperanças e medos, enquanto tenta obter o melhor para os filhos. Apenas o esqueleto da história – a relação amorosa entre Chica e João – é fato comprovado. Mais vale a imaginação feita em palavras: literatura.

Isso significa que a arte não mente, ao tornar concreto o imaginário por meio da linguagem. No caso da literatura, essa linguagem é língua oral ou escrita que ultrapassa padrões, tanto na materialidade significante quanto na instauração de sentidos. Assim, no plural, o termo "sentidos" revela-nos outro aspecto da existência do texto literário enquanto texto artístico: não há como nele negar o caráter polifônico do discurso, e não foi por acaso que Bakhtin escolheu a literatura para fundamentar sua teoria dialógica da enunciação. O outro está presente, portanto, de forma assumida no discurso literário, e mais presente nele que em outros discursos.

Literatura: a alteridade assumida

Funda-se nessa presença do outro uma ética da literatura cuja dimensão gostaria de destacar aqui, seguindo a trilha bakhtiniana.

O autor literário abre seu discurso ao outro, e nessa superação de uma primeira pessoa, um eu dono da palavra, está a marca ética de seu fazer. A enunciação literária ultrapassa de propósito o plano da pessoa física que está com a palavra enquanto autor. Sua voz deixa-se contaminar e tomar por outras. A voz do outro enquanto narrador é a primeira marca de alteridade que se imprime à linguagem literária. A segunda são as personagens. Não é o autor sozinho. Vão-se desdobrando em vozes as inúmeras facetas, memórias, fundações, papéis. A multiplicidade e a diferença são assumidas e trabalhadas com *estilo*, que, aliás, *é* o outro, como já disse a Psicanálise.

Saber fazer isso é ser de fato um artista da palavra. Saber fazer, evidentemente, não significa fazê-lo porque e sempre que se quer. Existe um objeto concreto, que é o texto, para mostrar-nos o que foi feito. O trabalho, ao mesmo tempo ético e estético, de deixar lugar no texto para vozes diferentes, dissonantes, múltiplas, não é fácil. Muitas vezes o condutor quer conduzir, quer falar apenas a palavra que acha ser a sua. Nega, assim, o que seria próprio da literatura enquanto arte, como revela sua própria e longa história: o desdobramento partilhado do imaginário por meio da linguagem. Outras vezes, o autor quer repartir a enunciação, mas essa intenção não se torna texto. Aparentemente, a diversidade estaria escrita, mas quando vamos procurá-la de perto, percebemos paráfrases disfarçadas, polêmicas ignoradas.

A grande questão que ronda os textos ficcionais destinados às crianças está exatamente num procedimento monológico que pode ser considerado de certo modo uma "falta de ética". Traindo a abertura para outras vozes, a polifonia assumida, própria da enunciação literária, diversos autores se tornam tutores, e querem ensinar, mostrando um caminho certo aos pequenos que lêem seus textos.

Querem mostrar, por exemplo, quão importante é a natureza, como ser feliz, como respeitar os direitos alheios, como escapar ao inferno das drogas, como salvar a humanidade. São lindas suas mensagens. Só que a condução de opiniões é propriedade dominante de outro tipo de interlocução. Quando predomina essa necessidade de aconselhar, de levar ao bom caminho, de ensinar, numa narrativa, por exemplo, os recursos da arte literária estão sendo usados para outros fins: morais, publicitários, informativos, etc. Não é que se negue a existência de uma retórica da poesia, muito estudada desde a Antigüidade. Apenas se torna necessário que tal retórica esteja a serviço da poesia, da arte, e não o contrário.

Essa maneira de encarar a construção literária, além de complexa, entremostra nichos às vezes difíceis de ver. Por exemplo, há autores e autores, e, além disso, cada um não constitui uma identidade discursiva única, sempre a mesma. Pensemos no caso de Clarice Lispector. Quando narra a história da galinha Laura, sua visão desse animal se impõe ao leitor: Laura parece-lhe e se mostra a nós burrinha, desorientada. Mas ao narrar a história de Macabéia, o pseudo-autor se enche de dúvidas, expressas ao leitor/leitora: estaria dando conta da diferença, estaria dando existência à própria personagem, sem submetê-la ao seu arbítrio de dominação?

Assim também procede Ziraldo: em *Flicts*, a questão da diferença é tratada com delicadeza. Como disse Drummond, Flicts é mais que uma cor, é um "estado de ser". Segundo

Ziraldo, "raro e triste". Mas em *O menino mais bonito do mundo*, outra obra de Ziraldo, a natureza existe em função do macho humano e a mulher é criada só porque ele se sentia solitário sem ela. O autor, nesse caso, não consegue abandonar sua palavra "real", não consegue imaginar Deus diferente de Ziraldo.

Literatura anódina

Bem, pelo menos Clarice e Ziraldo tomaram com vigor posições acerca de suas personagens, mesmo quando dominadas pelo egocentrismo autoral. Coragem, força e ânimo são valores que merecem admiração nos textos literários. Mas há também outro procedimento narrativo que se aproxima muito de uma falta de ética textual. Pode ser denominado sem ética o produto resultante de uma literatura *anódina*, que trata de assuntos já banalizados, enfraquecidos, sem acrescentar força nova a eles, sem mostrar a que veio a "historinha". É como se alguns escrevessem por falta de algo mais interessante – quem sabe lucrativo? – a fazer, embora não saibam em que universo estão, embora tenham lido pouco e mal, embora se revelem presunçosos apenas.

História fraca com personagens fracos é antiética no universo literário, porque, de certo modo, o enfraquece como um todo. A tradição literária de qualidade, os cânones narrativos, parecem não ter sido visitados nem considerados por esses escritores apressados e, quem sabe, preguiçosos. Subentendemos que, se eles esqueceram, estão indiretamente nos dizendo: *esqueçam Cervantes, esqueçam Flaubert, esqueçam Graciliano Ramos. Eis aqui uma historinha leve e solta para pequenos, historinha que ignora os clássicos, porque estes são muito complicados, muito chatos.*

Não quero tomar posições extremistas, nem nomear de modo negativo obras e autores que aqui estariam no mínimo sem direito a contra-argumentar. Mas li um livrinho que narra a experiência de um ilustrador, o qual, desejando desenhar uma bruxa, é repreendido pela personagem, logo que lhe aplica um nariz grande.

A quase Bruxa reage e pede que seja transformada em fada, para ela símbolo da beleza física. O ilustrador atende à solicitação, "corrige-lhe" os traços, mas, como precisa desenhar de novo uma bruxa feia, faz esta surda, devido às intromissões da primeira, a "melhorada", que ele aprisiona numa história só de fadas. Ora, a que veio esse ilustrador despótico, cheio de padrões desgastados de bruxa e fada, que se impõe tanto no livro, a ponto de tornar o texto verbal uma manchinha gráfica em cada página, cercada por todos os lados pelo excesso de desenhos? Não se sabe. Pode-se dar interpretações benevolentes ao texto, como decerto fez seu amigo editor, mas minha leitura não consegue recriar sangue, nervos, valores éticos e estéticos nessa obra.

A ética da editoração

Sabemos que, depois que o livro se tornou objeto de consumo, a instância de produção não se restringe à autoria, nela atuando também as práticas socioculturais da editoração, da publicação, da divulgação, da venda. Tais práticas, embora sustentadas e permeadas por interesses econômicos, não podem ser a estes reduzidas. A indústria e o comércio editoriais manifestam, em bons ou maus termos, propostas estéticas e éticas.

No trabalho editorial, existe uma ética da procura da beleza. Um livro bonito tem função sociocultural relevante, especialmente num país pobre, em que a maioria corre o risco de ficar sem acesso a bens simbólicos desse tipo. A existência de livros bonitos exibe a necessidade da transformação social, no sentido de que eles deixem de ser privilégio da elite econômica.

Entretanto, a ética editorial, num país em que os cidadãos ainda não têm acesso garantido aos livros mais belos e caros, passa também por estratégias de democratização. Um exemplo disso é a existência de livros de bolso. Infelizmente, o processo de distribuição e comercialização desses livrinhos ainda não permite que cheguem às periferias, pois são vendidos apenas em livrarias, inexistentes em bairros pobres e em cidades pequenas. Livros baratos poderiam estar à venda no pequeno comércio do Brasil, como nos ensinou Monteiro Lobato. Trata-se de uma questão ética para situar-se o setor.

A ética da crítica literária

A modernidade foi marcada pelo desencontro entre críticos e escritores. Estes diziam que aqueles eram criaturas fracassadas, que viviam como parasitas das criações alheias. Por outro lado, tornou-se conhecida a frase atribuída a nosso modernista Almeida Prado: " falem mal, mas falem de nós". Lucidamente, o artista percebe que uma obra vive da atenção que a ela outros, além de seus amigos e parentes próximos, possam dedicar. O silêncio do outro é a morte para um texto literário. Muito citado é o exemplo de Sousândrade, erguido vivo da tumba pelos concretistas e hoje, talvez, de volta a ela, pela ausência de ressonâncias críticas de que se ressente sua poesia conturbada.

Falar bem ou mal de um livro ou de um escritor, todavia, é uma questão mais complexa ainda, pois não passa apenas por juízos, sempre relativos e historicamente, histericamente datados, mas juízos bem-fundamentados. Quando a crítica se faz e se orienta de fato por valores literários, por mais questionáveis que sejam, ainda estamos no terreno das leituras, das formações diversificadas, das pretensões legitimadas no campo cultural.

No caso da produção literária para crianças, muito da produção crítica se faz em nome da amizade e do compadrio. Aí se exibe um limite, uma fronteira perigosa: só será ético falar bem dos livros dos amigos se esses livros forem analisados e colocados acima da amizade. E como garantir isso? Pelo menos, é possível seguir critérios já consagrados de avaliação:

que contribuições o livro traz para a literatura – e aqui se pode adjetivá-la: literatura do gênero, literatura para tais leitores, literatura da época, literatura do país?

Fora disso, não se pode falar em ética da crítica. Muitos vendem, alugam ou hipotecam seus textos críticos em troca não só de dinheiro, mas de atenções, espaços simbólicos, empregos ou veiculações. O que não se pode deixar de levar em conta seriam também as diferenças entre uma produção crítica encomendada e publicada na mídia de massa, como em grandes jornais e revistas, por exemplo, e a chamada "crítica acadêmica", produção de especialistas que vivem da legitimação de pares, num circuito restrito, de elite intelectual. Trata-se de estratégias de mercado econômico e de estratégias de capital simbólico. As segundas, muitas vezes, são inconscientes, embora nem por isso inocentes.

A ética do leitor

Falta ainda um outro, inimigo e irmão, o caro leitor. Há um confronto ético nessa interlocução: o autor escreve e se ausenta da cena da leitura; o leitor se apropria do texto e faz o que quer com ele. Realmente, o leitor pode fazer o que bem entender com o texto? Creio que, mais que um padrão de certo e errado na leitura literária, há um padrão ético nela incluído.

A leitura literária eticamente desejável tem um campo de liberdade e de subjetividade digno de atenção, especialmente por parte de professores desejosos ou obrigados a seguir parâmetros, supervisores, coordenadores, programas, manuais didáticos e pais.

Ler *Chica e João* apenas para conhecer melhor a história de Minas Gerais é procedimento que fica aquém do que mereceria o livro. Pode até acontecer isso. Entretanto, usando outro tipo de texto, esse leitor faminto de verdades históricas ficaria mais feliz. Por que não deixar a verdade histórica surgir misturada com a fantasia e concretizada em linguagem verbal e visual? Nelson Cruz transformou, por exemplo, o perfil negro num símbolo de grandiosidade, e perceber isso é fundamental para se entender também a imponência da voz de Chica no livro.

Ler a literatura com ética literária é, pois, seguir a proposta estética sem ignorá-la ou traí-la. Junto virá o que for adequado para a ocasião. Com Stevenson, aprendo a conjurar meus fantasmas e os dos outros, lendo *O médico e o monstro*. Em *Crime e castigo*, Dostoievski me mostra por dentro do sujeito o conflito entre o bem e o mal. E Rubem Fonseca me deixa sem lugar em *Feliz Ano Novo*.

Retomando um velho conhecido da Sociologia da Literatura, Michel Zeraffa, termino afirmando que a narrativa típica do século XX preferiu não fugir do mundo, realizando discursivamente a integridade de suas personagens, dando-lhes voz própria, em vez de subscrever estereótipos e convenções sociais. Sem lugar previamente definido fica o leitor dessas narrativas. Ético, tal deslocamento? Eu diria que sim, na medida em que toda subversão é mais ética que qualquer conformismo. Resta confiarmos que o mesmo processo esteja tendo seu espaço na escola, se não no século passado, pelo menos neste século XXI, que se inicia.

Refrências bibliográficas

BAKHTIN, M. *Marxismo e filosofia da linguagem*. São Paulo: HUCITEC, 1979.

CRUZ, Nelson. *Chica e João*. Belo Horizonte: Formato, 2000.

PAULINO, Graça. Para que serve a literatura infantil? *Presença Pedagógica*. Belo Horizonte, v.5 n. 25, jan/fev 1999, p. 51-58.

ZERAFFA, M. *Novela y sociedad*. Buenos Ayres: Amorrortu Editores, 1973.

ZIRALDO. *Flicts*. São Paulo: Melhoramentos, 1969.

_____. *O menino mais bonito do mundo*. São Paulo: Melhoramentos, 1983.

ESCOLHAS LITERÁRIAS E JULGAMENTO DE VALOR POR LEITORES JOVENS[1]

Zélia Versiani

O porquê das escolhas

A questão das escolhas, – aspecto de maior visibilidade quando se tem por objeto a recepção da literatura por leitores – pode ser a porta de entrada para a compreensão de como os jovens estão interagindo com a literatura nos espaços institucionais de leitura. Ela envolve não só aspectos subjetivos que, numa primeira leitura, podem ser sugeridos pelas palavras "escolha" e "julgamento", mas outros que dizem respeito à literatura "geral" – enquanto instituição para a qual os valores são históricos e orientadores das escolhas –, as relações desta com a literatura escrita para jovens e toda a trajetória de conquistas e submissões que marca a sua história.

Quando se trata de escolhas e congêneres, coloca-se ainda a necessidade de elucidar o conceito de leitura, que hoje nos é apresentado sobretudo como prática intertextual, segundo a qual as capacidades de relacionar e de selecionar tornam-se prioritárias, no mundo em que a profusão de textos e gêneros textuais surpreende e se desvencilha de qualquer

---

[1] Este trabalho é parte da tese de doutorado, em andamento, *A literatura e suas apropriações por leitores jovens,* do Programa de Pós-Graduação da Faculdade de Educação da UFMG, sob a orientação da professora Graça Paulino.

tipo de classificação ou rotulação. O que significa que, enquanto nos damos ao trabalho de classificar, outros textos já foram produzidos, transformando os que nos eram familiares. Transformações que se radicalizam na experiência literária contemporânea, para a qual o elemento da surpresa participa enquanto projeto estético.

Com a ascensão das novas mídias eletrônicas, mais intensamente os processos e procedimentos seletivos dos sujeitos leitores vêm ocupando o centro das discussões sobre novas exigências ligadas à sua formação. Esse diálogo entre novas mídias e livro (e também outros suportes como jornal, revista, etc.) não representa exclusões, muitas vezes pregadas por apocalípticos em muitos momentos da história da escrita, desde a sua invenção (aliás, também ela uma tecnologia). Esse diálogo intenso e, às vezes, tenso opera transformações e trocas que alteram não só significados como modos de apropriação e de compreensão das linguagens. Nesse sentido, arriscando uma analogia, podemos dizer que da mesma forma que a fotografia alterou profundamente o modo de o homem se relacionar com o mundo por meio da pintura, a leitura hipertextual propicia hoje novos olhares sobre a leitura dos livros.

Quero dizer que, a partir dessas reflexões sobre a leitura, não é só o *livro,* sem fim ou começo, que é o hipertexto, aquele que requer um leitor capaz de selecionar caminhos para se alcançarem objetivos – estéticos ou não –, capaz de estabelecer relações entre os textos que deseja ler. O ato de selecionar, que pressupõe escolher e julgar, se apresenta para leitores de livros que não lêem indiscriminadamente tudo que a biblioteca lhes oferece, mas separam e criticam mesmo que por vias incertas. Assim, não só repertórios se ampliam como também modos de apropriação do mundo da escrita, para os quais a capacidade seletiva torna-se mais flagrantemente importante para a formação de leitores, no sentido pleno do termo.

Ítalo Calvino lembrou a importância das leituras da juventude para a formação do leitor adulto:

> ... as leituras da juventude podem ser pouco profícuas pela impaciência, distração, inexperiência da vida. Podem ser (talvez ao mesmo tempo) formativas no sentido de que dão uma forma às experiências futuras, fornecendo modelos, recipientes, termos de comparação, esquemas de classificação, escalas de valores, paradigmas de beleza: todas, coisas que continuam a valer mesmo que nos recordemos pouco ou nada do livro lido na juventude. Relendo o livro na idade madura, acontece reencontrar aquelas constantes que já fazem parte de nossos mecanismos interiores e cuja origem havíamos esquecido. Existe uma força particular da obra que consegue fazer-se esquecer enquanto tal, mas que deixa sua semente.

Esse caráter formativo das leituras, responsáveis pela constituição de *mecanismos interiores*, de que fala Calvino é que nos faz indagar: *O que* os jovens escolhem para ler? *Como* eles escolhem o que lêem? Questões das quais necessariamente decorre outra: *Por que* os jovens escolhem esses livros e autores e não outros? Neste trabalho, leitores jovens responderão eles mesmos as duas primeiras questões, enquanto eu ensaiarei uma resposta, ainda que incipiente, para a terceira. Todos os jovens selecionados por mim como sujeitos para esta análise estudaram em uma escola na qual se desenvolve um interessante projeto de leitura literária. Eles tinham, na época, 10 anos de idade e cursavam o segundo ciclo – etapa da escolaridade, naquele ano, correspondente à 4ª série.

Como se trata ainda de trabalho com dados de uma pesquisa em andamento, os nomes usados aqui são fictícios.

Os leitores e os livros

Eu e os leitores que ora apresento estivemos juntos no decorrer do ano 2000. Nesses encontros, pude fazer um levantamento de algumas obras mais lidas por eles durante o período das entrevistas. Listo, a seguir, títulos de livros lidos que foram citados por mais de um aluno:

REFERÊNCIAS FEITAS DURANTE AS ENTREVISTAS			
Autores	*Coleções*	*Títulos*	*Gêneros*
Pedro Bandeira	Vôo Livre	A chave do tamanho	terror
Ivana Versianim	Os Karas	Araponga, meu amor	romance
Monteiro Lobato	Vaga-Lume	O jardim secreto	mistério
Stella Carr	Calafrio	O primeiro amor de Laurinha	
Michael End		A prova de fogo	
Lilian Cipriano		A história sem fim	
		Sobressalto	
		Coração acelerando	
		A droga da obediência	
		Aventura no Império do Sol	
		Os criminosos vieram para o chá	
		A reunião dos planetas	
		A anão narigão	
		O anjo da morte	
		A droga do amor	
		A marca de uma lágrima	
		Soprinho	
		O sítio do Picapau e o Descobrimento	
		O menino no espelho	
		Poliana	
		A chave de casa	

REFERÊNCIAS FEITAS DURANTE AS ENTREVISTAS			
Autores	**Coleções**	**Títulos**	**Gêneros**
		O mundo de Sofia	
		Harry Potter	
		Prova de Fogo	

Como se pode perceber, a lista aponta diferentes disposições dos leitores, que passeiam de Monteiro Lobato a Pedro Bandeira, de Fernando Sabino a Sylvia Orthof. Um ecletismo que não é fruto apenas do caráter *anárquico*[2] (PETRUCCI, 1999) próprio das leituras da juventude, mas que se define por motivações e práticas leitoras subjacentes às escolhas que movimentam a comunidade de leitores daquela escola.

Quanto a isso, como veremos, o papel da escola enquanto instituição legitimadora de bens literários ganha destaque, pois as práticas de leituras escolares têm papel importante na formação do *habitus*[3], ou seja, o conjunto de disposições responsáveis pela recepção e pela apreciação dos bens simbólicos, entre eles a literatura, que circulam socialmente.

Meu objetivo neste trabalho é, portanto, mostrar como e o quanto, ignorando hierarquias, os leitores estão submetidos

---

[2] Estudos recentes apontam práticas de leitura que se fundam numa recusa dos cânones da literatura, tornando-se experiências livres de sistemas de valores ou de controles externos. Segundo esses estudos, inseridos nessas práticas encontram-se os jovens, cujas leituras, caracterizadas como *escolhas anárquicas*, dão-se de forma desordenada e quase aleatória.

[3] "Sistema subjetivo mas não individual de estruturas interiorizadas, esquemas de percepção, de concepção e de ação, que são comuns a todos os membros do mesmo grupo ou da mesma classe e constituem a condição de toda objetivação e de toda percepção, fundamos então a concertação objetiva das práticas e a unicidade da visão de mundo sobre a impessoalidade e a substituibilidade perfeita das práticas e das visões singulares. O *habitus* adquirido na família está no princípio de estruturação das experiências escolares, o *habitus* transformado pela ação escolar está no princípio da estruturação de todas as experiências ulteriores". ("Esboço de uma teoria da prática", *Pierre Bourdieu – Sociologia*, (Org). Renato Ortiz, p. 80)

a outras orientações das escolhas, que aparentemente mostram-se livres e desordenadas.

Desde o mês de março de 2000, acompanhei atividades de projetos com textos e livros de literatura em sala de aula e pude conversar individualmente com cada um desses alunos em sessões de entrevistas distribuídas durante o ano. Na primeira dessas sessões, e é essa que vai nos interessar neste trabalho, pude reunir algumas informações sobre preferências e procedimentos de escolha e cruzá-las com as observações que já vinha fazendo no acompanhamento de atividades em sala de aula. Algumas questões fixas, tais como: como você escolhe os livros para ler? o que é para você literatura? quais seriam os ingredientes para um bom livro de literatura?, norteavam esse meu objetivo inicial. Passo, então, agora a um recorte de trechos das entrevistas relacionados ao tema que nos interessa, trechos que respondem àquelas duas primeiras questões, mencionadas anteriormente, ou seja, o que lêem e como escolhem o que lêem os jovens[4]:

O leitor João [...]

P – E esse ano, você já leu muito? [estávamos em agosto]

R – Esse ano já.

P – Já? Mais ou menos quantos livros, João?

R – Cinco.

P – E desses cinco, de qual você mais gostou?

R – É o que acabei de ler esses dias... é o... o nome é... chama *Aventura no Império do Sol*.

P – *Aventura no Império do Sol*...

R – É. D'um time de vôlei.

P – Hã...

---

[4] Por se tratar de parte de uma pesquisa, em andamento, os nomes dos dois leitores aqui expostos são fictícios.

R – Eu nunca tinha lido um livro assim de um time de vôlei, assim. Aí eu gostei do que eu acabei de ler.

P – Qual é o autor?

R – Autor? Ah, não olho isso não.

P – Não?

R – Não olho muito. Só livro, assim, que eu conheço o autor.

P – Tipo Pedro Bandeira...

R – É. Aí eu leio. Quando eu li *Prova de Fogo*, aí eu olhei essas coisas que tinha.

[...]

P – Como é que você escolhe os livros pra ler, heim?

R – Pergunto pros colegas... os colegas.

P – É? E que colega costuma te dar umas dicas muito boas?

R – É a Maria. Porque ela lê muito livro.

[...]

P – Você gosta de poesia?

R – Não.

P – Não?

R – Livros de poesia eu já peguei, mas os que eu peguei eu não gostei.

P – É? Aqui alguém já fez um trabalho com poesia com vocês?

R – Já. Comigo, o ano passado.

P – ...

R – O projeto poesia que era o projeto que eu não gostava.

P – Não?

R – Pior projeto que tinha, que eu não gosto muito de poesia.

P – Por quê? Você acha...

R – Ah... sem graça.

P – Sem graça?

R – É, porque só fica rimando. Não conta uma história com detalhes... eu gosto é de história... eu não gosto dessas rimas assim.

[...]

P – Você poderia me explicar o que é literatura?

R – Não.

P – Não? E agora uma outra coisa que eu acho que você sabe me explicar. Você já até falou um pouco disso sem eu ter te perguntado... é ... o que é um bom livro de literatura?

R – Um bom livro é aquele que te deixa... que te prende a ele. Se acaba um capítulo, você sente vontade de ler o livro, porque você tá curioso... então você lê o outro. Aí, quanto mais curioso você é, mais você lê o livro.

A leitora Maria

P – Gosta de ler?... mas é claro, eu já percebi...

R – Todo mundo fala que eu leio muito. Mentira, eles é que lêem pouco. [...] Aí, a gente [ela e o irmão gêmeo] lê muito porque ele [o irmão mais velho] tem muito livro pra nossa idade que ele... que era dele quando era mais novo.

P – Hã... hã...

R – Eu acho até que os livros mais velhos são mais interessantes que os de hoje... sabe?

P – É? Por quê, Maria?

R – Porque, assim, quando eu, pelo menos, pego um livro, eu não vou querer saber o que tá acontecendo na nossa vida. Quando eu pego um livro, eu quero descansar da vida. Aí vem um livro que fala de violência, de perigo nas ruas, de não sei mais o quê. Eu prefiro livros com mais imaginação... e antes tinha mais isso.

P – Quais os autores de antes que você...

R – Monteiro Lobato – deixa eu ver quem mais – olha, por essa idade, mais ou menos de lá, o Pedro Bandeira, a Stella Carr, Michael End [...] eu não conheço muito os livros de antigamente porque muitos dos livros que ele [o irmão] tem hoje também foram republicados, sabe?

[...]

P – Você já leu muito este ano?

R – Não.

P – Não?

R – Não.

P – Quantos livros mais ou menos você leu?

R – Eu não fico contando. Pra quê?

P – Mas... qual é a freqüência? De quanto em quanto tempo você lê um livro?

R – Pelo menos 1 em cada 2 dias, normalmente. Mas, por agora, 1 em cada dia.

P – E que autores você gosta mais, desses livros que você tem lido?

R – Olha, o Pedro Bandeira, dos muitos livros que eu li dele, só um que eu não gostei, que foi *Prova de Fogo*. A Stella Carr, ela sabe entreter o leitor, ela sabe como chamar o leitor, seja na resenha ou no comecinho do livro, pra dentro da história. Eu acho isso legal. E ela tem uma boa imaginação.

[...]

P – O que é uma boa imaginação?

R – Uma boa imaginação que eu falo, assim, ela sabe como nos entreter e o que falar, entendeu? Ela não tá... ela tem um texto interessante e ela fala mais ou menos o que eu queria ouvir, entendeu? Mistério... tem a *Coleção*

Calafrio que o meu irmão tem quase completa, porque saíram os novos, né? Aí ele tem os livros. Eu acho superlegal. [...] um dos livros que eu mais gostei foi a *História sem fim...* o livro, ele é muito gostoso de se ler, porque você vai passando as páginas e você vê – é aquilo que eu te contei – que tem muita coisa além de um livro, entendeu? A imaginação dele... o jeito dele nos entreter dentro da história... é muito interessante.

P – Você assistiu o filme também?

R – Mas o filme é muito ruim perto do livro.

[...]

P – Como é que você costuma escolher os livros pra ler?

R – Pela capa ou pela resenha, ou pela indicação da pessoa que tá comigo... às vezes tem uma pessoa escolhendo junto comigo um livro, aí eu aproveito e ela me passa a indicação dela.

[...]

P – E poesia? Como é que é poesia? Você gosta?

R – Eu gosto assim... mas eu prefiro outra... a outra literatura.

P – As narrativas... as histórias...

R – Elas são, assim, mais envolventes. A poesia você pensa junto com ela, e ela vai acabar te ensinando alguma coisa... o que o autor quis passar com o sentimento dele, entendeu?... eu acho isso legal, mas eu prefiro o outro tipo de literatura.

[...]

P – O que é literatura pra você?

R – Literatura pra mim é um mundo de... um mundo novo, um mundo que a gente pode explorar a hora que a gente quiser... e que tá só esperando a gente abrir as páginas pra lê-lo... pra encontrar as emoções de um personagem, a dor, a vontade, a determinação. É muito bom... e às vezes as histórias até me... nos ensinam alguma coisa.

P- E quais seriam os ingredientes de um bom livro de literatura?

R – Bons personagens, um bom autor que saiba como entreter o li... as pessoas no livro. Porque o Pedro Bandeira, por exemplo, voltando ao assunto, ele é até um bom, ele escreve até muito bem, mas no livro *A Prova de Fogo* ele não soube usar nenhum detalhe, nenhum. Então ele ficou assim, só no resumo da... do que... da idéia que ele gostaria mesmo de ter posto. É o que parece para mim. Então, se ele tivesse posto detalhes, a história ficava interessante. E se tem muita página no livro, é porque ele abusa das gravuras, entendeu? Então, ao menos duas em cada página dupla... aí tem muitas gravuras e a gente até enjoa um pouco, entendeu?

A escola e as escolhas

No recorte das entrevistas em contraponto com as escolhas listadas acima, pode-se claramente perceber como há um investimento da instituição escolar no sentido de ampliar e burilar os processos seletivos dos alunos. Há uma tensão entre a circulação de produtos culturais que se sustentam por uma certa familiaridade com o gosto e aqueles que produzem outros parâmetros de julgamento de valor por leitores jovens, como se pode perceber, por um lado, pela unanimidade sobre os livros do escritor Pedro Bandeira e, por outro, pela inserção de obras consagradas da literatura para crianças e jovens, que exigem motivações externas para sua efetiva circulação.

A leitura de Monteiro Lobato ou Fernando Sabino costuma estar vinculada a projetos que atualizam a recepção dos textos de estrutura menos familiar para os leitores. No caso da leitura de *A Chave do Tamanho*, por exemplo, muitos leitores, quando a ela se referem, a articulam ao projeto de júri simulado representado publicamente por alunos da escola.

Outro aspecto que ressalta, no jogo de construção de disposições literárias dos leitores, é o da leitura de poesia, que, ao que parece, pelo menos nesse momento de formação dos leitores, não ocupa lugar de destaque entre as preferências. Ela é "um outro tipo de literatura" que não agrada tanto quanto as narrativas, ou seja, o discurso em linha reta, que prende, que entretém, que envolve o leitor, aguçando-lhe a curiosidade, conforme as definições apresentadas por nossos leitores. Aliás, com que discernimento, a leitora propõe uma definição do gênero: "A poesia você pensa junto com ela, e ela vai acabar te ensinando alguma coisa..." A poesia a exigir mais do leitor: ele deve pensar junto com ela, só assim um sentido possível.

No que diz respeito aos procedimentos de escolha de livros por jovens, contam estratégias coletivas de aprendizado escolar como a noção e o uso do gênero resenha (textos da orelha, contracapa ou críticos escritos e apresentados pelos colegas); como a indicação de outros leitores com os quais se cria um espaço de convivência e disseminação da literatura, além de elementos da capa: título, ilustrações (interessante como quase nunca o autor influencia as escolhas).

Arriscando a primeira resposta sobre o porquê das escolhas, a qual propus no início desse texto, reafirmo que, pelo fato de a instituição escolar estar em estreita relação com a instituição literária, o que lêem e como escolhem o que lêem os jovens são aspectos apenas aparentemente livres de orientações exteriores. Na verdade, quando escolhem o que lêem os leitores se guiam por valores instituídos que apontam alguns caminhos a serem seguidos, mas não todos. Isso porque as escolhas são quase sempre feitas num universo, também ele, selecionado. E esse é o grande desafio dos professores e bibliotecários, na condição de mediadores. A consciência dessa limitação pode ser o primeiro passo para o alcance cada vez maior da variedade que caracteriza a produção cultural literária e daí o importante papel da escola nesse jogo de valores e regras tão ambíguo do campo literário.

Outro aspecto relacionado com o anterior seria também a consciência de que, como a crítica especializada, a escola ocupa uma posição definidora da consagração ou do esquecimento dos livros e dos gêneros produzidos para os potenciais leitores em formação. Cada época da vida escolar cria seus escritores e elege aqueles que devem ser lembrados. O que se torna visível quando, mesmo em um projeto escolar que se pauta pela ênfase no letramento literário, procuramos por escritores e obras que, naquele momento de apropriação da literatura, encontram-se em estado de espera, como volume na biblioteca, não se sabe se temporária ou definitivamente.

Essas minhas indagações terão outros desdobramentos tais como a análise de algumas dessas obras preferidas para, nelas, buscar o projeto e a configuração de um leitor-modelo; e ainda as relações entre as escolhas literárias e as escolhas de outros bens culturais pelos jovens. Mas isso já é matéria para outro jogo.

Referências bibliográficas

BOURDIEU, Pierre. *As Regras da Arte:* gênese e estrutura do campo literário. Trad. Maria Lúcia Machado. São Paulo: Companhia das Letras, 1996.

_____. Esboço de uma teoria da prática. In: ORTIZ, Renato (Org.). *Sociologia.* Ver Biblio.

CALVINO, Italo. Por que ler os clássicos. In: *Por que ler os clássicos.* São Paulo: Companhia das Letras, 1993.

PETRUCCI, Armando. Ler por ler: um futuro para a leitura. In: CHARTIER, Roger & CAVALLO, Guglielmo. *História da Leitura no Mundo Ocidental.* São Paulo: Ática, 1999.

QUESTÕES DE ESTILO NO CONTEXTO DO PROCESSO DE LETRAMENTO: CRIANÇAS DE 3ª SÉRIE ELABORAM SINOPSES DE LIVROS LITERÁRIOS[1]

Cecilia M. A. Goulart

A escola e o trabalho pedagógico com a leitura de textos literários: situando o estudo

Que mediações são possíveis entre a criança e o livro nas atividades realizadas com a literatura em sala de aula? Com que objetivos trabalhamos nesse contexto? Discutimos aqui aspectos do trabalho pedagógico realizado com livros de literatura em uma escola pública da cidade do Rio de Janeiro[2]. Escola cujo trabalho venho acompanhando, às vezes mais próxima, às vezes mais afastada, mas sempre interessada e aprendendo muito com a prática dos professores: leves, visíveis, múltiplos e consistentes, usando qualidades destacadas por Calvino (1990) para a escritura neste novo milênio (GOULART, 2000d). Professores que vêm construindo uma história bonita para compor e decompor seus projetos pedagógicos e planos de aula, suas próprias aulas, coletiva e individualmente. Caminhos que vão traçando com estudos e diálogos com outros professores, tecidos com as suas experiências, no

---

[1] Agradeço a colaboração da professora Cláudia Cristina Andrade pela gentil e prestimosa cessão dos textos produzidos por seus alunos, as sinopses, para que eu pudesse realizar este estudo embrionário.

[2] Colégio Fernando Rodrigues da Silveira – Colégio de Aplicação da Universidade do Estado do Rio de Janeiro, conhecido como Cap/UERJ.

dia-a-dia das classes, com ouvidos e olhos atentos às crianças com quem convivem diariamente.

A qualidade do trabalho pedagógico desenvolvido nessa escola vem sendo destacada de várias maneiras (ver GOULART, 2000 a). Em Pacheco (1997), constatamos que, ao analisar um modo de aprender, sobressaiu um modo de ensinar, com bases teórico-metodológicas diferentes da alfabetização tradicional.

Uma das questões observadas no estudo de 2000a é que, em nenhum momento, foram encontrados textos orais escritos, isto é, textos que as crianças estivessem produzindo por escrito, com base no que seria a sua produção oral, do ponto de vista sintático-discursivo. Ao final da 1ª série, as crianças investigadas naqueles estudos produziam de forma competente variados tipos de textos, com usos e funções diferenciados socialmente. A professora era a mesma, suas propostas de produção de textos também eram as mesmas, mas o produto das crianças se caracterizava pelo padrão textual envolvido, e também pela singularidade que expressavam as diferentes histórias e características das crianças. Esse modo de ensinar pareceu muito próximo ao que podemos pensar quando Soares (1998) nos provoca: como alfabetizar letrando?

Desde a Classe de Alfabetização, aos seis anos, as crianças participam de rodas de leitura que envolvem essa atividade de muitas maneiras. A circulação de livros e materiais impressos é grande, levando os alunos a expor suas diferentes escolhas de leituras, comentá-las, discuti-las, e, neste movimento, sugeri-las, ou não, para os colegas. O trabalho nessas rodas tem como base leituras comuns ou leituras diversificadas, de textos de gêneros variados. Dessas atividades, muitas vezes surgem propostas de escrita de textos. Assim, ao longo das séries, as crianças vão tendo a oportunidade de ampliar suas referências textuais e discursivas, ampliando seus conhecimentos de vários modos. A proposta de elaboração das sinopses estudadas aqui surge neste contexto para que sirvam como textos orientadores para a escolha de livros na biblioteca da classe.

Nosso objetivo é apresentar marcas textuais de estilo, tanto do ponto de vista do gênero discursivo, quanto das marcas de estilo da escrita individual, em sinopses de livros de literatura, produzidas por nove crianças de 3ª série. Essas marcas sociais e singulares evidenciam o sujeito da/na linguagem, apontando para a importância de se trabalhar na escola com atividades que privilegiem diferentes gêneros discursivos, alargando as possibilidades de inserção social das crianças, considerando a participação em diferentes esferas da vida letrada, bem como a construção da autoria. Trata-se de uma abordagem preliminar da questão, contextualizada nos estudos sobre o tema *letramento* que estamos desenvolvendo e de que apresentamos alguns aspectos a seguir.

Letramento e polifon ia: aspectos discursivos do processo de alfabetização

Interessados em estudos recentes (GOULART, 2000b; 2000c) no aprofundamento da compreensão da noção de letramento, que vislumbramos como um horizonte ético-político para a escola, iniciamos a fundamentação teórica deste trabalho por essa noção.

Pressupomos que seja por meio do prisma social concreto vivo que nos engloba que lemos o mundo. Mas com que lentes o lemos? Lemos com as lentes da variedade de língua que constituímos interativamente no nosso grupo social, que vive em tensão com as outras variedades usadas na sociedade, incluindo aí a chamada variedade padrão, mantendo com esta uma relação, muitas vezes, de submissão.

Com Bakhtin (1992) aprendemos que "o centro organizador de toda enunciação, de toda expressão, não é interior, mas exterior: está situado no meio social que envolve o indivíduo" (p. 121). Buscamos neste autor a noção de polifonia para compreender a de letramento, observando que a polifonia se constitui a partir daquele centro organizador, daquele exterior, que é povoado de muitas visões de mundo, muitas palavras, muitas histórias, de várias origens, que dialogicamente se fundam no social. Um social não-homogêneo, não-transparente: um social ideologicamente opaco, constituído de signos, que é preciso desvendar para des-cobrir o mundo (os mundos?).

A noção de polifonia, então, é aqui entendida por meio do fenômeno social da interação verbal, como realidade fundamental constitutiva da linguagem e da consciência dos sujeitos. No movimento de interação social os sujeitos constituem os seus discursos por meio das palavras alheias de outros sujeitos (e não da língua, isto é, já ideologizadas), que ganham significação no seu discurso interior e, ao mesmo tempo, geram as contrapalavras, as réplicas ao dizer do outro, que por sua vez vão mobilizar o discurso desse outro, e assim por diante. É então num emaranhado discursivo que se formam o discurso social e os discursos individuais.

Segundo o autor, é nesse movimento também que certos sentidos vão se tornando mais estáveis nas diversas situações sociais, marcadas historicamente, e vão se estabilizando gêneros do discurso, tanto ligados às situações da vida cotidiana, quanto às diferentes esferas simples e complexas da vida social.

Os gêneros do discurso são um repertório aberto e heterogêneo de formas de enunciados que foram se organizando, ao longo do tempo histórico, relacionadas a determinados conteúdos e situações sociais. Mesmo a seleção de uma palavra, durante a elaboração de um enunciado por um sujeito, passa por outros enunciados ouvidos/lidos que, na maioria das vezes, são aparentados à especificidade do gênero que está sendo utilizado (BAKHTIN, 1992, p. 311). Esses enunciados/gêneros se formam, polifonicamente, porque estão ligados não só aos elos que os precedem, mas também aos elos que os sucedem, na cadeia de comunicação verbal: o papel dos outros, como interlocutores, destinatários – participantes ativos, é, então, muito importante. Aqui, destacamos o papel dos Outros na escola – Outros/professores, Outros/ autores, Outros/colegas.

Bakhtin atribui grande importância teórica à distinção entre os dois tipos de gênero, primários e secundários, salientando que não se deve trivializar os gêneros primários, colocando-os como ponto de referência, e que se deve levar em conta a inter-relação de gêneros primários e secundários, bem como o processo histórico de constituição dos gêneros secundários. Situa esses gêneros como ligados à comunicação cultural mais complexa e relativamente mais evoluída, associada à escrita. Esses enunciados se situam como fenômenos de uma determinada esfera social (literária, científica, jurídica) e não como realidade cotidiana, ainda que conservem sua forma e seu significado cotidiano, em alguns casos. Para o autor, "os gêneros do discurso são modelos padrões da construção de um todo verbal" (p. 357), são formas como os enunciados se organizam.

Quando Bakhtin afirma que "a variedade dos gêneros do discurso pode revelar a variedade dos estratos e dos aspectos da personalidade individual", relaciona os gêneros do discurso à questão do estilo (p.283). Pode-se, a partir daí, estabelecer uma ponte da noção de polifonia com a noção de letramento e de autoria que são centrais em nosso estudo. Segundo Bakhtin, o enunciado, oral e escrito, primário e secundário, em qualquer esfera da comunicação verbal, pode refletir a individualidade de quem fala ou escreve, isto é, possui um estilo individual. O autor destaca que os gêneros mais propícios ao estilo individual são os literários e que a variedade dos gêneros do discurso utilizada por uma pessoa pode revelar a sua variedade de conhecimentos (conhecimentos de vários estratos sociais) e dos aspectos da personalidade individual. O fenômeno do letramento está, no nosso entender, então, associado à apropriação de diferentes gêneros discursivos marcados, de forma maior ou menor, pela individualidade dos sujeitos.

Como então relacionar polifonia e letramento de modo a contribuir para uma melhor compreensão do processo de alfabetização?

Com base na discussão teórica apresentada, a noção de polifonia é entendida na perspectiva dialética, tanto do que se repete nos discursos e cria, em diferentes grupamentos sociais, e de modo relativamente estável, significações e gêneros de discurso, quanto do que se diferencia nos discursos e permite pensar o signo ideologicamente aberto para diferentes interpretações e para a manifestação da singularidade dos sujeitos. Como essa noção tem sido relacionada às vozes dos sujeitos, podemos pensar tanto em vozes que se aproximam, consonantes, quanto em vozes que se afastam, dissonantes.

A noção de polifonia é vista como básica para a compreensão da noção de letramento no sentido de que o letramento está relacionado ao conjunto de práticas sociais, orais e escritas, e a instituições, atravessados pelo poder que a língua escrita possui na sociedade e aos conteúdos a que, histórica e culturalmente, essa modalidade de linguagem está associada (ver GNERRE, 1985). Estaria, conseqüentemente, relacionado de modo forte à formação dos diferentes campos de conhecimento e das diferentes configurações discursivas. Assim, vivendo em sociedades letradas, tanto os sujeitos escolarizados quanto os não-escolarizados são afetados de alguma forma pelo fenômeno do letramento.

As orientações de letramento dos sujeitos podem ser entendidas como os espectros de conhecimentos desenvolvidos por eles nos seus grupos sociais, em relação com outros grupos e com instituições sociais diversas. Este espectro está relacionado à vida cotidiana e a outras esferas da vida social, atravessadas pelas formas como a linguagem escrita as perpassa, de modo implícito ou explícito, de modo mais complexo ou menos complexo. Assumindo com Rommeveit (1985) que o mundo social é fragmentariamente conhecido e parcialmente partilhado por cada um de nós, embora coesamente percebido, para nos aproximarmos das orientações de letramento dos sujeitos é preciso compreendê-los de forma plural, no sentido das múltiplas perspectivas humanas.

Aí me parece estar a semente da transformação, unindo o *letramento*, como a condição de, pela linguagem, ser interno de modo crítico aos conteúdos e formas sociais que, atravessados pela escrita, disputam o jogo do poder no espaço político das relações sociais, e a *polifonia*, como a compreensão, também crítica, dos outros e alheios que, ao comporem o espectro discursivo social, compõem o discurso de cada um, revelando diferenças/afastamentos entre cada um e os outros, e semelhanças/aproximações, bem como tensões/conflitos. Compreender as palavras está relacionado a compreendê-las num contexto concreto preciso, a compreender sua significação numa enunciação particular que se produz dentro de uma esfera social.

As sinopses como gênero discursivo: marcas sociais e singulares de estilo

Na perspectiva acima delineada, concebemos o estilo, não ao modo romântico, como alerta Possenti (1992), mas, do interior de uma concepção de linguagem como atividade constitutiva, como acontecimento discursivo, entendendo a língua como objeto heterogêneo, plástico. Assim, o estilo é concebido como efeito de uma multiplicidade de recursos expressivos que disputam espaço entre si a todo instante, como efeito de exigências enunciativas, sejam genéricas, sociais e discursivas (p.16-17). Desse lugar teórico, ligamos a questão do estilo à questão da autoria, no sentido de que os discursos apresentam marcas históricas e sociais que os inscrevem na memória social, bem como marcas do próprio sujeito enunciador, isto é, de alguma singularidade, no dizer de Possenti (op.cit, p.17). O autor, discutindo as dimensões teóricas dos conceitos de estilo, autoria e enunciação, afirma o seguinte:

> trata-se de postular não uma espécie de média estatística entre o social e o individual, mas tentar captar, através de instrumentos

teóricos e metodológicos adequados, qual é o modo peculiar de ser social, de enunciar e de enunciar de certa forma, por parte de um certo grupo e, eventualmente, de um certo sujeito. (p. 18)

Fávero (1999), ocupando-se de estudar textos parodísticos na perspectiva do dialogismo bakhtiniano, destaca marcas textuais que permitem a interpretação polifônica do texto. São elas: (a) Contextualizadores: autor, título e início; (b) Tempos verbais: mundo comentado e mundo narrado (WEINRICH, 1964); (c) Índice de avaliação: advérbio e expressões atitudinais; e (d) Operadores argumentativos.

Essas marcas textuais são trazidas para a nossa análise como categorias, no sentido de que, sendo recursos argumentativos, valem tanto para a leitura como para a produção. Nas paródias, os autores reescrevem e interpretam textos, atribuindo-lhes suas versões, enquanto nas sinopses dos livros, embora contendo também uma interpretação dos textos dos livros em análise, elementos informativos e persuasivos se mesclam para orientar as escolhas dos leitores, de acordo com suas intenções de leitura. A linguagem é utilizada para convencer o leitor a ler tal livro, a "seduzi-lo" para a leitura, ou também para esclarecê-lo sobre o conteúdo do livro, para dar-lhe informações que colaborem para a tomada de decisões: É este o livro que procuro? É esta a leitura de que necessito? É este o livro que gostaria de ler neste momento? O caráter polifônico da linguagem marca esse tipo de texto, ao trazer o texto em análise, e ao mesmo tempo recriá-lo num modelo próprio, num estilo próprio, num modo próprio de ser leitor.

As sinopses realizadas pelas crianças revelam marcas textuais sociais que lhe configuram como um gênero discursivo. Do ponto de vista dos *contextualizadores*, todas apresentam o autor do livro, o título e a editora. Algumas apresentam o nome dos ilustradores e a coleção a que pertence o livro, situando-o de modo mais específico, além de fornecer as primeiras orientações sobre o livro, criando expectativas para o leitor. Esses conhecimentos fazem parte de uma determinada esfera social, de um determinado campo de saberes, da dimensão literária do contexto do letramento. A seguir podemos observar esses contextualizadores na sinopse[3] da aluna Mariana Lopes:

> Título: Monteiro Lobato
> Autor: Edgard Cavalheiro
> Editora: Brasil-América
> Ilustração: Edgard Cavalheiro
> Coleção: Grandes Figuras

O *início* das sinopses se apresenta, de modo geral, como um elemento contextualizador de envolvimento e se organiza de modos variados, já anunciando estilos individuais, a constituição de novos autores, se considerarmos o conjunto da produção de cada criança. Vejamos três sinopses de Rafaela (1, 2 e 3) e três de Cássia (4, 5 e 6):

(1) "Este livro fala sobre uma princesa que estava muito triste. Até que um dia ela ganhou um papagaio. Mas ela pensava que o papagaio ia fazer ela feliz". (*O Papagaio da Princesa Penélope*, de Helen Lester)

(2) "O livro fala sobre uma maçã que está numa árvore. E aí!". (*O Bicho da Maçã*, de Ziraldo)

(3) "Este livro fala de dois reis que viviam lugares equicitos e que veviam brigando". (*Cropas ou Praus?*, de Ângela Carneiro, Lia Neiva e Sylvia Orthoff)

(4) "Já pensou se você chegasse em casa e falasse para toda sua familia que tem um amigo novo e ele é um Boi Voador e ninguém acreditasse nem os seus avós?" (*O Menino Pedro e seu Boi Voador*, de Ana Maria Machado)

(5) "Você tem uma super avó, aí ela morre e você começa a ficar no quarto dela sempre que podia e derrepente

---

[3] Os textos ou as partes dos textos das crianças serão apresentados sem revisão, isto é, do modo como as crianças os escreveram.

descobre se uma biblioteca com as histórias que ela lia pra você, já pensou?" (*Atrás da Porta*, de Ruth Rocha)

(6) "Como fala o título este livro tem revelações do 833, o carro do brasileiro mais esperto que existiu o carro fala de coisas que Rui gostava o que achava dele mesmo, o que achava dos antigos carros de Rui e etc." (*Assim falou o 833:* revelações de um carro de Rui Barbosa, de Orígenes Lessa)

Analisando os inícios das sinopses de Rafaela, vemos que a menina dá destaque às tramas das narrativas de modo narrativo, direto, enquanto Cássia opta por envolver o leitor desde o início comentando a trama das histórias, gerando suspense, revelando um modo próprio de se relacionar com o leitor. O envolvimento observado nos textos de Rafaela é diferente daquele promovido por Cássia. Essas revelações parecem apontar para estilos individuais de construção textual. Observamos nas sinopses investigadas que algumas vezes o mundo narrado é incorporado como mundo comentado, uma estratégia de persuasão, como é o caso do estilo de Cássia em que a menina traz o mundo narrado para o tempo presente.

Já Mariana Costa inicia seus textos com apelo de outra natureza, falando diretamente às necessidades ou preferências dos interlocutores: "Esta coleção é para quem gosta de algo de intriga mistério e aventura" e "Esse livro é para as pessoas que querem saber mais sobre...".

A leitura de sinopses do mesmo livro, realizadas por crianças diferentes, pode nos dar a dimensão das diferenças de estilo entre elas, elegendo marcas textuais, recursos expressivos que vão configurando seus textos de uma determinada maneira, mantendo as marcas sociais padrão deste gênero discursivo. A seguir estão sinopses do livro *Correspondência*, de Bartolomeu Campos de Queirós, elaboradas por duas crianças, Cássio e Bernardo, respectivamente.

(7) "Indico este livro porque: O livro *Correspondência* é muito legal são cartas de uma pessoa para outra e isso é legal eu acho..."

(8) "O livro fala sobre, uma pessoa que manda uma carta para a outra com três palavras. Para acordar palavras bonitas, palavras ruins para dormir no dicionário e muito legal. Aconselho."

A história *O Menino Pedro e seu Boi Voador* é abordada de modos diferentes por Cássia, como pode ser observado em (4), anteriormente apresentado, e por Rafael, como pode ser visto em (9), a seguir:

(9) "Pedro é um menino que conheceu um boi voador, e que conta para toda sua família..."

Esses dados vão-nos indicando que vamos constituindo os gêneros discursivos, isto é, novas formas sociais de conhecer e organizar o real, ao mesmo tempo em que consolidamos as nossas individualidades, com marcas próprias, singulares.

Quanto aos *tempos verbais*, considerando aspectos das histórias apresentadas, encontramos os tempos verbais do pretérito imperfeito e do pretérito perfeito, organizando a figura e o fundo, respectivamente, elementos característicos dos textos narrativos, e os comentários que as crianças fazem sobre as histórias utilizando o tempo presente, configurando-os como elementos persuasivos, marcando a fronteira entre o mundo narrado e o comentado. Como afirma Fávero (op. cit., p. 58), "comentar é falar com comprometimento", afetando diretamente o interlocutor, exigindo uma resposta. A sinopse de Rafaela, na íntegra em (10) a seguir, mostra bem esses dois mundos, demarcados pelo uso dos tempos verbais: o mundo narrado em *estava triste/ganhou/pensava/ia fazer* em contraste com o mundo comentado de *fala/quiser/ recomendo*, denotando a polifonia de vozes.

(10) "Este livro *fala* sobre uma princesa que *estava* muito triste. Até que um dia ela *ganhou* um papagaio. Mas ela *pensava* que o papagaio *ia fazer* ela feliz. Quem *quiser* saber mais desse livro eu *recomendo*." (*O Papagaio da Princesa Penélope*, de Helen Lester)

No plano dos índices de avaliação, estão as expressões atitudinais evidenciando a polifonia, a não-consonância entre as vozes, algumas vezes, e também os advérbios, exprimindo os sentimentos do locutor. No texto de Filipe (sic), encontramos no adjetivo *romântico* e na expressão *aventura fantástica,* associados pela partícula *também,* as percepções do locutor: "Este livro é recomendado porque: Fala de um moço chamado Robin Hood. É romântico, e também uma aventura fantástica". Encontramos, do mesmo modo, a provocação de Bruna com o advérbio NÃO, embora a menina não tenha usado os necessários pontos de interrogação: "Já imaginou pensar que hóstia sai sangue. Não. Então leia o livro Historinhas Malcriadas". O texto de Rafael define a sua atitude de não-recomendação do livro, com um argumento de gênero, usando o adjetivo *femininos*: "Este livro eu não gostei muito do livro porque só tem poemas mais femininos [...]".

No caso de gêneros discursivos como as sinopses, o uso do modo imperativo expressa atitudes de convencimento: *"Leia você vai adorar!"* (Filipe); *"Pegue esse livro e se divirta."* (Júlio)

Os operadores argumentativos têm funções relevantes na construção textual. No texto (10), de Rafaela, por exemplo, o MAS orienta para uma conclusão oposta à que o encadeamento *muito triste/até que/ ganhou um papagaio* sugere, trazendo tensão para o texto, suspense.

Como pôde ser observado, ainda que numa abordagem inicial, as sinopses são orientadas por duas vozes principalmente, a do autor do livro apresentado e a do leitor-elaborador da sinopse, trazendo o leitor para dentro do texto e impulsionando-o para outros textos.

Considerações pedagógicas

As atividades com textos literários na escola vão inserindo a criança na esfera social letrada da literatura, o que representa o conhecimento de novos modos de compreender a realidade, de organizá-la, abrindo-lhe as portas para conteúdos de um novo campo de saber. As sinopses, pela complexidade textual que apresentam, obrigam as crianças a um afastamento dos livros para pensá-los como objetos diferenciados em muitas categorias, como foi possível observar na análise realizada. Este trabalho de reflexão sobre os objetos escritos e sobre a própria escrita, parece fazer parte da condição letrada, favorecendo o pensamento descontextualizado, como vêm sugerindo estudos na perspectiva do letramento e das formas de ação valorizadas na sociedade (ver OLIVEIRA, 1995).

É relevante no processo de alfabetização que as crianças aprendam o que a escrita faz com elas, assim como o que podem fazer com a escrita. A escola deve trabalhar no sentido de que o conhecimento dos alunos dialogue com o conhecimento (escrito) valorizado socialmente, sem que este se sobreponha àquele.

A escola pode ser um espaço de abertura para outras vozes e dimensões do conhecimento, para ampliar o mundo social plural dos sujeitos com múltiplos modos de mostrar, apreender, discutir e sentir as faces da realidade. Aumentar-se-ia dessa maneira o espectro fragmentário de conhecimento dos sujeitos. Não de uma forma hierarquizada e homogênea, mas, sob o olhar de Foucault (1996), recusando o discurso "verdadeiro" e discutindo o novo, que não está no que é dito, "mas no acontecimento de sua volta" (p. 26). Como o "tema" bakhtiniano que, envolvendo o enunciado, cria-lhe uma significação única, irrepetível.

Penetrando de modo crítico nos largos espaços sociais atravessados pela escrita, apropriando-se do modo como diversos fatos e conhecimentos foram incorporados por ela, e colocando em circulação outros modos de incorporação de fatos e conhecimentos, podemos criar novas formas de tensão social, novas práticas discursivas, uma nova ordem do discurso – ou o diálogo entre as múltiplas formas de ser racional, de acordo com Mello (1998).

Os alunos formularão novas perguntas às "outras formas de ser racional", a outros modos de ser letrado, que essas formas/modos nem cogitavam. A formulação de novas perguntas permite que as formas "alheias" respondam, assumindo faces novas de sentido. Somente ao formularmos perguntas próprias (próprias de outras formas de ver o mundo), participamos de uma compreensão ativa de tudo que é outro e alheio e nos constituímos como autores.

Referências bibliográficas

BAKHTIN, M. *Estética da criação verbal.* São Paulo: Martins Fontes, 1992.

CALVINO, I. *Seis propostas para o próximo milênio.* Tradução de Ivo Barroso. São Paulo: Companhia das Letras, 1990.

FÁVERO, L.L. Paródia e Dialogismo. In: D. L. P. de Barros e J. L. Fiorin. (Orgs.) *Dialogismo, Polifonia, Intertextualidade.* São Paulo: EDUSP, 1999, p. 49-61. (Ensaios de Cultura, 7).

GNERRE, M. *Linguagem, escrita e poder.* São Paulo: Martins Fontes, 1985.

GOULART, C. M. A. Ensinar a ler e a escrever: novas perspectivas teórico-metodológicas. *Movimento – Revista da Faculdade de Educação da Universidade Federal Fluminense,* n.1, Rio de Janeiro, DP&A, maio de 2000a, p. 145-154.

_____. *Uma abordagem bakhtiniana da noção de letramento.* Trabalho apresentado no painel "Perspectivas Bakhtinianas para o Ensinar e Aprender". 10°. ENDIPE – Encontro Nacional de Didática e Prática de Ensino, UERJ, maio de 2000 b.

_____. Letramento e Polifonia: aspectos discursivos do processo de alfabetização. Trabalho apresentado em sessão-coordenada na III Conferência Internacional de Estudos Socioculturais. Universidade Estadual de Campinas, Campinas/SP, julho de 2000c.

_____. Leveza, visibilidade, multiplicidade e consistência: As "competências" do professor. *Presença Pedagógica,* v. 6, n. 36, nov./dez. 2000, Belo Horizonte: Dimensão, p. 56-61.

MELLO, M. B. De. *A multiplicidade das formas de ser racional:* escrita e racionalidade. Dissertação de mestrado, Faculdade de Educação/UFF, 1998.

OLIVEIRA, M. K. de. Letramento, cultura e modalidades de pensamento. A Kleiman (org.). *Os significados do letramento.* Campinas, SP: Mercado de Letras, 1995.

PACHECO, C. M. G. *Era uma vez os sete cabritinhos:* a gênese do processo de produção de textos escritos. Tese de doutorado (inédita), Departamento de Letras, PUC-Rio, 1997.

POSSENTI, S. Enunciação, autoria e estilo. *Revista da FAEEBA*, Universidade do Estado da Bahia, Departamento de Educação, ano 1, n. 1, Salvador: UNEB, 1992, p. 15-21.

ROMMETVEIT, R. Language acquisition as increasing linguistic structuring of experience and symbolic behavior control. J. V. Wertsch. *Culture, Communication and Cognition- Vygotskian Perspectives.* Cambridge: Cambridge University Press, 1985.

SOARES, M. B. *Letramento: um tema em três gêneros.* Belo Horizonte: Autêntica, 1998.

WEINRICH, H. *Tempus: Besprochene und Erzählte Welt, Ernst Klerr*, 1964. (Tradução espanhol, Madrid, Gredos, 1968).

ADOLESCENTES LEITORES: ELES AINDA EXISTEM

Hércules Tolêdo Corrêa

Entre livros e outros suportes de narrativas: possíveis leitores

No seu conto "Um general na biblioteca", Italo Calvino narra a história de um general que, ao comandar uma ação de censura na maior biblioteca da fictícia Panduria, em que deveria confiscar todos os livros que denegrissem a imagem dos militares, é seduzido, juntamente com seus homens, pelos objetos a serem censurados: os livros.

É da magia do livro, dessa sua sedução, representada literariamente por Calvino, que gostaria de tratar inicialmente.

Sabemos que uma boa parte das crianças, adolescentes e jovens de hoje não lê textos literários com grande freqüência, a não ser naquelas situações em que as leituras são cobradas pela escola ou por familiares. Isso não se deve ao fato de os jovens não se interessarem por histórias. Muitos deles ficam horas diante da TV, assistindo a filmes, desenhos animados, novelas e seriados – gêneros televisivos de narrativas ficcionais – e, mais recentemente, passam grande parte do tempo diante da tela do computador, lendo textos veiculados pela Internet. Alguns outros também gostam de ir ao cinema ou ao teatro, lugares que também veiculam histórias. Nota-se, portanto, que muitas narrativas são consumidas quando apresentadas nesses diferentes suportes e formatos. Entretanto, as histórias contadas por meio do livro muitas vezes são preteridas pelo jovem.

Todos aqueles que lidam com a leitura na escola sabem dos casos em que os alunos, ao tomarem conhecimento de que existe uma versão cinematográfica, de preferência já disponível em vídeo ou em DVD, ou de que há uma montagem teatral baseada em uma obra literária, acreditam que assistir ao filme ou à peça substitui a leitura do livro. Mas todos nós sabemos também que isso não é verdade. Uma linguagem ou uma versão representa, complementa, adapta ou recria a outra, mas não a substitui. Nada contra as diferentes linguagens que se tornaram suporte tanto de manifestações artísticas inovadoras quanto de produções em série da indústria cultural. Essas mídias podem também contribuir para a formação estética dos indivíduos, ao mesmo tempo em que constituem atividades recreativas e lúdicas. Mas a magia dos livros, aquela que fisgou o general inventado por Calvino, também pode enfeitiçar crianças e jovens de hoje.

Depois de seduzido pelos livros, depois de conhecer-lhes o conteúdo, o general Fedina – personagem do conto – não era mais o mesmo homem, o mesmo tendo ocorrido com seus comandados, porque os livros haviam-nos "emancipado", termo que tomo emprestado de Hans Robert Jauss, pensador alemão. Jauss discorre sobre o caráter emancipatório da obra de arte em geral. Para o teórico, a literatura – uma das formas de representação artística – se produz em nome desse caráter, porque seu efeito é "emancipar a humanidade de suas amarras naturais, religiosas e sociais", "a experiência da leitura pode liberá-lo [o leitor] de adaptações, prejuízos e apertos de sua vida prática, obrigando-o a uma nova percepção das coisas" (JAUS, 1994).

Mas para que a literatura possa *emancipar* as crianças e jovens de hoje, é preciso um esforço do adulto – professor ou familiar – que estimule a formação de um sujeito-leitor e não apenas o force a ler.

Motivos que explicam a falta de leitura dos estudantes, principalmente a de textos literários, não faltam. Entre outros, fatores socioeconômicos, como, por exemplo, o alto preço dos livros e as dificuldades de aquisição devido à escassa circulação desses objetos em algumas regiões restringem os materiais de leitura. Esses fatores fazem com que muitos estudantes em nosso país só tenham acesso ao texto literário por meio do livro didático. Isso para não sermos mais dramáticos ao afirmar que em muitos casos, fora do livro didático, fica difícil o acesso a vários tipos de textos, já que em algumas regiões nem mesmo chegam jornais e revistas.

Vista por muitos como a maior das heranças deixadas pela escola aos seus alunos, porque é por meio dela que se aprende a maior parte do que se precisa saber fora da escola, a leitura tem sido objeto de preocupação por parte de pais e educadores, como também tem se constituído em objeto de estudo de diversas áreas do conhecimento, como a Sociologia, a Psicologia, a Pedagogia, a Biblioteconomia, a Lingüística e a Teoria da Literatura.

Alguns educadores – pais ou professores –, na tentativa muitas vezes bem-intencionada de formar leitores, procuram não apenas indicar a leitura, mas também controlá-la e dirigi-la, por meio de mecanismos de avaliação rigorosos e ao mesmo tempo subjetivos: "o leitor é instado a confessar aos outros a sua leitura e é levado a corrigi-la na direção do consenso" (PAULINO, 1997, p. 34). Mas sabemos que ler não é apenas decodificar, é compreender e, mais ainda, é indagar, deduzir, inferir, associar, intuir, prever, concluir, discordar, concordar, acrescentar, selecionar, entre outras formas de interpretar e fruir um texto. Só percebendo que a leitura possibilita tudo isso é que se pode ter plena consciência de sua importância na formação intelectual, cultural e social dos indivíduos.

A escola, ao impor determinadas "regras de leitura", não deixando circular adequadamente, dentro dela, os objetos culturais que existem do lado de fora dos muros escolares, destrói no aluno o desejo de ler e de se transformar em leitor, para transformá-lo num *quase* leitor. Outras vezes, a escola deixa entrar ali um material alternativo, mas conduz a maneira de o leitor lidar com ele, o que também poderá levar a uma *quase* leitura, termo usado por Graça Paulino no artigo "No silêncio do quarto ou no burburinho da escola". A *quase* leitura seria, de acordo com a pesquisadora, uma situação artificial de leitura, porque exigida, controlada, dirigida, não-espontânea, não-desejada.

Diversas pesquisas acadêmicas e de mercado mostram que o brasileiro lê muito pouco.[1] Meu contato com estudantes recém-ingressos no curso superior também ratifica isso. Num mundo moderno, onde o texto ganhou suportes tão sofisticados como a tela de possantes computadores domésticos, quase sempre subutilizados pelos seus usuários, *out-doors*, *back-lights*, revistas para públicos cada vez mais segmentados, e tantos outros recursos outrora não-disponíveis, terá o livro perdido o seu lugar? Será daqui a certo tempo peça para se admirar nos museus? Muitos estudiosos do assunto, como o

---

[1] Em pesquisa de opinião realizada pelo Datafolha, em data próxima à realização da 14ª Bienal Internacional do Livro de São Paulo, 57% dos brasileiros entrevistados não leram nenhum livro por lazer ou cultura nos últimos doze meses anteriores à enquete. 33% leram de 1 a 5 livros por lazer e cultura, 6% leram de 6 a 10 livros e apenas 4% leram mais de 10 livros. Com relação às leituras para a escola, os números são mais estarrecedores: 85% não leram nenhum livro; 10% leram de 6 a 10 livros e apenas 2% leram mais de 10 livros. Os números de leitura recomendadas pelo trabalho também são baixos: 82% não leram nenhum livro; 13% leram de 1 a 5 livros; 3% leram de 6 a 10 livros e apenas 2% leram mais de 2 livros nos últimos doze meses. A média de livros lidos ficou em 2,4 por lazer e cultura; 1 para a escola e 1,2 para o trabalho. Essa pesquisa foi realizada em 11 capitais brasileiras (São Paulo, Rio de Janeiro, Belo Horizonte, Porto Alegre, Curitiba, Florianópolis, Salvador, Recife, Goiânia, Campo Grande e São Luís), com população acima de 16 anos. A pesquisa ainda divulga dados como os motivos pelos quais os brasileiros não lêem mais (a falta de tempo é o motivo alegado pela maioria, 77%), escritores e tipos de livros preferidos dos 8.766 entrevistados. *Folha de S. Paulo*, 11 de agosto de 1996.

argentino Alberto Manguel, autor de *Uma história da leitura* e de *Lendo imagens*, recém-lançado no Brasil, profetizam que não. Manguel é o exemplo claro da possibilidade de convivência profícua entre a leitura dos livros e a leitura das figuras/imagens, como se vê a partir dos próprios títulos de seus dois livros citados (MANGUEL, 1997 e 2001).

Os trabalhos – tanto acadêmicos/científicos, quanto escolares e estéticos/artísticos – de relações intertextuais e intersemióticas também mostram ser possível e salutar a convivência harmoniosa entre diferentes gêneros e tipos de textos, entre diferentes suportes – do velho livro às narrativas digitalizadas – e das diferentes linguagens – a literatura, o cinema, a música, as artes plásticas, etc.

Entre livros: leitores em formação

O processo de formação do leitor, ao qual chamamos letramento, é contínuo, incessante e até mesmo interminável. Mas a partir de certas competências e habilidades, pode-se considerar um indivíduo como leitor competente e autônomo, enfim, como indivíduo letrado.

O que proponho neste artigo é identificar algumas competências e habilidades de leitura, por parte de um leitor e de uma leitora, ambos alunos do Centro Pedagógico, uma escola de ensino fundamental vinculada a uma universidade pública, a UFMG.

Diferentemente do discurso de lamentação a que estamos acostumados, proponho aqui um desafio: afirmo que ainda existem crianças e adolescentes leitores, pequenos generais de Calvino enfeitiçados pelos livros. Evidentemente, esses leitores adolescentes não têm o mesmo repertório de leitura de um indivíduo mais escolarizado ou com maior tempo de vida, não têm oportunidades mais amplas de fazer circular as suas leituras, seja de forma oral ou escrita, como também muitos adultos com maior grau de escolaridade, supostos leitores competentes: universitários, professores, também não têm. Entretanto, por meio de alguns trechos significativos de seus depoimentos/entrevistas, procurei identificar elementos que fazem desses alunos leitores competentes e autônomos – mesmo se consideramos os seus graus de escolaridade – e não apenas leitores precários e dependentes.

As entrevistas com os dois leitores foram feitas no ano 2000, cerca de seis meses após ter realizado uma pesquisa de observação participante no terceiro ciclo do Ensino Fundamental – correspondente às antigas 5ª e 6ª séries – na classe em que esses alunos estudavam.

Conforme minha observação da sala de aula e entrevista com a professora de Português da classe, os dois alunos do Centro Pedagógico, selecionados para análise neste trabalho, seriam leitores competentes, com uma certa autonomia de leitura.

Antes de passar para a análise do material em si é preciso explicitar algumas questões. A primeira delas refere-se ao número de sujeitos pesquisados. Procurei respaldar-me nos argumentos apresentados em um artigo da antropóloga Cláudia Fonseca, da UFRGS, que afirma que em determinadas circunstâncias "um caso NÃO é um caso", mas uma amostra ou um exemplo de uma situação que se repete socialmente. Abstenho-me, pois, da realização de um trabalho estatístico, com número maior de sujeitos, quadros, gráficos e tabelas. Justifico ainda a escolha dessa abordagem metodológica considerando que as entrevistas/depoimentos, aproveitando a própria fala dos sujeitos, representam um material rico e complexo. Também o tempo de apresentação de seus resultados, neste artigo, é bastante limitado. Com relação ao número de sujeitos, justifico ainda citando o sociólogo Durkheim, que afirmava que "só existe uma forma de se chegar ao universal: observar o particular, não superficialmente mas minuciosamente e em detalhes". Não sei até que ponto tive condições de chegar às minúcias e detalhes das falas, mas procurei fazer isso.

Em segundo lugar, é preciso deixar claro o lugar de onde falo: professor de Língua Portuguesa e de Literatura, com formação em Letras, com estudos de pós-graduação em Lingüística e em Educação – leitura literária. A perspectiva adotada é a psicossocial, "psico" devido ao caráter cognitivo, mental, dessa prática cultural que é a leitura, "social" devido à importância que a circulação dos textos tem na formação do chamado mundo civilizado.

Em terceiro lugar, gostaria de dizer que tratei os leitores, sujeitos de minha pesquisa, pelo primeiro nome, verdadeiro, sem o uso de números ou letras, o que, a meu ver, criaria um certo distanciamento desses leitores, reduzindo-os a códigos desnecessários. Também poderia ter usado nomes fictícios, mas uma vez que os apontamentos feitos em nada prejudicam esses alunos-leitores, antes, valorizam suas habilidades, competências e disposições de leitura, não vejo problemas éticos em nomeá-los claramente.

Passemos, então, ao que chamarei de "casos de leitura":

Primeiro caso: Pedro, o suspense e as leituras informativas

Quando realizei a entrevista com Pedro, ele tinha 12 anos. Morava com a mãe e o padrasto na casa dos avós maternos, em um bairro próximo à escola em que estudava. O avô era jornalista e tem em sua casa uma ampla biblioteca pessoal. Sua avó sempre foi dona de casa e também tem muitos livros, classificados pelo aluno como "românticos". Sua mãe trabalhava numa grande rede de supermercados e seu padrasto trabalhava como operário especializado em uma empresa de tratores.

Quando pedi ao Pedro para que ele me falasse sobre suas leituras em geral, dos livros que ele já havia lido e de que havia gostado e/ou daqueles que ele não havia gostado, ele me deu o seguinte depoimento:

> *Pedro:* Ah... eu... eu não gosto muito daqueles livros de literatura. Dependendo do livro eu gosto de ler. De literatura. Porque tem uns livros que ocê vai lendo, aí fica dando sono. Meio

sonolento... aí ocê não agüenta ler. Até... mas eu gosto de... de livro, livro de literatura, eu sou mais aqueles livros de suspense. Aí ocê vai interessando a ler. Também eu gosto de ler revista, atlas, enciclopédias, e o povo fica falando que eu leio rápido, mas aquelas revistas eu só leio o quadradinho, tipo a *Veja*. Tem uns resuminhos, eu só leio o quadradinho. Porque aqueles texto todo, né? ele só fala assim, fala, tipo do Sílvio Santos, em vez de falar o que eu quero, fala assim: Sílvio Santos começou não sei que lá... e vai falando, e aí fala coisa que não tem nada a ver com o assunto. Aí eu leio os quadradinhos, mais, que é o resumo.

No que diz respeito à literatura, Pedro demonstra, por meio da sua fala, a preferência por histórias intrigantes, que prendem a atenção do leitor, dispensando livros com "pouca ação", que, na sua voz, "ficam dando sono". Com relação aos textos informativos, não-literários, Pedro mostra algumas de suas estratégias de leitura, que parecem esclarecer melhor o que ele quer dizer com livros que "ficam dando sono". Sua fala deixa transparecer que Pedro reage diferentemente dependendo do tipo de discurso, do gênero ou do suporte textuais, estabelecendo certos pactos de leitura conforme as especificidades textuais.

Na sua fala, Pedro demonstra ter consciência da superestrutura de textos jornalísticos e mostra como utiliza essa consciência para maior eficácia de sua leitura ("Aí eu leio os quadradinhos, mais, que é o resumo."). Pedro mostra ainda como as pessoas à sua volta notam a sua eficiência como leitor ("... o povo fica falando que eu leio rápido..."). O aluno demonstra ter um discurso bastante articulado e uma argumentação consistente. Ao falar da estrutura dos textos que costuma ler nas revistas, ele até mesmo teatraliza um exemplo ("Sílvio Santos começou...").

No trecho abaixo, em que Pedro fala do livro *A guerra dos botões*, cuja leitura foi sugerida pela professora de Português, o aluno explica por que a leitura do livro lhe agradou, na medida em que a obra correspondeu às suas expectativas de leitura:

Pedro: [*A guerra dos botões*] achei superinteressante, que ele, ele tipo assim, ele vai contando, o livro tem até então uma parte humorística, aí você vai rindo, você começa a rir. E aí, aí tem tipo assim, um suspensinho, suspense pequenininho, aí ocê vai gostando de ler, que o livro é engraçado, aí ocê vai querendo, tipo assim, ocê lê, ocê lê cinco páginas, aí fala, aí fala um negócio mas não conta tudo, aí ocê quer ler mais cinco para saber como é que é, aí no final da outra tem mais outra, aí você vai lendo. Interessante. Quando você vê, você acabou.

No excerto anterior é possível perceber que os principais fatores que levaram Pedro a gostar do livro ("achei superinteressante") e, por conseguinte, a se envolver com ele ("Quando você vê, você acabou."), foram duas de suas características: o humor ("o livro tem até então uma parte humorística") e o suspense ("um suspensinho, suspense pequenininho"). É interessante notar o recurso expressivo usado para a segunda característica positiva do livro apontada por Pedro: o uso da palavra "suspense" no diminutivo, inicialmente, e uma provável correção: "suspense pequenininho". O aluno usou a palavra "suspense" na acepção comum, que consiste em um artifício criativo de contar uma história deixando as partes que mais interessariam ao leitor para o final. Porém, as estratégias discursivas usadas pelo aluno Pedro demonstram que ele sabe bem do que está falando. Ao se referir ao "suspense" do livro como um "suspensinho" ou como um "suspense pequenininho", Pedro está marcando uma diferença que existe entre *A guerra dos botões* e outros livros que já leu, como dois livros de Edgar Allan Poe, escritor conhecido pela sua literatura de suspense, aos quais Pedro já havia feito referência, no início da entrevista, como livros de que ele havia gostado muito, como mostra o trecho seguinte:

Pedro: Oh, eu num... eu... eu li um livro, é muito legal, que é o ... é o ... Um livro de sus... Tem dois livros que eu adorei, e todos foi do Edgar Allan Poe. Tem um que são sete contos de, sete contos de terror, mas... Acho que é *Contos* de Edgar Allan Poe. Esse eu gostei, que tem história de terror. E o outro é um mistério... de... *O mistério de Marie* [Maria] *Roget*, acho que é isso Ma..., Marie Roget, do Edgar Allan Poe. Esse foi os dois que eu preferi.

Pedro fala de leituras escolares de que gostou, acentuando, mais uma vez, a sua preferência pelas histórias instigantes – para ele, histórias de suspense, de mistério, de terror e de humor.

Na entrevista, também quis saber como Pedro via a questão da avaliação da leitura na escola. Para isso, indaguei-o sobre o assunto, ao que ele respondeu:

> **Pedro:** Ah! Pode ser leitura... Como é que chama? Você lê para a classe.
> Tipo assim, ela, a professora vai lendo para a classe para saber se a leitura está boa. E para ver se, acho que para ver se a... para ver se o, se você leu o livro realmente, se ocê entendeu como é que é o livro tem que perguntar assim, qual que é, qual que é o desfecho, qual que é o clímax, como é que começa, aí fazer algumas perguntas, para ocê saber como, para saber se você leu o livro. Porque aí, tem pessoa que lê, que sabe ler direitinho mas não lê o livro, aí é o tipo, tem dois tipo, você tem que, ou ocê mandar o aluno ler para ela ou para a turma, para ver como que está a leitura, se está boa, ou para ver se ele leu, fazendo essas perguntas.

Por meio da sua resposta, Pedro está mostrando, mesmo com sua pouca experiência escolar, se comparado com um universitário, por exemplo, que tem plena consciência de dois tipos de leitura: a oral, muito presente na sala de aula, como atesta a sua argumentação, e a leitura dita extensiva, como a leitura de textos mais longos. As sugestões de Pedro, para a avaliação da leitura, mostram claramente essa distinção. Porém, é interessante observar que ele não menciona a possibilidade de a professora, por exemplo, perguntar se os alunos gostaram ao não do livro, restringindo as perguntas a aspectos do conteúdo das obras, o que comprovaria ou não a leitura dos textos. O discurso do aluno corrobora a prática pedagógica corrente de cobrança de leitura, por meio dos aspectos formais e estruturais dos textos, sem o devido deslocamento para a questão do leitor, de seus gostos, de suas expectativas, de sua formação.

Quando perguntei como é que ele achava que os professores poderiam incentivar a leitura, Pedro respondeu:

> *Pedro:* Ah::: Eu não tenho assim uma idéia não, mas eles têm que, para o aluno começar a ler, assim, para ler o livro assim, ela tem que ver o livro, ver qual que, qual que é o livro, que, que, ver, ver para melhor. Porque aí ele vai começar a ler o livro, vai ler aqueles livros melhores que, que ele gosta, e vai começando a gostar do livro, vai começar, tipo ter uma boa impressão do livro. Aí depois pode dar uns pior. Por exemplo, se não ele vai, chega assim, primeira vez que, primeira vez que um menino vai ler um livro sério, aí dá um livro ruim para ele, aí ele vai ter uma má impressão do livro, vai falar assim: todo livro é ruim, todo livro é não sei o quê. Ou se não da maneira mais, como é que eu falo? Tipo assim, poxa, não sei se pode fazer isso, forçar o aluno a ler. Dá um livro e falar: você tem que ler tal e tal ou senão... É assim. Só que o melhor jeito é você dar um livro melhor e o cara vai ter, a pessoa vai ter uma boa impressão de um livro.

Inicialmente, pela negação e pelas hesitações, Pedro parece se mostrar inapto a opinar sobre o assunto, mas aos poucos vai adquirindo autoconfiança e expõe suas idéias. Parece que entra em jogo a imagem que o enunciador faz do seu interlocutor. Pedro parece não querer expressar a sua opinião para um professor/pesquisador, daí as hesitações e as repetições (uma "gagueira" momentânea, digamos assim), mas, ao final da sua fala, conclui com clareza: "Só que o melhor jeito é você dar um livro melhor e o cara vai ter, a pessoa vai ter uma boa impressão de um livro".

Segundo caso: Bárbara e as leituras adolescentes apaixonadas

Quando realizei a entrevista com Bárbara, ela tinha 13 anos. Morava com o pai, a mãe e os irmãos, também em um bairro próximo ao Centro Pedagógico da UFMG. Sua mãe é formada em Turismo, mas trabalhava como funcionária pública municipal, em serviço burocrático/administrativo, e seu pai era corretor de imóveis.

Na entrevista, Bárbara se mostrou efetivamente uma leitora assídua de textos ficcionais, como a sua professora de Português havia relatado, ao sugerir seu nome para a entrevista. O grau de detalhamento – embora um pouco truncado, o que se explica pelo caráter oral da entrevista – ao recontar um livro que lera parece confirmar a sinceridade de sua fala, realmente o livro a seduzira. Há casos, por exemplo, de pesquisas em que até mesmo professores de Português afirmam ter lido e gostado de um determinado livro, mas não se lembram quase nada dele, como alguns casos relatados por Antônio Augusto Gomes Batista no artigo "A leitura incerta" (BATISTA, 1998). Bárbara demonstrou a sua condição de leitora assídua, ao falar de suas leituras em geral:

> ***Bárbara:*** Assim, eu leio assim, bastante poesia e meu ídolo é o Vinícius de Moraes. Então assim, poesia de Vinícius de Moraes para mim é uma vida, eu adoro Vinícius de Moraes, poesia, o jeito dele escrever, adoro as músicas dele. E assim, eu cresci lendo poesia, eu cresci escutando MPB, então eu gosto muito desse tipo de música, entendeu? muito disso, apesar de ter gostado dessas músicas modernas e tal, tal. Então eu gosto bastante. E... agora, fora poesia eu gosto muito do Pedro, Pedro Bandeira... mas eu adoro as histórias dele, nossa senhora! *A marca de uma lágrima* então eu sou apaixonada com a história. É a história de uma menina assim, por incrível que pareça, eu me identifico com a personagem principal, demais da conta, eu me identifico completamente com a personagem principal, porque no passado eu era estilo ela, entendeu? eu escrevo poesia até hoje, mas no ano passado eu era assim que nem ela. Eu andava com a Suelen, até hoje eu ando com ela, e me achava horrorosa, achava ela o máximo, achava ela divina... A Suelen, minha melhor amiga. Achava ela divina e me achava horrorosa, eu era, eu me odiava assim por mim eu fazia plástica em tudo. Hoje eu sou o contrário, né? Então nisso, a menina, ela se achava horrorosa, era gorda também, não tinha nada para te falar que eu sou/que eu era gorda... eu me achava ridícula, me achava tudo de ruim. Então assim, então eu me

identifiquei completamente com a menina do livro, com a personagem principal do livro, nossa, eu me identificava inteiramente. Aí, o que acontece? Aí a menina sofre, porque a melhor amiga namorava o, o, um cara louco, apaixonada por ele. Aí depois de um tempo, ela, eles des, des... ela escrevia poesias para os dois, ela escrevia poesia para ela, para ela mandar para ele e escrevia poesia para ele mandar para ela. Então ela escrevia poesia para os dois, escrevia para os dois lados, aí o que aconteceu? ela chegava e, e acabou que eles descobriram tudo, toda a farsa da amiga dela. Fala que ele era apaixonado por ela, mas aí ela tenta suicidar, quando ela tenta... tava acontecendo várias coisas na cabeça dela, porque a tia, a diretora tinha sido morta, ela tinha um risco algum de pegar a ... Luna/ Lina Maiúna, Lina Maiúna... eu acho que é isso. Que era um veneno pe-ri-go-sis-sí-mo, esse veneno matava em apenas cinco segundos. Então... superperigoso. Então ela foi no laboratório, quando ela descobriu que a melhor amiga dela tinha sido, tinha mesmo morrido, tinha, tava com o namorado, que o Cristiano que era o amor dela, gostava mesmo era da melhor amiga, ela estava dentro desse laboratório, ele foi embora e ela ficou lá dentro chorando, aí pegaram o menino, Lina Maiúna eu não me lembro o nome, mas eu acho que é isso mesmo, então ela tinha na cabeça, quando a diretora morreu eles descobriram que era, é... descobriram que, pensaram que ela fosse, que ela foi... pensaram que ela se suicidou, mas ela foi assassinada, a diretora. Então isso aí começa a conturbar a cabeça dela e tal. E ela não sabia o que ela vai fazer, ia fazer. Então o que acontece? ela tenta suicidar, ela toma dois comprimidos de calmante e uma pessoa tenta matá-la, pior ainda, então acaba assim em pânico, aí ela começa a delirar, delirar. Então, ela era muito inteligente, muito mesmo, era a melhor aluna em classe em tudo, então ela começa a concluir quem foi que era o assassino, eles prenderam duas, a professora dela, de Filosofia, que era a preferida, depois prenderam a verdadeira que tinha tentado matá-la, tentado matar, matá-la, né? Então, nisso estão transcorrendo várias coisas, aí lá no final descobre que o amor da vida dela não era o Cristiano, era o Fernando, um menino que era apaixonado por ela desde o início, desde quando viu ela pela primeira vez. Então é uma história assim, bem cheia das coisas. Eu gosto muito. E o livro que eu estou lendo é bom, dele, acho ele ótimo.

Em primeiro lugar, chama a atenção o gosto da aluna pela leitura da poesia de Vinícius de Moraes. A poesia é um gênero literário do qual os jovens gostam bastante, principalmente daquele tipo de poesia que trata de poetas apaixonados, verdadeiras declarações de amor às musas e aos homens amados. Porém, pela minha experiência como professor, percebo que grande parte das vezes o jovem gosta de *escrever* poesias para expressar seus sentimentos – falar de suas paixões, de seus medos, de suas angústias –, mas paradoxalmente não gosta tanto de *ler* poesia. Ou melhor, quando lê, lê apenas poemas dispersos, e não todos os poemas de um livro, por exemplo. O poeta predileto de Bárbara é Vinícius de Moraes, que, como sabemos, era também letrista/compositor de música popular brasileira. Bárbara fala também do seu gosto pela MPB, gênero musical cujas letras têm sido consideradas por muitos críticos como verdadeiros poemas, o que confirma, uma vez mais, essa sua "paixão pela poesia".

Quanto às leituras de narrativa de Bárbara, vale ressaltar como ela conta com detalhes os livros que leu, motivo que me levou a transcrever todo o turno de sua fala, embora um pouco longo. Bárbara cita o escritor Pedro Bandeira, bastante conhecido nos meios escolares, pela boa aceitação entre os alunos. Ela explicita um ponto bem interessante, que é o da identificação com personagens das obras. O processo de identificação do público com a obra de arte, de que tratou Aristóteles em sua *Arte poética*, ainda na Grécia Antiga, e que depois foi recuperado por Jauss em sua teoria sobre a recepção, é o fator principal que leva à *katharsis*, uma das atividades que constituem a experiência estética, ao lado da *poiésis* e da *aisthesis* (JAUSS, 1994). Bárbara se vê como a personagem central da narrativa *A marca de uma lágrima*, ao mesmo tempo em que se autodefine rigidamente ("eu me achava horrorosa", "assim por mim eu fazia plástica em tudo") e se compara com a sua melhor amiga ("achava ela o máximo, achava ela divina"). Bárbara se sente a própria personagem criada por Pedro Bandeira. Personagem essa que vive uma história de amor não-correspondido, de amiga cúmplice que escreve poemas, mas que vive também uma história emocionante, que trata de mortes, assassinatos, suicídios (nesse ponto uma história muito diferente do mundo de Bárbara), mas que serve, ao que tudo indica, para dar emoção ao livro e, ao final das contas, à própria vida de Bárbara ("é uma história assim, bem cheia das coisas. Então eu gosto muito.").

Com relação às leituras que Bárbara estava fazendo à época da entrevista, ela disse que estava lendo dois livros ao mesmo tempo, o que não é comum em jovens da idade dela. Também arrola uma série de outros títulos, o que mostra a sua familiaridade com livros.

Bárbara: Chama... *Agora estou sozinha*, do Pedro Bandeira. É a história de uma adolescente que a mãe, ela perde a mãe. E muitas histórias do Pedro Bandeira ele punha a brincadeira do copo, e na brincadeira do copo, ela descobre que a mãe dela não tinha morrido, a mãe dela começa a se comunicar com ela, ela não tinha morrido do coração, que a mãe dela tinha problema do coração, que ela tinha sido assassinada. Então eu estou no início, estou no terceiro capítulo, então isso é o que eu sei até agora, então eu não sei, ela está enfrentando um conflito...

Entrevistador: Esse livro, Bárbara, você está lendo por sua vontade mesmo?

Bárbara: Por minha vontade, peguei, fui lá [na biblioteca] falando que queria, eu vim de manhã, falando, para eu ler, eu quero pegar um livro, porque eu tinha acabado de ler um outro, eu estou lendo dois livros, um que é estrangeiro, que chama *Uma carta de amor,* que chama, tem uma coleção de livros, tem esse livro lá dentro. Então eu estou lendo esse da minha tia, emprestado, e o da biblioteca.

Entrevistador: Como que chama esse da sua tia?

Bárbara: *Uma carta de amor*. É uma coleção, são vários, tem o livro *A armadilha aérea, Uma carta de amor, Nevasca* e... *Mais cedo ou mais tarde.*

Hércules: E você já leu os outros?

Bárbara: Eu estou lendo o primeiro, *Uma carta de amor,* depois eu vou ler *Mais cedo ou mais tarde,* e tem mais outro livro da mesma coleção que chama... depois eu vou ler *A dança da morte.* São os três dessa coleção. Ah, eu acho, eu estou achando o livro um espetáculo de bem-escrito, nossa, o máximo.

> Engraçado que a minha irmã não gosta de ler, então eu leio por mim e por ela. Minha mãe lê também por mim, pela Bruna e pelo meu pai, que os dois não gostam de ler. Mas meu pai que escreve poesia como eu, então assim, ele não gosta de ler, mas ele gosta de escrever, ele escreve muito bem. Ele lê pouco, ele lê muita poesia, mas não lê história, ele não gosta de história. E outro que eu fiquei gostando muito foi *Descanse em paz, meu amor,* que também foi do Pedro Bandeira. E uma que chama... é... *Vivendo o amor,* que chama... da Marlene Del Guerra... acho que é esse que é o nome da autor, autora. Foi esses livros que eu li.

É preciso ainda ressaltar os comentários que Bárbara faz sobre as leituras das outras pessoas que moram com ela: ela e a mãe lêem pelos outros dois membros da família, a irmã Bruna e o pai, que também gosta de ler e, principalmente, de escrever poesias, mas não é atraído por narrativas.

Sobre a maneira de incentivar a leitura, por parte dos professores, Bárbara deu um depoimento muito diferente do de Pedro.

> **Bárbara:** Eu acho que não é obrigando a ler, é incentivando de uma outra maneira, você chegar para uma classe de alunos: olha, lê, é isso, é bom. Você vai já falando sobre os livros, e depois você pega para seguir a forma naquele meio, de que forma ele gosta de ler, e nisso tentar implantar dentro dele que aquilo é bom. Eu não sei como, assim, eu nunca pensei nisso, não. Mas assim, eu comecei a ler porque eu gosto de ler, porque eu comecei a ler muito cedo. Então, como eu comecei a ler muito cedo, eu queria ler tudo, tudo, tudo. Então eu aprendi a gostar de ler.

Bárbara toca em pontos já muito explicitados, mas ao que parece pouco praticados no âmbito da escola: o partilhamento de leituras, o incentivo e o interesse pela leitura por meio dos comentários de obras (lembre-se, por exemplo, de Daniel Pennac, em *Como um romance*), atividades comuns em comunidades de leitores literários assíduos. Bárbara fala de um gosto pela leitura que deve ser "implantado dentro do aluno" e que, no seu caso, começou desde muito cedo ("eu comecei a ler porque eu gosto de ler, porque eu comecei a ler muito cedo").

Sobre as pessoas que influenciaram a aluna neste gosto pela leitura, Bárbara refere-se à mãe e a uma tia:

> **Bárbara:** Nossa, minha mãe lia muito, então eu ficava perto/ muito com ela, eu era assim, era mais apegada no pai, mas eu queria ser igual a minha mãe, minha mãe era minha ídala. E minha tia, a Maíza, eu, eu era louca com elas, dizia assim, um dia eu vou ser que nem elas. Ainda quero ser igual. Então assim, eu comecei, elas liam muito, então eu comecei a começar, a gostar de ler, a ter o PRAZER DE LER. Porque eu queria ser igual a elas. Então, mas isso aí foi mais por mim, por mim mesmo, porque eu num, eu comecei a gostar não só porque elas gostavam, porque eu achei interessante você ler, você viajar de uma outra forma, você em vez de assistir um filme você lá, lê um livro que conta mais detalhes que um filme. Um filme, assim, muitas vezes eu leio um livro, falo assim, um dia eu vou.. Já quis ser atriz, mas eu leio o livro, me identifico com uma, uma dessas personagens, e lendo é como se eu estivesse fazendo um filme sobre aquele livro, com cada detalhe que tem no livro. Acho o máximo. Eu me vejo fazendo um filme sobre ele.

Acredito que o trecho anterior tenha sido a parte mais significativa da entrevista com Bárbara. A relação que ela estabelece entre cinema e literatura ("você em vez de assistir um filme você lá, lê um livro que conta mais detalhes que um filme"), as metáforas que usa para a leitura ("lendo é como se eu estivesse fazendo um filme sobre aquele livro" e "você viajar de uma outra forma"), a atividade da *katharsis*, por ela citada espontaneamente ("me identifico com uma, uma dessas personagens") e, por fim, a ênfase que dá à expressão "PRAZER DE LER" ratificam o envolvimento da aluna com a atividade da leitura literária, como o grau de detalhamento com que conta suas experiências de leitura literária. Esse dado nos mostra de maneira mais evidente a importância da família para a formação do leitor. Na entrevista anterior, parece que a grande influência de leitura de Pedro é o avô, o "intelectual da família", mas essa influência não é tão explicitada, talvez por uma falha metodológica minha, como pesquisador, como a de Bárbara.

Na continuação desse tópico, Bárbara fala que, hoje em dia, sua mãe não lê muito literatura porque não tem tempo, preferindo as leituras de revistas informativas. Bárbara fala também da sua relação com esse tipo de revista:

> **Bárbara:** Eu leio muita revista de informação, eu leio muito a *Isto é*, vejo muito jornal, então eu estou sempre muito informada. [...] Eu não gosto de jornal escrito porque suja a mão, eu, eu tenho, tenho nervoso de pegar no papel de jornal escrito, então é o jornal de televisão mesmo. [...] [Mas revista eu leio] Direto. Toda semana. Não tem uma semana que eu não pegue. E eu leio a revista de fio a fa, a fa, a fa... de...
>
> **Entrevistador:** De fio a pavio?
>
> **Bárbara:** De fio a pavio. Estou esquecendo tudo. De fio a pavio. Então eu leio todinha, aí eu adoro.

Bárbara não estava esquecendo tudo, conforme afirma no último turno. Lembra-se de detalhes importantes e sua entrevista foi extremamente fluente e espontânea. Além do mais, chamo a atenção para o fato de que a expressão que a embaraçou ("de fio a pavio") não é comum às pessoas de sua idade e circunstâncias de vida. Aliás, é por meio dessa expressão que Bárbara explicita a sua estratégia de leitura das revistas informativas, estratégia essa bem diferente daquela adotada pelo aluno Pedro. Enquanto Pedro diz fazer uma leitura de *boxes*, artifício gráfico-editorial onde se concentram as informações mais relevantes, Bárbara declara fazer uma leitura de todas as partes do texto, palavra por palavra, "de fio a pavio", duas formas distintas e igualmente válidas de ler esse tipo de publicação.

Por fim, transcrevo um último trecho da entrevista, que julgo importante para a compreensão da concepção de leitura literária da aluna. Perguntei a Bárbara, ainda, se ela achava que uma determinada parte do livro *Indez*, que ela havia lido, era importante para a compreensão do texto. Bárbara me respondeu:

> **Bárbara:** Toda parte é importante num livro para a compreensão, mesmo aquelas bem minúsculas, até aquelas maiores. Eu

acho que toda parte é importante para a compreensão de um livro, porque cada detalhe para um livro é importante, porque se não houvesse esse detalhe como que você entenderia um livro? Então para mim toda parte é importante.

Neste ponto, Bárbara demonstra mais uma vez as suas habilidades de leitora literária, consciente da não-gratuidade de quaisquer elementos na obra. A segurança com que respondeu às minhas perguntas, em todos os momentos da entrevista, corrobora a sua posição de uma leitora empolgada.

Considerações finais

Num artigo publicado na revista *Tempo Brasileiro*, em 1996, Vera Teixeira de Aguiar, professora de Literatura e pesquisadora da PUCRS, arrola uma lista de competências, habilidades e disposições que um indivíduo deve possuir para que seja considerado um leitor competente, conforme os pressupostos da Sociologia da Leitura e da Estética da Recepção – duas áreas dos estudos literários que dão maior importância aos leitores, focalizando-os, em vez de sobressaltar as qualidades dos textos e dos seus autores.

De acordo com a pesquisadora, pode-se considerar como leitor competente aquele que apresenta o seguinte comportamento:

1. Sabe buscar textos de acordo com seu horizonte de expectativas, selecionando obras segundo seus interesses e necessidades;
2. Conhece os locais em que os livros e os demais materiais de leitura se encontram, tais como bibliotecas, centros de documentação, salas de leitura, livrarias, distribuidoras, editoras;
3. Freqüenta espaços mediadores de leitura: lançamentos, exposições, palestras, debates, depoimentos de autores, seções especializadas em revistas, além dos citados anteriormente;

4. Identifica livros e outros materiais (como jornais, revistas, arquivos) nas estantes, movimentando-se com independência na busca dos volumes que lhe interessam;
5. Localiza dados na obra (editora, local e data de publicação, prefácio, sumário, índices, capítulos, bibliografias, informações de conteúdo específico);
6. Segue as orientações de leituras oferecidas pelo autor, por meio dos elementos potenciais e dos pontos de indeterminação localizáveis no texto;
7. Reconhece a estrutura de campo que o texto apresenta, preenchendo as posições tematicamente vazias, segundo sua maturidade de leitura e de mundo;
8. É capaz de dialogar com novos textos, posicionando-se crítica e criativamente diante deles, por meio de um processo hermenêutico que envolve compreensão, interpretação e aplicação;
9. Troca impressões e informações com outros leitores, posicionando-se com respeito aos textos lidos, fornecendo indicações de leitura e acatando os novos dados recebidos;
10. Integra-se a grupos de leitores, participando ativamente de práticas de leitura oral e expressão dos conteúdos lidos em diferentes linguagens;
11. Conhece e posiciona-se diante da crítica (especializada ou espontânea) dos livros e outros materiais escolhidos para leitura;
12. É receptivo a novos textos, que não confirmem seu horizonte de expectativas, sendo capaz de alargar seu gosto pela leitura e seu leque de preferências, a partir do conhecimento do movimento literário ao seu redor e da tradição;
13. Amplia seu horizonte de expectativas por meio de leituras desafiadoras para sua condição atual;

14. Dá-se conta, por meio da conscientização do que acontece no processo de leitura, do seu crescimento enquanto leitor e ser humano.

As competências, habilidades e disposições arroladas por Vera Aguiar referem-se a leitores adultos. Aqui, tratei especificamente de leitores em fase de escolarização fundamental, aos quais me referi como adolescentes. Melhor seria chamá-los pré-adolescentes, conforme adota a psicologia para as pessoas com 12, 13 anos. Conservei o título dado *a priori*, já que aqui pouca importância tem esse rótulo. O que se deve considerar é que esses alunos, mesmo ainda com uma baixa escolarização, pois estão ainda no meio do ensino fundamental, já podem ser considerados leitores bastante competentes e autônomos. Se não detêm todas as habilidades arroladas anteriormente, é por causa da condição de dependentes de adultos. A freqüência a sessões de autógrafos, lançamentos de livros, livrarias e outros espaços mediadores de leitura está fortemente vinculada ao investimento que os adultos – em geral familiares – fazem com relação à ampliação dos horizontes culturais de seus membros.

Ainda outras das habilidades – como identificar livros e outros materiais em estantes de biblioteca ou localizar determinados dados na obra, o que se vincula, de certa forma, à familiaridade com livros – não puderam ser averiguadas pela entrevista, porque demandam um outro método de pesquisa.

A família e a escola – não apenas os professores, mas toda a instituição e seus componentes, como bibliotecários, coordenadores, diretoria – são as principais instituições responsáveis pela formação de leitores, ao lado de bibliotecas públicas, livrarias, amigos leitores, a quem se possa pedir livros emprestados, por exemplo...

Concordo com os pesquisadores que dizem que em primeiro lugar, no incentivo e na formação do leitor, vem a família. É desse investimento familiar que trata o sociólogo francês Bernard Lahire, no livro *Sucesso escolar nos meios populares*, que tem o curioso subtítulo de "As razões do improvável". A família constitui, portanto, peça fundamental na transmissão do gosto pela leitura ou, melhor dizendo, na criação de condições que possibilitem a ela deixar uma herança cultural às crianças e jovens, e que eles possam, realmente, apropriar-se do gosto pelos livros, como disse a aluna Bárbara, "implantando dentro" do sujeito o gosto por essa forma de viagem que o livro possibilita.

Em segundo lugar, acredito ser da escola a responsabilidade pela formação do leitor, por meio de uma escolarização adequada da literatura, como defende Magda Soares no artigo "A escolarização da literatura infantil e juvenil", texto apresentado no II Jogo do Livro (SOARES, 1999). Magda Soares defende uma forma de escolarização da literatura que procure se aproximar dos usos não-escolares da literatura, da mesma forma que defende Graça Paulino quando trata da diferença entre a leitura e a *quase* leitura. Uma leitura que se realize pelo desejo, pela espontaneidade, pela ausência de controles e satisfações devidas, ainda que de formas menos rígidas, como as já freqüentes formas de avaliação alternativas, como dramatizações de partes dos livros, júris simulados e seminários, que muitas vezes não ultrapassam o gostei ou o não gostei, sem se preocupar com argumentos mais consistentes e que apontem soluções para a difícil questão da escolarização da leitura literária.

Talvez assim possamos ter mais jovens na condição de passar das leituras comuns, cotidianas, corriqueiras, como as apontadas no início deste artigo ou alguns dos livros citados pelos sujeitos, para as leituras de maior prestígio, ou seja, dos chamados clássicos da literatura brasileira e universal.

Para encerrar, quero retornar ao conto de Calvino. Ainda bem que nem sempre a vida imita a arte. Na narrativa de Calvino, o general e seus tenentes "foram mandados para a reserva por motivos de saúde, por causa de 'um grave esgotamento nervoso contraído no serviço'. Vestidos à paisana, encapotados dentro de sobretudos acolchoados para não congelarem, freqüentemente eram vistos entrando na velha biblioteca, onde esperava por eles o senhor Crispino com seus livros". (CALVINO, 2001, p. 79). Na vida, espero que esses alunos, pelo desenvolvimento de suas habilidades de leitura, logrem melhor êxito e não estejam fadados apenas a freqüentarem as bibliotecas de suas épocas e espaços, mas que sejam capazes de alcançar leituras tanto mais elaboradas e de fazer circular e multiplicar aquilo que aprenderam com os saborosos livros degustados.

Referências bibliográficas

AGUIAR, Vera Teixeira de. O leitor competente à luz da teoria da literatura. *Tempo brasileiro.* Rio de Janeiro: 124:23-34, jan.-mar. 1996.

BATISTA, Antônio Augusto Gomes. A leitura incerta: a relação de professores(as) de Português com a leitura. *Educação em revista.* Belo Horizonte, n. 27, p. 85-103, julho de 1998.

CALVINO, Italo. Um general na biblioteca. In: *Um general na biblioteca.* São Paulo: Companhia das Letras, 2001. p. 74-79.

EVANGELISTA, Aracy et al. (Orgs). *A escolarização da leitura literária.* O jogo do livro infantil e juvenil. Belo Horizonte: Autêntica/Ceale, 1999.

FONSECA, Cláudia. Quando cada caso NÃO é um caso: pesquisa etnográfica e educação. Porto Alegre: UFRGS (mimeogr.)

JAUSS, Hans Robert. *A história da literatura como provocação à teoria literária.* São Paulo: Ática, 1994.

LAHIRE, Bernard. *Sucesso escolar nos meios populares.* As razões do improvável. São Paulo: Ática, 1997.

MANGUEL, Alberto. *Uma história da leitura.* São Paulo: Companhia das Letras, 1997.

MANGUEL, Alberto. *Lendo imagens.* São Paulo: Companhia das Letras, 2001.

PAULINO, Maria das Graças Rodrigues. No silêncio do quarto ou no burburinho da escola. In: *Presença pedagógica*. Belo Horizonte: Dimensão, v.3, n. 16, jul./ago., 1997.

PENNAC, Daniel. *Como um romance*. Rio de Janeiro: Rocco, 1993.

SOARES, Magda. A escolarização da literatura infantil e juvenil. In: EVANGELISTA, Aracy et al. (Orgs). *A escolarização da leitura literária. O jogo do livro infantil e juvenil*. Belo Horizonte: Autêntica/Ceale, 1999.

A DIDATIZAÇÃO E A PRECÁRIA DIVISÃO DE PESSOAS EM FAIXAS ETÁRIAS: DOIS FATORES NO PROCESSO DE (NÃO) FORMAÇÃO DE LEITORES

Ricardo Azevedo

> A ciência é incapaz de resolver os mistérios finais da natureza, porque nós somos parte da natureza e, portanto, do mistério que tentamos resolver.
>
> Max Plank
>
> A leitura do mundo antecede a leitura da palavra.
>
> Paulo Freire

É imprescindível compreender e enfrentar a questão da formação de leitores, para que o Brasil possa se desenvolver como sociedade e sair, definitivamente, da situação de desigualdade social em que se encontra. As dificuldades, entretanto, são muitas e de diferentes ordens.

Há problemas conjunturais tais como: a existência de numerosos pais analfabetos ou semi-analfabetos; famílias dependendo do trabalho infantil para poder sobreviver; pessoas morando em casas, por vezes de um só cômodo, sem espaço e iluminação adequados para a leitura.

Há o preço do livro, alto para os padrões nacionais de renda, e a quase inexistência, fora dos grandes centros, de livrarias e bibliotecas.

Há o contato de crianças com adultos – pais e professores – que, apesar de alfabetizados, não são leitores.

Há, além disso, questões teóricas, não menos importantes, como a da própria conceituação do que seja a leitura ou a da determinação das implicações cognitivas envolvidas na aquisição da escrita.

É razoável afirmar, em todo o caso, que crianças e jovens com situação social minimamente equilibrada e que, por sorte, mantenham contato com adultos leitores – referimo-nos a leitores de fato e não apenas a gente alfabetizada – tenham boas chances de também se tornarem leitores.

Em compensação, dificilmente vão se tornar leitoras crianças, mesmo as socialmente privilegiadas, que tenham contato com adultos – sejam eles pais, parentes ou professores – que recomendam e elogiam a leitura, indicam nomes de livros e escritores "clássicos", defendem a importância dos livros, mas, na verdade, não são leitores, não apreciam a literatura, nem sequer sabem usar livros. São apenas "politicamente corretos".

Leitores são pessoas que sabem diferenciar uma obra literária de um texto informativo; pessoas que lêem jornais, mas também lêem poesia; gente, enfim, que sabe utilizar textos em benefício próprio, seja para receber informações, seja por motivação estética, seja como instrumento para ampliar sua visão de mundo, seja por puro e simples entretenimento.[1]

Como sabemos, devido, entre outros fatores, ao número pequeno de livrarias e bibliotecas, a escola, no Brasil, acabou se tornando um grande espaço mediador da leitura. É na escola que a maioria das crianças vai ter seu primeiro contato com o livro.

Entre os vários e complexos problemas resultantes da mediação escola/leitura, pretendemos, neste breve artigo, salientar dois: a didatização do livro e a apresentação de um mundo onde as pessoas estão divididas em faixas de idade.

Infelizmente, muitas de nossas crianças – e boa parte dos adultos – ainda confunde livros didáticos com livros de literatura.

---

[1] Cf. nosso artigo "Aspectos da Literatura Infantil Brasileira" In: *Revista Releitura*, Belo Horizonte, 2001, n. 15.

Nas camadas mais pobres da população, a situação é bastante grave. Crianças pobres só têm acesso, quase que exclusivamente, aos livros e textos didáticos e informativos fornecidos gratuitamente pelas escolas públicas. Para elas, portanto, o livro é sinônimo de escola, informações e lições.

Em outras palavras, ao que parece, boa parte de nossas crianças é levada a acreditar que todos os livros existentes são necessária, intrínseca e essencialmente didáticos, ou seja, tratam de um ramo específico do conhecimento (de uma determinada matéria) e contêm regras, leis, métodos, lições e informações unívocas que precisam ser aprendidas.

Abrindo um parêntese, em nossa sociedade – pelo menos em seus estratos organizados – muitos adultos, diante de uma criança, aparentemente só conseguem enxergar um papel a cumprir: o de "professor". Por analogia, dentro dessa concepção, só haveria espaço para um tipo de livro: o que "ensina". Uma das implicações dessa postura é a apresentação da infância como sendo formada por seres imaturos, incoerentes, egoístas, irracionais, indisciplinados, sem discernimento, selvagens, sem juízo, impulsivos, caprichosos, inseguros, parciais, desequilibrados, indisciplinados, inexperientes, irrequietos, irresponsáveis, ignorantes e errados por princípio, indivíduos cegos com relação às coisas da vida e do mundo, que precisam mudar, crescer, ser domados e assim, finalmente, amadurecer e compreender a "realidade", as regras complexas e a sabedoria líquida e certa do mundo adulto.

O mundo adulto, por sua vez (e em oposição), seria composto por seres maduros, coerentes, altruístas, sérios, racionais, disciplinados, com discernimento, civilizados, ajuizados, comedidos, controlados, razoáveis, seguros, imparciais, isentos, equilibrados, disciplinados, capazes de distinguir a "realidade" da "fantasia", experientes, quietos, responsáveis, sábios e corretos por princípio (!).

O resultado dessa tradição, dessa visão do que seria o universo e a "alma infantil" é a apresentação e descrição de um mundo bastante idealizado, regido por normas de conduta abstratas e preconcebidas, em que *a priori*, independentemente de tudo, adultos são sempre equilibrados e coerentes, contradições e ambigüidades inexistem na idade madura e realidade e razão, nessa faixa de idade, são sempre nítidas e sob controle. Em tal mundo, adultos são identificados como seres previsíveis e lógicos em busca de sua "natural" integração ao *status quo*. Naturalmente, num contexto assim, várias tendências intrinsecamente humanas, independentemente de faixas etárias, tais como o egocentrismo, a incoerência, a passionalidade, a parcialidade, a busca do prazer, a curiosidade, a dúvida, a irreverência, a predisposição de representar e a vontade, às vezes irracional, de jogar, brincar e experimentar, – todas, por sinal, ligadas à subjetividade e à particularidade – ou não existem ou são condenadas e substituídas pelo autocontrole, pelo equilíbrio, pela racionalidade, pela coerência, pela imparcialidade, pela objetividade, pela isenção, pela sabedoria e pelos "bons" sentimentos.

Com a idealização e, mesmo, a desumanização do ser adulto, cria-se uma espécie de fosso separando crianças e adultos, como se existissem dois estados etários sólidos, homogêneos e de contornos absolutamente nítidos e, por conseguinte, como se entre crianças e adultos não houvesse pontos comuns.[2]

Mas voltemos aos livros.

Como se sabe, existem diversos tipos de livros. Há, por exemplo e para ficar em nosso assunto, uma imensa diferença entre livros didáticos e algo que possa ser chamado de literatura infantil.

Livros didáticos são utilitários por definição (sua utilidade, em geral, é apresentada já na capa: Gramática, História, Ciências, Matemática); têm compromisso com as matérias do currículo oficial; apresentam discurso impessoal e objetivo;

---

[2] C.f. Nossa dissertação de mestrado "Como o ar não tem cor, se o céu é azul? Vestígios dos contos populares na literatura infantil", disponível na biblioteca da Faculdade de Letras da Universidade de São Paulo.

pretendem transmitir informações; pretendem ser unívocos (são preparados para que seus leitores cheguem às mesmas conclusões); necessitam de atualização periódica, afinal, o conhecimento e as metodologias mudam com o passar do tempo. Veja-se o seguinte texto:

> Nem todos os homens teem a mesma côr. Não é igual a sua maneira de viver em toda a parte. Teem costumes e hábitos diferentes [...] Os negros matam as aves e os animais com flechas, *porque* não teem espingardas. Os povos selvagens precisam as vezes, de ser castigados, *porque* são maus. Não sabem lêr e escrever *porque* não querem. Eu não quero comer *que* não tenho fome. Tu não comerás *que* não tens fome. Êle comeria *porque* tem fome. Estuda *que* aprenderás. Estudarei *porque* preciso. (Temos o livro, mas, infelizmente, o mesmo não tem capa nem informações bibliográficas. Trata-se de um texto didático português do princípio do século XX que demonstra o quanto a atualização periódica é uma necessidade básica para o livro didático.)

A nosso ver, textos didáticos são essenciais para a formação das pessoas, têm seu sentido e seu lugar, mas não formam leitores. É preciso que, concomitantemente, haja acesso à leitura de ficção, ao discurso poético, à leitura prazerosa e emotiva. É necessário que alguém chore, sonhe, dê risada, fique emocionado, fique identificado, comungue, enfim, com o texto, para que ocorra a formação do leitor.

Falar em literatura, como sabemos, significa falar em ficção e em discurso poético, mas muito mais do que isso. Significa abordar assuntos vistos, invariavelmente, do ponto de vista da subjetividade. Significa a motivação estética. Significa remeter ao imaginário. Significa entrar em contato com especulações e não com lições. Significa o uso livre da fantasia como forma de experimentar a verdade. Significa a utilização de recursos como a linguagem metafórica. Significa o uso criativo e até transgressivo da Língua. Significa discutir verdades estabelecidas, abordar conflitos, paradoxos e ambigüidades (um príncipe transformado num sapo ou uma menina, Raquel, que, em sua bolsa amarela, guarda a vontade decrescer e de ser um menino, ou uma personagem, Peter Pan, que se recusa a crescer). Significa, enfim, tratar de assuntos tais como a busca do autoconhecimento, as iniciações, a construção da voz pessoal, os conflitos entre gerações, os conflitos éticos, a passagem inexorável do tempo, as transgressões, a luta entre o caos e a ordem, a confusão entre a realidade e a fantasia, a inseparabilidade do prazer e da dor (um configura o outro), a existência da morte, as utopias sociais e pessoais entre outros.

São assuntos, note-se, sobre os quais não há o que "ensinar". Não são constituídos por informações atualizáveis ou mensuráveis. São temas, isso sim, diante dos quais adultos e crianças podem apenas compartilhar impressões, sentimentos, dúvidas e experiências.

E isso nos leva ao segundo dos dois pontos que aqui tentamos discutir de forma breve.

Se a divisão de pessoas em faixas etárias – o pressuposto de que grupos de idade apresentam, em princípio, as mesmas características e seriam de alguma forma homogêneos – faz sentido quando pensamos em aulas de ginástica ou mesmo se levarmos em consideração os conteúdos das várias matérias escolares, organizados e subdivididos em graus – por exemplo da 1ª à 8ª série – quando falamos da vida mesmo e da experiência humana – ou da literatura –, a paisagem é muito outra.

É preciso lembrar o óbvio: uma criança é um ser humano e não uma categoria abstrata e lógica. Logo, está exposta a inúmeros fatores: contextos sociais e familiares, seu próprio temperamento, acasos e acidentes, sentimentos, experiências concretas de vida, traumas, concepções culturais, entre outros fatores.

É possível encontrar uma criança mais experiente que um adulto. Qualquer uma abandonada, e são tantas por aí!, que viva debaixo de uma ponte, pode ter muito a contar sobre a experiência e os limites do ser humano. Qualquer criança alfabetizada, por outro lado e em tese, pode ensinar adultos analfabetos.

É preciso lembrar que um homem de oitenta anos está em pleno processo de aprendizado, pois nunca teve oitenta anos antes.

É preciso lembrar que, em certas camadas da população, é possível encontrar avós de trinta anos de idade, mães com doze anos e jovens da mesma idade que já trabalham e ajudam ou mesmo sustentam a casa.

É preciso lembrar que, em certas camadas da população, é possível encontrar jovens de vinte anos ou mais que nunca trabalharam nem têm qualquer noção do que seja uma sociedade, a política ou a cidadania.

É preciso dizer que as implicações cognitivas impostas pela aquisição da escrita e da leitura são fatores a serem levados em conta. Pesquisas iniciadas por Luria e estudos recentes de psicólogos e antropólogos como Walter Ong, David Olson, J. Peter Denny e Jack Goody, entre outros, mostram que certas características normalmente atribuídas às crianças reaparecem em adultos provenientes de culturas ágrafas. Isso quer dizer que atributos como a capacidade de descontextualização, o pensamento abstrato e o pensamento por silogismos não têm necessariamente a ver com etapas do desenvolvimento cognitivo infantil, mas sim com um certo tipo de cognição, em suma, com determinados modos de ver e captar a vida e o mundo.

É preciso ainda lembrar que adultos e crianças apresentam algumas diferenças conjunturais e muitas semelhanças estruturais: têm sentimentos, são mortais, são sexuados, sentem fome, prazer e dor física, sonham, podem confundir realidade e fantasia, podem sentir medo, gostam de ser bem-tratados e assim por diante.

Vejamos a descrição feita por Chrètien de Troyes, no século XII, de Cliges, o heróico personagem de sua obra *Cliges ou a que fingiu de morta*. Apaixonado pela bela Fenice, noiva e, depois, esposa de seu tio, o rei, Cliges enfrenta a tudo e a todos, usa da coragem, da magia e do ardil e acaba ficando com a moça para si.

> Para evocar a beleza de Cliges, quero fazer uma descrição que será apenas uma breve passagem. Ele estava na flor da idade, pois tinha cerca de quinze anos. Era mais belo e gracioso que Narciso, que sob o olmo viu na fonte sua forma a ao vê-la tanto a amou que morreu, conforme contam, porque não a pôde alcançar.[...] Tinha nariz bem feito, boca bela, e era de tão grande estatura que Natureza não o poderia ter feito melhor, pois em um único colocara o que dá em parcelas a todos. Conhecia melhor a esgrima e o arco que Tristão, sobrinho do rei Marc, e melhor também a caça com pássaro e a caça com cães. Nenhuma qualidade lhe faltava. (Troyes, 1991, p. 93.)

Como comparar o jovem Cliges com um adolescente atual, retratado, em geral, como um ser cheio de espinhas usando aparelho de dentes, um "aborrescente", infantilizado, irresponsável, subestimado, confuso e, apesar de escolarizado, alheio a si mesmo e aos assuntos da vida e do mundo?

É preciso reconhecer, convenhamos, de uma vez por todas, que a divisão de pessoas em faixas etárias é apenas um procedimento histórico, cultural e ideológico, que vem sendo tratado, equivocada e infelizmente, como "natural".

Que capacidades estão virtualmente disponíveis nas crianças e jovens, e quais delas realmente estão sendo desenvolvidas hoje? O que ocorre com pessoas que têm suas potencialidades bloqueadas?

As respostas a essas indagações talvez ajudem a explicar o assassinato do índio Galdino por jovens estudantes do segundo e terceiro graus, estudados, diplomados e, paradoxalmente, preconceituosos, alienados e infantilizados.

Gostaríamos de lembrar as palavras ditas em 1681 por um certo Marechal de Cailliére, que criticava as novas concepções educacionais que dariam início às escolas modernas.

> Não basta conhecer a ciência ensinada no colégio. Há outra ciência que nos ensina como devemos nos servir daquela [...] uma ciência que não fala nem grego nem latim, mas que nos mostra como utilizar essas línguas. Encontramo-la nos palácios, entre os príncipes e os grandes senhores. Ela esconde-se também

nas ruelas de mulheres, deleita-se entre as gentes de guerra e não despreza os comerciantes, os lavradores ou os artesões. Ela tem por guia a prudência e, como doutrinas, as conversações e a experiência das coisas. (ARIÈS, Phillipe. *História social da criança e da família*. Rio de Janeiro: Guanabara, 1981, p. 242.)

Concluindo, a crença num mundo abstrato e higiênico, dividido em faixas etárias, mundo que simplesmente ignora a experiência das coisas, concreta e individual, vivida por cada um de nós, somada à confusão existente entre os diferentes tipos de livros produzidos – confusão, diga-se de passagem, alimentada justamente pelas concepções que arbitrariamente dividem pessoas em faixas de idade – podem ajudar muito a estabelecer "fatias" do mercado editorial ou a facilitar a organização burocrática das escolas, mas, a nosso ver, não têm contribuído para formar cidadãos criativos, participantes, dotados de senso crítico e visão humanista da vida e do mundo. Nem para a formação de leitores, ou seja, pessoas que saibam utilizar livros em benefício próprio.

Bibliografia

ARIÈS, Phillipe. *História social da criança e da família*. Rio de Janeiro, Guanabara, 1981, p. 242.

AZEVEDO, Ricardo. *Como o ar não tem cor, se o céu é azul?* Vestígios dos contos populares na literatura infantil. São Paulo: USP. (Dissertação de mestrado).

_____. "Aspectos da Literatura Infantil Brasileira." In: *Revista Releitura*, Belo Horizonte, 2001, nº 15.

TROYES, Chrétien. *Romances da Távola Redonda*. São Paulo: Martins Fontes, 1991, p. 93.

SUPORTES

FOLHETOS DE CORDEL: EXPERIÊNCIAS DE LEITORES/OUVINTES (1930-1950)[1]

Ana Maria de Oliveira Galvão

Este trabalho busca, por meio da discussão de alguns resultados de pesquisa concluída (GALVÃO, 2000), realizar reflexões acerca da leitura e de suas práticas entre adultos analfabetos ou com experiência restrita de escolarização. A pesquisa teve como principal objetivo (re)construir o público leitor/ouvinte e os modos de ler/ouvir literatura de cordel, entre 1930 e 1950, em Pernambuco. Inicialmente, apresentarei, de forma breve, as principais características desse tipo de literatura, para, a seguir, discutir algumas questões que se relacionam à leitura, à formação de leitores e a um tipo de literatura que está à margem da "grande" literatura, da literatura erudita.

No Brasil, dá-se o nome de literatura de cordel a uma forma de poesia impressa, produzida e consumida, original e predominantemente, em alguns estados da região Nordeste. Entre os poetas, os editores, os folheteiros e o público que a consome é, geralmente, denominada de "folheto". A designação literatura de cordel, até então utilizada para um tipo de literatura semelhante encontrado em Portugal, tem sua origem nos estudos acadêmicos sobre o tema, tendo sido adotada e difundida, por todo o país, a partir da década de 1960

---

[1] Várias considerações realizadas neste texto foram retomadas do artigo "Experiências de leitores e ouvintes de folhetos de cordel", publicado na revista *Alfabetização e cidadania* (São Paulo, n.12, p.19-28, 2001).

(Cascudo, 1988). Desse modo, o cordel é nomeado como *literatura* por seus estudiosos: uma espécie particular de literatura, que o deixa à margem da literatura erudita – a literatura popular. O discurso sobre esse objeto, gestado principalmente na década de 70, momento em que, no Brasil, poucas eram as oportunidades em que era permitido falar sobre o "povo", acabou por identificá-lo a uma expressão da "alma popular" e, portanto, ao folclore. A própria catalogação dos estudos sobre o tema na seção sobre folclore das bibliotecas (e não sobre "literatura brasileira", por exemplo) constitui indício dessa constatação. Para os leitores e ouvintes desse tipo de objeto impresso, estaria também ele relacionado à experiência literária? Retomarei essa questão mais adiante.

O cordel, impresso em pequeno formato, papel barato e vendido a baixos preços, embora caracterizado pela forte presença da oralidade em seus texto e formas, é necessariamente impresso, distinguindo-se de outras formas de "poesia oral". Em geral, relacionam-se os primórdios da literatura de cordel ao que parece ter ocorrido em diversos países: aos poucos, histórias da tradição oral começaram a ser escritas e, posteriormente, difundidas pela imprensa. De fato, formas de literatura semelhantes ao cordel podem ser encontradas em diversos outros países, como em Portugal, na Espanha, na França, na Inglaterra, no México, na Argentina, entre outros. As origens do cordel brasileiro estariam, desse modo, relacionadas ao seu semelhante português, trazido para o Brasil pelos colonizadores já nos séculos XVI e XVII. Alguns estudiosos, como Cascudo (1988), acrescentam que já no período colonial os indígenas brasileiros e os povos africanos utilizavam o canto poético para conservar a memória dos episódios. Na época em que o cordel se desenvolveu, já havia, no Nordeste brasileiro, uma tradição de canto de poemas orais, os desafios, pelejas e cantorias, que parecem ter influenciado decisivamente o seu desenvolvimento. O primeiro folheto brasileiro localizado, de autoria de Leandro Gomes de Barros (1865-1918), foi impresso em 1893, momento em que se multiplicavam as tipografias em todo o país. O apogeu da literatura de cordel no Brasil só se daria, no entanto, entre as décadas de 30 e 50. Nesse período, montaram-se redes de distribuição dos folhetos e o editor deixou de ser exclusivamente o poeta. Quanto à forma, raros eram os cordéis escritos em prosa. Os folhetos versam sobre uma diversidade de temas: valores religiosos e místicos em geral, relatos de acontecimentos cotidianos e políticos mais amplos, descrição de fenômenos naturais e sociais, narração de histórias tradicionais, aventuras de heróis e anti-heróis, etc. Nos anos 60, o cordel passou por uma grande crise, tornando-se novamente centro de interesses a partir dos anos 70, desta vez principalmente por parte de universitários brasileiros e estrangeiros e turistas: o cordel tornou-se objeto de estudo e de curiosidade. Atualmente, no contexto dos movimentos de revalorização e resgate da formas de cultura e manifestações populares, tem sido novamente tema de estudos, de exposições e de reportagens na imprensa.

Um pouco da pesquisa

Na pesquisa, foram utilizadas como principais fontes entrevistas, autobiografias, romances, os próprios folhetos e outros documentos. Neste texto, enfocarei os resultados decorrentes do trabalho, sobretudo, com as entrevistas. Conversei, ao todo, com 36 pessoas, das quais entrevistei nove, que tiveram experiências significativas com a leitura/audição de folhetos no período e no local estudados. Entrevistei também um vendedor de cordéis, em atividade desde 1938. Dos nove sujeitos que entrevistei, três declararam-se analfabetos, três tiveram experiências de escolarização de até um ano e três passaram de dois a cinco anos na escola. Nas trajetórias de vida de todos eles, os folhetos constituíram o objeto de leitura e/ou audição mais presente. Para os analfabetos, leitura em voz alta sempre mediada por alguém alfabetizado: inicialmente, o vendedor, nas feiras onde eram vendidos e, posteriormente, os filhos, vizinhos ou o cônjuge. Os outros, na maior parte das vezes, liam os cordéis em voz alta para um grupo e, em outros momentos, realizavam uma leitura solitária, silenciosa. Muitos entrevistados, analfabetos ou semi-alfabetizados, atribuíram a si próprios o fracasso em seus processos de escolarização: "problemas de cabeça", ausência de talento para o estudo e outras justificativas de caráter supostamente natural foram os principais fatores apontados. Outros localizaram em aspectos familiares e sociais a pequena permanência na escola, como a necessidade de engajamento em atividades agrícolas desde a infância e a ausência de escolas nas regiões onde moravam. Quase todos os entrevistados não trazem boas recordações da experiência escolar: humilhações públicas, castigos físicos, tédio e falta de utilidade do conteúdo aprendido são lembranças que expressam esse sentimento. Na verdade, a experiência nula ou restrita de escolarização dos entrevistados só pode ser compreendida no quadro da situação educacional de Pernambuco na época: os índices de alfabetização eram muito baixos no período e era pequena a oferta de educação pública. Segundo Roberto Levine (1980), no final da década de 30, o ensino público estava em situação deplorável e as verbas orçamentárias continuavam exíguas: escolas pequenas, com professores leigos, multisseriadas, sobretudo nas cidades menores e nos bairros mais populares, eram a realidade mais comum.

Dos nove leitores/ouvintes que entrevistei, quatro afirmaram não ter tido outras experiências de leitura/audição de impressos em suas trajetórias. Crispim, Ana Maria e Zé Mariano, todos analfabetos e os dois primeiros moradores de uma cidade sertaneja até pouco tempo antes do momento de realização das entrevistas, embora tenham tido contato com outros objetos de leitura, não experimentaram a sensação de ler ou ouvir notícias, histórias, descrições, poesias fora do suporte do folheto. Delita se alfabetizou já adulta e, embora moradora do Recife durante a maior parte da sua vida, teve uma experiência de leitura/audição de impressos restrita aos folhetos. Nas memórias e romances analisados, os personagens que se referem aos folhetos, salvo uma exceção, também não possuem muitas outras experiências de leitura. Ao contrário de outros leitores que, morando na mesma cidade, mas pertencentes principalmente a outros grupos sociais, experimentavam uma grande diversidade de contatos com objetos impressos.

Os outros cinco entrevistados revelaram ter tido e, em alguns casos, ainda ter, experiências de leitura com outros objetos impressos. Zé Moreno, Edson, Antônio e Zezé moraram, durante a maior parte de suas vidas, no Recife e tiveram, em alguns casos mais restritas (caso dos dois primeiros), em outros mais longas (caso dos dois últimos), experiências de escolarização. Zeli morou a maior parte do tempo em pequenas cidades do interior do estado e suas outras experiências de leitura, assim como as de Zezé, praticamente se restringiram às cartilhas e aos livros didáticos dos primeiros anos de instrução. Dois dos homens desse grupo foram os que revelaram maior intimidade com a leitura e maior diversidade de experiências com diferentes objetos impressos e não-impressos. Entre os gêneros preferidos por eles, estão aqueles que, de modo geral, são considerados "populares", mas que, no Recife das décadas de 30 e 40, circulavam também entre as camadas mais "letradas" da população, como as histórias em quadrinhos, os romances policiais e os almanaques.

Comprados ou tomados de empréstimo, os folhetos eram lidos pelo vendedor ainda nas feiras e, posteriormente, em reuniões coletivas, onde ocorriam, em muitos casos, narrações de contos e cantorias. Os poemas eram lidos, principalmente, de maneira intensiva – ou seja, um mesmo folheto era lido diversas vezes pela mesma pessoa e/ou pelo mesmo grupo – e a memorização, facilitada pela própria estrutura narrativa e formal dos poemas, era considerada, pelos leitores/ouvintes, fundamental nos processos de apropriação das leituras.

Quais os papéis atribuídos, pelos entrevistados, à leitura e/ou audição desse tipo de impresso? Estariam relacionados à experiência provocada pela literatura? Parece que sim. A leitura ou audição dos folhetos está associada, na maior parte dos casos, ao lazer. A dimensão estética e literária das histórias, ou seja, o fato de os poemas provocarem prazer e emoção, aparece como o ponto principal para a maior fruição do objeto de leitura. Durante a realização das próprias entrevistas, a maioria dos leitores/ouvintes se entusiasmava ao lembrar de algumas histórias. Quase todos sabiam trechos de cor de pelo menos um poema. Embora se saiba que muitos folhetos tematizassem os problemas do cotidiano, essa dimensão de tomar maior consciência da vida em que estavam inseridos não foi citada por nenhum entrevistado. Pelo contrário, o papel da leitura e audição dos folhetos parecia se situar, principalmente, no desejo de esquecer a rotina e de mergulhar em uma outra dimensão diferente da que viviam, embora associações entre personagens ou outros aspectos dos textos e elementos da vida cotidiana tenham sido feitas por vários entrevistados. Os leitores/ouvintes entrevistados identificam, em seus relatos, o espaço da leitura de folhetos com o espaço ocupado pelo lazer em suas rotinas.

Alguns entrevistados destacaram a importância das competências de leitura daquele que, nas reuniões, lia em voz alta para os demais: saber manter o ritmo, destacar bem algumas frases e palavras foram características apontadas para uma maior fruição da leitura/audição. Assim, além de a história ser "bonita", seu leitor deveria ter habilidades específicas para que os demais desfrutassem de sua leitura da maneira mais prazerosa possível.

Muitas vezes, a leitura e a audição de folhetos aparecem associadas a outras formas de lazer. De maneira mais direta, são associadas às cantorias e aos contadores de histórias. De modo menos direto, às festas, principalmente ao São João, ao carnaval, às festas de igreja e a outros tipos de "manifestações populares", intrinsecamente relacionadas a essas, como os maracatus, os caboclinhos, os pastoris e, nas áreas mais distantes do litoral, às vaquejadas e às toadas. Os leitores/ouvintes dos folhetos também associam o lazer desfrutado pela leitura às fitas de cinema, aos bailes e danças, às serestas, às músicas, ao rádio e ainda, embora em menor escala, ao teatro.

O aspecto coletivo da leitura dos folhetos também foi destacado pelos entrevistados: o folheto parecia se constituir em um pretexto para reunir os vizinhos, contar histórias, divertirem-se conjuntamente. Desse modo, o fato de os folhetos serem lidos, em muitos casos, em reuniões coletivas, parecia se constituir em um atrativo a mais para a fruição e o deleite das histórias. Os folhetos aparecem, assim, como importantes meios de sociabilidade.

Os entrevistados também destacam os folhetos como fonte de informação. A análise dos próprios cordéis indica que o poeta, muitas vezes, colocava-se na posição de porta-voz das novidades. Muitas histórias foram escritas a partir de notícias de jornais, que o poeta, habilmente, transformava em narrativa em versos. Vários estudos também apontam a função informativa como uma das mais importantes desempenhadas pela literatura de cordel. Por que os leitores/ouvintes prefeririam saber sobre os diversos acontecimentos por meio do folheto? Inicialmente, eram escassos (principalmente nas regiões mais distantes do litoral), pouco acessíveis e pouco familiares os principais meios de comunicação existentes na época. Mas, o que parece se sobressair, pelo menos na memória dos leitores/ouvintes de folhetos, é a possibilidade de também ter prazer no momento de se informar. O folheto era, sobretudo, uma fonte de informação capaz de divertir. Nesse aspecto, destaca-se a habilidade do poeta em transformar a notícia em história, em narrativa, em fábula. Essa dimensão dos folhetos explica, em grande parte, por que, mesmo no caso dos folhetos noticiosos, são realizadas leituras intensivas do mesmo poema: o que menos parece importar é a notícia veiculada ou a atualidade do fato, mas a possibilidade de reafirmação de certos valores considerados universais, relacionados principalmente a aspectos morais: a falsidade, a honra, a vingança, o perdão, a justiça. Ao lado do rádio e do jornal, porém de maneira diferente – sobretudo mais prazerosa – contribuíam para que as notícias fossem divulgadas entre alguns segmentos da população.

Muitos estudos realizados sobre literatura de cordel no Brasil apontam o papel dos folhetos na alfabetização de um significativo número de pessoas, principalmente na época de seu apogeu. Entre as pessoas que entrevistei, a maioria conhecia alguém ou tinha ouvido falar sobre a aprendizagem inicial da leitura por meio dos folhetos. Os depoimentos parecem indicar que a alfabetização das pessoas por meio do cordel dava-se de maneira autodidata: pela memorização dos poemas, lidos ou recitados por outras pessoas, o "alfabetizando", em um processo solitário de reconhecimento das palavras e versos, atribuía, ele mesmo, significados a esse novo sistema de representação – a escrita. Aos poucos, esse processo se ia estendendo a outros objetos de leitura. Em outros casos, o folheto aparece como o principal motivador para que os meios formais de aprendizado da leitura e da escrita fossem procurados. A maioria dos entrevistados, no entanto, destacou a leitura de folhetos como fundamental para desenvolver as competências de leitura, contribuindo para sua formação como leitores.

A pesquisa mostrou também que as formas de leitura geradas pelos impressos e/ou pelos textos dos poemas não coincidiam, necessariamente, com os usos e as apropriações que os leitores/ouvintes empíricos deles faziam. Em outras palavras, o conteúdo dos poemas lidos – muitos preconceituosos, sobretudo em relação a negros, mulheres e "matutos" – não eram passivamente assimilados pelos leitores/ouvintes entrevistados. Vários depoimentos mostram que os textos dos folhetos pareciam ser, a um só tempo, incorporados e rejeitados por seus leitores – cada um deles imerso em uma experiência individual e social diferente.

Algumas reflexões sobre as experiências de leitura

Que reflexões poderíamos fazer a partir dos resultados da pesquisa aqui discutidos, sobre as práticas de leitura de adultos analfabetos ou semi-alfabetizados, que pudessem ser discutidas pelos educadores e educadoras que discutem a formação de leitores e o letramento literário?

Inicialmente, considero importante discutir a questão, bastante presente no debate educacional hoje, sobre a oposição, muitas vezes realizada, entre as supostas "boas" e "más" leituras. Na época sobre a qual a pesquisa se detém – décadas de 30 e 40 – o cordel era um tipo de impresso considerado como "subliteratura", ou seja, não era considerado, entre os intelectuais do período, como uma "boa" leitura, como uma leitura recomendável. Na escola, onde, na visão de um dos entrevistados, "só se aprendia bobagem", não se ouvia falar em folhetos. Assim como outros objetos de leitura referidos pelos entrevistados, como as histórias em quadrinhos, os romances policiais e os almanaques, os poemas dos folhetos não eram considerados edificantes, portadores de boas mensagens e de qualidade estética e literária. No entanto, como busquei mostrar aqui, contribuíam efetivamente para desenvolver as competências de leitura e para a formação de leitores, na medida em que provocavam prazer, deleite e fruição estética em quem lia. Além disso, como também o trabalho mostrou, a leitura não constitui um ato passivo, ou seja, os leitores não se apropriam exatamente daquilo que está escrito: um texto pode ser classificado como portador de "más" mensagens por alguns, mas é certamente reelaborado, a partir de diversos fatores, por aquele que lê. Entre aquilo que o autor escreve, o editor adapta, o leitor lê e aquilo que da leitura é verdadeiramente apropriado há uma grande e misteriosa distância.

Além de haver essa tendência em separar a "boa" da "má" leitura, muitas vezes a escola também considera os alunos, principalmente aqueles pertencentes às camadas populares, incapazes de fruir esteticamente de alguns objetos de leitura. Entre os sociólogos da leitura, essa distinção entre o que denominam disposições estéticas e ético-práticas pode ser considerada clássica. Alguns desses estudiosos argumentam que, de um lado, os leitores "diplomados" privilegiam a forma artística em detrimento de seu conteúdo ou de sua função e, de outro, os leitores populares não realizam essa distinção entre forma e função e tendem a ler os textos como se fossem um prolongamento de suas experiências pessoais (misturando-se muitas vezes com os personagens), procurando neles conteúdos de utilidade prática e não sendo capazes de usufruir do prazer propriamente estético[1]. Muitas vezes, mesmo que não saibamos dessa polêmica teórica, tendemos a considerar os leitores não habituados à leitura de obras consagradas pela literatura universal como incapazes de usufruir esteticamente de um texto e, além disso, julgarmos as "más" obras como sendo incapazes de provocar prazer estético em qualquer leitor. A pesquisa mostrou, no entanto, que leitores pertencentes às camadas populares e em contato com um tipo de texto considerado subliteratura julgam esteticamente os poemas que lêem e fruem do prazer provocado por eles. Os bons poemas são referidos como dotados de beleza – beleza que se traduz em rimas bem-estruturadas, no ritmo cadenciado dos versos e em uma história, ou seja, em uma narrativa com começo, meio e fim convincentes, que provoque a evocação de valores e de sentimentos e que seja capaz de transportá-los para outros espaços e tempos, mesmo quando se referem à descrição de notícias, de acontecimentos reais. Beleza que extrapola a estrutura interna dos próprios poemas, estendendo-se à possibilidade de partilhar a leitura, por meio da realização de encontros coletivos que congregavam um grande número de pessoas e em que a habilidade e a competência para oralizar o poema, lido ou recitado em voz alta,

---

[2] Ver Bernard Lahire (1998).

desempenhavam papel fundamental. As maneiras de ler parecem, assim, fundamentais nos processos de produção de sentidos. A função pragmática do folheto, como aprender a ler ou ter informações, por outro lado, é secundarizada nos depoimentos.

Como último ponto de reflexão, acredito que o tipo de pesquisa na qual a que aqui discutimos se insere contribui, ao buscar apreender as trajetórias de vida e de leitura de sujeitos singulares, para complexificar as visões correntes na sociedade a respeito do analfabeto ou do semi-escolarizado. Apesar de a aprendizagem inicial da leitura e da escrita ser considerada um fator importante para a fruição de objetos de leitura, a formação dos leitores não está diretamente associada à escola nem a níveis de escolarização. Um dos entrevistados – Zé Moreno – pode ser considerado um leitor "fluente", na medida em que é capaz de reconhecer e definir signos da cultura *letrada*, como o prefácio e o índice de um livro, e de consumir sofregamente diversos objetos de leitura, e, no entanto, passou menos de um ano na escola. A sua trajetória como leitor, iniciada com folhetos ainda no engenho onde nasceu e morou até os 16 anos, intensificou-se com a experiência urbana: cinema, livros de detetive, histórias em quadrinhos e ainda os folhetos o tornaram um leitor incansável.

Para concluir, gostaria de lembrar que na história da educação – e certamente na atualidade –, muitos processos educativos (muitos ainda pouco conhecidos) têm, com muita força, de maneira independente da intencionalidade da escola, das políticas públicas e dos movimentos sociais organizados, contribuído para a formação de leitores e leitoras, para a inserção de homens e mulheres em determinados mundos culturais.

Referências bibliográficas

CASCUDO, Luís da Câmara. *Dicionário do folclore brasileiro*. 6 ed. Belo Horizonte: Itatiaia, 1988.

GALVÃO, Ana Maria de Oliveira. *Ler/ouvir folhetos de cordel em Pernambuco (1930-1950)*. Belo Horizonte: Faculdade de Educação da UFMG, 2000 (Tese de Doutorado em Educação).

LAHIRE, Bernard. *L'homme pluriel*: les ressorts de l'action. Paris: Nathan, 1998.

A GAVETA E O ÁLBUM: OUTRAS NARRATIVAS PARA A CRIANÇA

Leo Cunha

Em meio a este universo todo que envolve a literatura infantil – e o conceito de "jogo" no livro infantil – decidi falar, neste artigo, sobre certo tipo de livro que me agrada muito, que vem ganhando espaço nos catálogos das editoras, e sobre o qual ainda não li nenhum artigo nem vi nenhuma reflexão mais específica. Eu não saberia propor uma classificação ou um rótulo para essas obras, mas vamos dizer que elas são criadas em torno da metáfora do álbum, do catálogo, da enciclopédia, às vezes da gaveta ou do baú. Em comum elas têm a estrutura modular ou episódica e a possibilidade de leituras não-lineares. Algumas foram publicadas até a década de 1980, mas a maioria é mesmo dos anos 90.

Não estou me referindo aqui aos livros de poesia que possuem um tema central. Também não se trata, propriamente, de livros de contos, evidentemente estruturados de forma modular. Estou falando de um tipo de livro um pouco diferente disso: obras compostas por blocos soltos de texto que se interligam de alguma ou de várias formas. Freqüentemente a organização desses livros compõe uma "espécie" de álbum de retratos, daí minha opção por designá-los como *livros-álbuns*, na falta de melhor nome, e concorrendo com o uso do termo "álbum" para designar livros de formatos maiores e em formato de álbum, para crianças bem pequenas, com pouco texto e ilustrações grandes.

Com certa liberdade, acho possível relacionar esse tipo de estrutura narrativa ao que Roland Barthes chamava de "lexias". Para Barthes, o termo serve para designar, em determinado texto, os fragmentos, os blocos curtos de significação, que se inter-relacionam com os outros fragmentos do texto, favorecendo, geralmente, uma leitura menos linear, uma perspectiva menos unitária. Um texto sem começo nem fim absolutos, com várias entradas, que pode ser lido de uma forma mais "folheada", mais dispersa, como um dicionário, um manual ou, como já mencionei, um álbum de retratos.

Não é por acaso que vários desses livros infantis a que estou me referindo foram criados como paródias dessas publicações. É o caso, por exemplo, do livro de Sylvia Orthof, *Manual de boas maneiras das fadas*. Parodiando os tradicionais manuais de etiqueta (e também, às avessas, os manuais de bruxaria, por que não?), Sylvia fez um de seus livros mais divertidos e críticos. Em cada página uma "regra" de boas maneiras para fadas e crianças pouco comportadas (ou seja, quase todas). Mas, como se trata de Sylvia Orthof, é claro que são regras bem avacalhadas. Por exemplo:

> Uma fada enfadada
> nunca deve esticar o dedo
> quando segurar uma xícara
> de café ou chá;
> é terrível falta de chiqueza!
> Não fica bem pra fada
> ou pra qualquer princesa!
> Se ninguém estiver olhando,
> é possível lamber a cobertura
> da torta, da sobremesa,
> antes de levar o prato
> à mesa... e servir à francesa!

Para ampliar o aspecto modular desse livro, as ilustrações – da própria Sylvia – trazem comentários paralelos na boca de ratos, sapos, gatos pretos, das fadas e da própria autora.

Estou ´de mal´ com a editora! Acabou o nosso contrato! Odeio aparecer de rolinhos nos cabelos!

Sylvia tem outros livros que utilizam organizações narrativas semelhantes a esta – dispersas, sem ordem obrigatória – tais como *Se as coisas fossem mães* e *Os bichos que tive*. Este último pode parecer, à primeira vista, um livro de contos, mas, a meu ver, se aproxima mais de um álbum de lembranças dos esdrúxulos bichos de estimação da narradora: bicho-de-pé, bicho carpinteiro, elefante, bicho-papão, etc.

Retomando os livros que parodiam outras publicações, temos em *A outra enciclopédia canina* uma falsa enciclopédia (apesar de baseada nos fatos reais). Ricardo Azevedo cria "verbetes" muito divertidos de 24 raças de cães (na verdade, 23 mais o vira-lata), com ilustrações de 24 dos maiores ilustradores brasileiros. Para se ter uma idéia do tom debochado desta enciclopédia, aqui está o início do verbete "Poodle".

> Os Poodles constituem a raça de cães ou cachorros vaidosa e cheia de nhenhenhém. Esses animais andam sempre engomados, perfumosos, isso desde pequenos. Além disso, costumam usar laquê, fazem as unhas do pé e da mão, rapam a sobrancelha e vivem cortando pêlos do corpo, criando penteados extravagantes. É praticamente impossível conversar com exemplares dessa espécie amiga das pulgas por mais do que três minutos. Logo os poodles se distraem, ficam impacientes e olham para as nuvens, viajando em outros assuntos. Basta um pé-de-vento ou uma coisinha à-toa para esses animais ficarem aflitos, pedirem licença e irem voando até o espelho mais próximo verificar se o penteado desmanchou ou não desmanchou.

É interessante notar o aspecto aberto e acumulativo dessa obra, bem típico das enciclopédias. Em uma edição anterior os verbetes eram apenas 17, e uma nova edição pode perfeitamente incluir novas raças (minha mãe, que também é fã desse livro, não vai quietar enquanto não aparecer o sharpei, já que ela tem sete em casa).

Já Antonio Barreto criou uma de suas mais belas e curiosas obras no *Livro das simpatias*, uma coletânea de simpatias poéticas – que jamais dariam certo. Numa introdução, Barreto garante que simpatia e poesia são a mesma coisa. Uma ajuda (com a esperança) a curar os males do corpo, a outra ajuda (com a fantasia) a curar os males da alma. Em seguida, relata os ingredientes e o modo de funcionamento de suas simpatias para encontrar o Príncipe Encantado, ouvir o canto do rouxinol, chegar ao Japão, conhecer sua sereia, ser feliz, etc.

> [...] Numa noite dessas em que Deus não acendeu a Lua porque os anjos se esqueceram de pagar a conta de luz, procure com uma lanterna um sapo na lagoa (de noite todos os sapos são calvos!) e coloque sobre sua cabeça uma cartolinha de mágico. Em seguida, vire-se de costas e jogue duas mechas de seus próprios cabelos no brejo.
>
> Se seu belo rapaz não aparecer num relâmpago, tente novamente. É que, hoje em dia, a maioria dos Príncipes Encantados prefere a vida agitada dos pântanos à monotonia real dos castelos.

Cada simpatia vem acompanhada de um poema curto, escrito pelo próprio Barreto ou tomado emprestado de Mário Quintana, Osman Lins e outros mais.

Mas nem todos os livros-álbum (na falta de melhor nome, repito) são feitos em forma de paródia. Em *Uma família parecida com a da gente*, Rosa Amanda Strausz cria uma série de retratos de famílias bem diferentes entre si, e para cada uma traça uma analogia com um tipo de organização "familiar" do reino animal. A ligação entre os trechos, se existe, é muito tênue. Seria possível ler cada seção de maneira separada, sem se preocupar com as relações entre uma família e outra.

> [...] Quando as emas ficam grávidas, elas botam seus ovos no ninho e vão embora. Quem fica chocando os ovos e cuida dos filhotes depois que eles nascem é o macho.
>
> É como aconteceu com o Felipe e a Luísa. Quando os pais deles se separaram, Felipe e Luísa ficaram morando com seu pai. É ele quem cuida dos dois, leva para a escola, dá banho e jantar.

Para reforçar a sensação de obra dinâmica, em processo, a autora sugere, em seu *site*, que os leitores enviem suas próprias descrições de famílias, com as respectivas analogias com o mundo animal.

No livro *Este mundo é uma bola*, de Guto Lins, cada página é dedicada a um garoto de um país diferente, que se apresenta e fala um pouco de sua cultura e de como se sente no Brasil. Nenhuma seqüência ou hierarquia pode ser observada entre as cenas deste álbum. A ligação bem sutil entre cada personagem é apenas uma sugestão (mais pela imagem do que pelo texto) de que todos gostam de jogar bola.

A metáfora do álbum é materializada de forma mais explícita no livro *Retratos*, de Roseana Murray. Em cada página (dupla), um dos retratos da família. Não uma família específica, mas uma família imaginária, idealizada em fotos e prosa poética. Nas primeiras edições, o livro incluía folhas de papel de seda separando elegantemente cada retrato: a avó, o avô, a primeira filha, a segunda filha, primos e primas, nascimento, aniversário, etc.

> O avô não tem a doçura da avó. É sério, grande, pesado. Talvez se pareça um urso. Come a comida que a avó prepara e sente um grande sono. E dorme e sonha que é jovem, ardente, apaixonado. Como um jovem urso.

Interligando os trechos e fotos, há apenas um textinho final: uma carta da autora/narradora para sua mãe, alegando que passou em casa e não a encontrou, mas deixou este álbum de retratos que ela teria encontrado entre suas coisas.

Jorge Fernando dos Santos criou um livro bem parecido com o de Roseana, em termos de proposta e formato. Seu *Álbum de retratos* é narrado em primeira pessoa e explora principalmente as rimas e o humor, ao contrário da poesia de Roseana.

Trecos e bugigangas encontradas num fundo de baú, ou numa gaveta qualquer, renderam também outras narrativas interessantes. Nesses casos, o autor geralmente se dedica a descrever ou comentar esses objetos, ou ainda as lembranças e sensações que eles teriam suscitado, criando uma espécie de inventário, bastante informal, quase sempre lírico e delicado. É o caso, por exemplo, do livro de José Carlos Aragão, *Aventuras no fundo da gaveta*.

Bartolomeu Campos Queirós poderia receber um estudo à parte, já que seus textos costumam explorar formas bem variadas de narrativa. Em *Ciganos*, por exemplo, o autor conta duas histórias paralelas, uma na metade de cima do livro e outra na de baixo, e uma terceira história surge da leitura sequencial de todas as páginas. As primeiras edições de *Raul*, pela editora Comunicação, deixavam explícito o jogo de definições, num formato próximo ao dos dicionários.

> Raul, substantivo masculino.
> Menino que gosta do luar.

> Ruava, verbo
> ato da lua passear
> na rua do Raul

> RAUL e LUAR
> mesmo nome escrito de duas
> maneiras diferentes

Uma versão mais recente, da editora Salesiana, retirou as alusões ao formato de dicionário, mas manteve o aspecto fragmentado do texto.

Também modular é o livro-álbum *Como criar passarinhos*, um dos mais recentes de Bartolomeu. São 16 trechos com conselhos ou recomendações poéticas a respeito do tema. Por exemplo:

> Para bem criar passarinho é essencial possuir um arco-íris, ilusão de água e sol, rabiscando no céu para passarinho pousar depois da chuva. E isso se faz possível, escolhendo nas nuvens as sete cores, ao entardecer.

Um bom exemplo para o público juvenil é o premiado *A última sessão de cinema*, de Ronald Claver. Seus capítulos narram fatos ligados ao grupo de adolescentes em torno dos quais o narrador-personagem cria sua obra: incidentes na aula, a paixão por Glorinha, o jogo de futebol e – é claro – o envolvimento do grupo com as sessões de cinema. Os capítulos estão ordenados de uma certa forma devido à encadernação do livro, mas não seria impensável uma leitura fora dessa ordem. Um detalhe saboroso deste livro é a parte final, de título "Pequena viagem à procura dos personagens e do autor – ou de como as palavras adquirem um significado, mesmo dicionarizadas. Ou das im/possibilidades de produzir um mínimo dicionário usando luvas de 'boxeur'". É curioso ver os personagens sendo apresentados ao final do livro, o oposto do que se costuma encontrar. Mas, além deles, o autor também dedica verbetes a outros elementos importantes da narrativa: bonde, domingada, festival, manivela, matinê, pelada, etc.

Poderia citar vários outros livros infantis que trilham de maneira menos ou mais evidente, alguns de maneira apenas parcial, este caminho do livro-álbum. Eu mesmo, admirador que sou desse tipo de narrativa, já criei algumas obras que se enquadrariam nesse painel, como *Lições de Girafa* (Miguilim, em parceria com Marcus Tafuri), *Que bicho mordeu?* (Agir), *Conversa pra boy dormir* (Dimensão), além do *Pela estrada afora*, que no fundo é um grande álbum de recordações costuradas de leve por uma viagem de carro. Mas, depois de apresentar essa *seleção* da literatura infantil brasileira, não cabe citar trechos de meus próprios livros.

O que gostaria de ressaltar, então, é que os exemplos acima, e outros tantos que não cabem neste artigo, parecem ilustrar bem aquelas idéias de Barthes, assim como algumas das propostas de Italo Calvino (1990) para a literatura do próximo milênio. Aliás, milênio atual. Mais especificamente os capítulos dedicados à Rapidez e à Multiplicidade. Calvino comenta a pertinência e o interesse de obras compostas por textos curtos, posicionados próximos dos outros numa sucessão que não implica conseqüencialidade ou hierarquia, mas uma rede dentro da qual se podem traçar múltiplos percursos e extrair conclusões multíplices e ramificadas.

Apaixonado pelas formas geométricas, simetrias, séries, proporções numéricas e também por catálogos, cardápios e tabelas, Calvino teceu reflexões sobre como o romance – objeto central de sua série de palestras – pode se apropriar desses elementos e criar narrativas cujo encanto está justamente na capacidade de montar um painel, uma teia que entrelaça textos menores, em oposição a contar uma história de maneiras mais lineares. É evidente que, em se tratando de literatura infantil, estamos falando aqui de textos quase sempre mais curtos, mas nem por isso a analogia perde a validade.

Para completar, eu gostaria de sublinhar dois pontos. O primeiro é que os livros-álbuns podem ser (e são, como vimos nos exemplos) bastante variados em termos temáticos e de enfoque. Podem fazer parte de qualquer uma das tendências que Nelly Novaes Coelho (2000) descreve para a literatura infantil contemporânea: linha do realismo cotidiano (crítico, lúdico, humanitário, histórico ou mágico); linha do maravilhoso (simbólico, satírico, científico, folclórico, fabular); linha do enigma; linha da narrativa por imagens; linha dos jogos lingüísticos.

A segunda ressalva é a de que eu não estou fazendo – nem teria o menor sentido fazer – nenhuma comparação qualitativa entre estes livros-álbuns e as outras formas de narrativa para crianças. É evidente que qualquer forma narrativa pode resultar numa obra boa ou ruim, assim como qualquer tema pode gerar bons e maus livros para crianças (ou para adultos).

Por exemplo, uma ressalva bem previsível e justificável a esses livros citados seria a seguinte: bem, se eles se apropriam da estrutura de enciclopédias, manuais e dicionários, será que não correm o risco de virarem obras paradidáticas? Não caem no risco de se fingirem de literatura para, no fundo, apresentar uma proposta pragmática – para usar o conceito muito bem apontado pela Graça Paulino no último Jogo do Livro?

É claro que esse risco existe. Mas não é maior do que o que corre qualquer outro livro infantil, narrado de forma mais tradicional, ou qualquer livro de poesia para crianças. Cabe a nós, autores, não fazermos a confusão. Se bem que nem sempre é uma questão de confusão: muitos autores criam textos paradidáticos para ensinar o menino a escovar o dente, salvar a baleia, atravessar a rua, matar piolho, respeitar os pais, e acreditam verdadeiramente que estão fazendo literatura. Não tenho nada contra baleias nem a favor dos piolhos, mas é preciso lembrar sempre que aula é uma coisa, arte é outra.

Outro risco que pode ser apontado nesses livros-álbuns é o de parecerem incompletos, ou excessivamente fragmentados. Afinal de contas, eles não contam uma trama com início, meio e fim, não têm uma seqüência, não têm personagens que permanecem ao longo de toda a obra. Calvino já comentava esse dilema para as obras que apresentam uma boa dose de "multiplicidade". Mas, no meu modo de entender, essa acusação só vai partir de quem não entender bem que a proposta desses livros multíplices não é contar uma história na forma mais tradicional dos livros infantis.

Como mostrou Calvino, a construção narrativa do tipo "livro-álbum" não é nenhuma novidade se pensarmos em termos de literatura "adulta". Mas no campo do livro infantil é sem dúvida um elemento novo. Até alguns anos atrás pouquíssimas editoras, ou editores, arriscariam publicar um livro assim, porque estavam excessivamente presas a conceitos como os de faixa etária, etapas de desenvolvimento cognitivo da criança, coisas assim. Para quem segue estritamente essas classificações, o livro para a criança menor de 10 anos precisaria ter uma estrutura linear, início, meio e fim bem-definidos, e de preferência aquela estrutura típica de apresentação-conflito-desenvolvimento-resolução. Ainda existe muita gente (editores, escritores, professores) que só se sente à vontade com um livro infantil que tiver "até que um dia".

Fulano era assim assado, vivia assado assim... até que um dia. Pronto: problema resolvido. Já sabem como "trabalhar" o livro. Mas já há professores (e editores, é claro) entendendo que não dá para "trabalhar" nas formas tradicionais um livro como *Retratos*, ou *Raul*, ou o *Manual de boas maneiras das fadas*. Se é que é preciso sempre "trabalhar" as obras literárias...

Concluo com um trechinho poético do *Livro das Simpatias*, do Barreto.

> Procurar pelas coisas, mesmo as impossíveis,
> É avivar de longe a brasa das estrelas.
> Ora... o que seria das coisas invisíveis,
> Não fosse a ilusão de aprender a vê-las?

Referências bibliográficas

ARAGÃO, José Carlos. *Aventuras no fundo da gaveta.* Belo Horizonte: Miguilim, 1991.

AZEVEDO, Ricardo. *A outra enciclopédia canina.* Aparecida: Santuário, 1992.

_____. *A outra enciclopédia canina.* São Paulo: Cia das Letrinhas, 1997.

BARRETO, Antônio. *Livro das simpatias.* Belo Horizonte: RHJ, 1990.

BARTHES, Roland. *S/Z.* Lisboa: Edições 70, 1980.

CALVINO, Ítalo. *Seis propostas para o próximo milênio.* São Paulo: Cia das Letras,1990.

CLAVER, Ronald. *A última sessão de cinema.* São Paulo: Melhoramentos, 1986.

COELHO, Nelly Novaes. *Literatura infantil* – teoria, análise, didática. São Paulo: Moderna, 2000.

LINS, Guto. *Este mundo é uma bola.* Rio de Janeiro: Ediouro, 1998.

MURRAY, Roseana. *Retratos*. Belo Horizonte: Miguilim, 1990.

ORTHOF, Sylvia. *Os bichos que tive*. Rio de Janeiro: Salamandra, 1983.

_____. *Manual de boas maneiras das fadas*. Rio de Janeiro: Ediouro, 1995.

_____. *Se as coisas fossem mães*. Rio de Janeiro: Nova Fronteira.

PAULINO, Graça. "Diversidade de narrativas". In: PAIVA, Aparecida et al (Orgs) *No fim do século: a diversidade* – o jogo do livro infantil e juvenil. Belo Horizonte: Autêntica, 2000.

QUEIRÓS, Bartolomeu Campos. *Ciganos*. 6 ed. Belo Horizonte: Miguilim, 1994

_____. *Raul*. Belo Horizonte: Comunicação, 1978.

_____. *Raul*. São Paulo: Salesiana Dom Bosco, 1986.

_____. *Como criar passarinhos*. Belo Horizonte: Miguilim, 2000.

SANTOS, Jorge Fernando dos. *Álbum de retratos*. Belo Horizonte: Formato, 1998.

STRAUSZ, Rosa Amanda. *Uma família parecida com a da gente*. São Paulo: Ática, 1998.

LITERATURA E NEOLEITORES JOVENS E ADULTOS – ENCONTROS POSSÍVEIS NO CURRÍCULO?

Jane Paiva

Muito se tem falado sobre a importância da leitura na escola e não são poucos os estudos, artigos e ensaios que refletem a preocupação dos educadores sobre o tema. Como falar de literatura, sem falar de leitura e, principalmente neste caso, relacioná-la à alfabetização, vista como etapa primeira de um processo que prefiro chamar de formação de leitores?

De modo geral, os estudos vêm-se debruçando sobre a crise da leitura no sistema de ensino, seja fundamental, médio ou superior, responsabilizando ora o sistema, ora os alunos "não-leitores" por essa crise, ora seus próprios professores. No entanto, nessas análises, pouco se pensa sobre o quanto o mesmo problema afeta – ainda com mais gravidade, pela condição de não-institucionalidade de grande parte das ações na área – as classes da modalidade de ensino fundamental de educação de jovens e adultos. O contingente populacional potencial e real que deveria compor/compõe essas classes continua a ser "empurrado para baixo do tapete", escamoteando a realidade da educação brasileira, de 35 milhões de pessoas sem o ensino fundamental concluído, sendo 15 milhões de mais de 15 anos, inteiramente analfabetas.

Tão difícil quanto resolver esta questão do atendimento a tal contingente, privado, na época própria, da escolarização, é discutir as questões pedagógicas próprias desses grupos, nas suas necessidades e privações. Especialmente quando se constata que grande parte dos que buscam classes para atendimento, na repetida volta à condição de alunos em busca de legitimar seus saberes, são adolescentes e jovens, que, inadaptados e sem condições de cumprir os horários regulares do sistema, se "evadem" da escola e permanecem esperando até a idade de 15 anos para serem recebidos pela modalidade da educação de jovens e adultos.

Ainda que a condição de não-leitores afete todos os brasileiros circunscritos às faixas de idade que demandam essa modalidade de atendimento, os resultados da escolarização com aqueles que vêm sendo atendidos exigem reflexão e atenção da parte dos educadores, requerendo melhor conhecê-los para trabalhar com eles nos processos de apreensão e domínio do sistema de escritura. Mas exigem, também, no desdobramento da alfabetização, atenção duplicada ao ato que desde aí os caracteriza, o da *leitura*, porque não dissocio mais o momento da aprendizagem do código da continuidade do processo de vivenciar a linguagem escrita nas diferentes formas e suportes que permitem lê-la, com maior ou menor experiência, determinando por esse processo a formação de neoleitores, atribuidores de sentidos e com senso crítico inerentes a essa forma de compreender o ato de ler.

Materiais de alfabetização e leitura, construídos ao longo de processos educativos e por meio de pesquisas voltadas a esse fim, por um lado, pressupõem atualidade e adequação à realidade e, por outro, não conseguem resolver o problema da maioria dos materiais, relativo à concepção de que são materiais *para aprender a ler* e não materiais *para ler*. Embora até possam cumprir sua função pedagógica, isso não basta, pois em quase todos os didáticos o "texto" é reduzido a pretexto para o ensino da língua, da gramática, da ortografia, como os demais, de outras modalidades de ensino. A qualidade – discutível – dos textos, quando existe, fica limitada à utilidade que se pretende dar a esses textos.

A literatura, pouco presente nessas obras, se aparece, freqüentemente também é pretexto, o que tende a esvaziá-la de sentido. Alegações quanto ao tamanho dos textos literários, complexidade da forma, muitas vezes falta mesmo de intimidade com autores e obras deixam à margem excelentes oportunidades de aproximar os neoleitores desses textos. Em contrapartida, a chamada literatura infantil e juvenil, que no Brasil vem, nos últimos 30 anos, primando pela qualidade das obras, tem, em muitas experiências, representado uma alternativa viável e exitosa de formação de leitores. A necessidade de estudos teóricos que reflitam sobre o uso dessas obras para esses neoleitores jovens e adultos tem-me feito buscar caminhos de investigação, construídos em experiências com projetos de docência e de extensão, junto a alunos da graduação, que pretendo sintetizar neste texto.

Assumo, academicamente, o compromisso de produzir alguns fundamentos que possam dar suporte à idéia de que também os jovens e adultos privados do aprendizado da leitura e da escrita na época própria devem, ao voltar para o exercício do direito à educação, ser não apenas alfabetizados, mas despertados para o sentido, para o poder e as possibilidades que a leitura polissêmica dos textos de literatura podem conferir aos que sabem ler e escrever para além do domínio do sistema de escritura, melhor pronunciando, enunciando e anunciando seu estar no mundo, seu jeito de estar e de fazer sua humanidade, produzindo cultura.

Da importância e dos atos de leitura

De há muito a importância do ato de ler deixa de ser latente nos educadores para merecer suas reflexões e novas intervenções pedagógicas. Paulo Freire (1988), no trabalho apresentado na abertura do COLE de 1981, em Campinas, ao tratar da importância do ato de ler, remete ao processo mesmo em que se insere, enquanto escreve o texto que apresentaria no Congresso, pois este envolvia uma compreensão crítica do ato de ler, que não se esgota na decodificação pura da palavra escrita ou da linguagem escrita, mas que se antecipa e se alonga na inteligência do mundo. A leitura do mundo precede a leitura da palavra, daí que a posterior leitura desta não possa prescindir da continuidade da leitura daquele. Linguagem e realidade se prendem dinamicamente. A compreensão do texto a ser alcançada por sua leitura crítica implica a percepção das relações entre o texto e o contexto. (p.11-12)

No nível da música popular, o compositor Paulinho da Viola diz, em "Coisas do Mundo", algo semelhante a Freire:

"... As coisas estão no mundo
Só que eu preciso aprender"...

numa clara decodificação da proposta do educador de que a leitura do mundo precede a leitura da palavra e que o "movimento do mundo à palavra e da palavra ao mundo está sempre presente. Movimento em que a palavra dita flui do mundo mesmo através da leitura que dele fazemos" (FREIRE, op. cit., p.20) e que "a alfabetização como ato de conhecimento, como ato criador e como ato político é um esforço da leitura do mundo e da palavra" (ibidem., p.30) e não pode ficar limitada aos textos geralmente oferecidos como leitura aos alunos, que escondem muito mais do que desvelam a realidade.

Historicamente, no entanto, os atos de leitura nem sempre se fizeram desta maneira, e a experiência de ler e de escrever passou de situações privadas a públicas e destas a novamente privadas, como se pode acompanhar em estudos de Darnton e Burke (1992), Ginzburg (1992, 2001), Manguel (1997), Lajolo e Zilberman (1999), entre outros. Do mesmo modo, os tipos de textos que davam suporte à formação dos leitores e determinavam seu uso variavam das autobiografias aos escritos polêmicos, cartas, folhetos informativos, a Bíblia e outros escritos "espirituais", anúncios, relatórios de censores, até livros e tantos outros suportes que a modernidade e a contemporaneidade inventaram e (re)inventam, cotidianamente.

Da mesma forma, esses modos privados e públicos de ler, nesses textos livres uns e autorizados outros, fizeram leitores ávidos e transgressores, assim como leitores acostumados. Do moleiro Menocchio (GINZBURG, 1992) na Idade Média com sua cosmogonia traduzida pela imagem do queijo e dos vermes, ao vidraceiro Ménétra do século XVIII em viagem pela França, citado por Darnton (in: BURKE, 1992, p. 224) em *História da Leitura*, pode-se seguir um percurso de narrativas que combinam a tradição oral com gêneros da literatura popular, amalgamando a vida cotidiana aos sentidos que atribuem aos textos que lêem/escrevem/enunciam. Para Darnton (ibidem, p. 224), Ménétra "mostrou que a literatura tinha um lugar na cultura do homem comum. Esse lugar pode ter sido à margem, mas as margens em si fornecem indícios para a experiência dos leitores comuns", quando estas margens tanto são anotações, quanto notas que pretendiam instituir as chaves da leitura.

O autor em questão ainda continua com uma idéia que é cara a este texto, afirmando que

> toda narrativa pressupõe um leitor, e toda leitura se inicia a partir de um título inscrito no texto. O texto pode escavar a si mesmo e o leitor reagir contra a semente ou extrair novo significado de palavras familiares [...] seja o que for que se faça dela, a leitura ressurgiu como o fato central da literatura. (p. 228)

Quem são estes a quem queremos formar leitores

> O saber ler serve para abrir os olhos da gente não apenas para aprender a palavra do mundo dos outros, mas também do mundo da gente". (De um alfabetizando In: GARCIA, 1985, p. 9).

Do mesmo modo que Paulo Freire e Paulinho da Viola, esse alfabetizando diz, à sua maneira, o que significa para ele saber ler, assim como traz, implícita, a crítica a um modelo social que desqualifica alguns sistemas de organização de linguagens, privilegiando outros. E ele sabe que o saber ler, escrever e contar é considerado básico em uma sociedade letrada.

Josimar constitui uma personagem entre os sujeitos da pesquisa que, à semelhança de Bourdieu, em *A Miséria do Mundo,* desenvolvo com alunos da graduação. É um dos muitos brasileiros nordestinos que conhecem de sobra a realidade do não saber ler e escrever. Natural do distrito rural de Arara, em Campina Grande, na Paraíba, é filho caçula entre dez de um agricultor com lavoura de feijão, milho, fava. Seis homens e quatro mulheres, dos quais quatro hoje sabem ler e escrever, os demais permanecem analfabetos como o pai e a mãe. Casa sem livros, a que viveu sua infância pobre, só com os didáticos dos irmãos que já iam à escola.

Migrante, sotaque acentuado, variante dialetal forte, marcado por uma oralidade que articula palavras anulando sons, engolindo sílabas. Dos 15 aos 22 anos esteve fora da escola, sempre com vontade de aprender a ler e a escrever. Freqüenta há quase quatro anos a mesma escola. "Nos primeiros dias, era como se não soubesse nada, depois fui lembrando. Era mais fácil escrever, tinha mais dificuldade em ler". Essa escrita mais fácil, para Josimar, não é a autônoma, mas a cópia.

Os textos de leitura na 4ª série que já freqüenta vêm em cópia xerox, lidos individual e silenciosamente, respondendo a seguir a perguntas, sem discussão. Cópias de livro, textos adaptados para funcionarem como pretexto ao ensino da gramática. Na sala não circulam livros, só folhas de papel xerocopiado. Nos cadernos anteriores não há textos, só palavras. O livro didático que usa fica na escola, não vem para casa. Gosta de ler revistas, jornais, o que faz no tempo "livre" do seu serviço de zelador.

Vendo seu interesse, passei a dar-lhe alguns livros, em pequenas doses. Um livro de leitura lhe causou especial interesse: o *Almanaque do Aluá* (SAPÉ, 1998), emprestado para que pudesse experimentar novos textos. A estrutura de almanaque favorece sua leitura entrecortada, silabada, não impedindo sua compreensão. Textos ágeis, variados, atendendo à exigência de concentração que, no seu caso, ainda é muito forte, pelo ritmo de sua leitura. Diz que lê com facilidade, não demora muito. Considera seu progresso grande, acha que aprendeu bastante, e vai continuar estudando. Josimar sonha: quer ser veterinário.

Tendo lido *Por onde andou meu coração*, diz-me que gostou muito do livro. Remanescente do Mobral, um livro graficamente produzido para neoleitores, tem letras grandes e formato horizontal, assemelhado a muitas cartilhas daquela época. Trata-se de um romance, mas Josimar não me diz nada além do "gostei". Podendo ter acesso a seus cadernos, grossos espirais, observo em qualquer página, perdida em meio a muitas ainda em branco – apesar de a produção de exercícios e cópias ser farta –, uma tentativa de, em um bilhete esquecido, ou rascunhado, mas abandonado sem coragem de remeter, apropriação da idéia do título do livro, no convite que faz a uma jovem para um passeio e cinema. De início, curiosa, observei como uma manifestação criativa, sedutora, apenas. Mas depois, buscando organizar sua entrevista e reportando-me aos seus movimentos como leitor, associei-o ao livro emprestado, do qual pouco me quisera falar. Por onde teria andado Josimar na leitura do romance? Por que mundos se aventurara?

O livro, fechado, mudo, assiste... e resiste. Quantos, no entanto, resistem com ele? Quantos desvendam seus mistérios, emudecidos e estarrecidos diante da página coberta de códigos, sinais milenares, mas ainda incógnitos para muitos?

O livro permanece, rasga o tempo adormecendo-despertando histórias, memórias, saberes, imaginações, informações... tão logo se possa abri-lo.

Símbolo do saber ler, objeto a ser conhecido – e dominado – por quem se faz leitor. Alimento, para quem é leitor. Em que lugar Josimar agora pode ficar?

A condição de perceber/tratar a formação de leitores, diferente do pensar em etapas dissociadas entre aprender a ler —como se aprendizes de um código cujo sentido virá depois – e ler, provavelmente deverá afetar o modo como alfabetizandos e neoleitores se dispõem a ler, tanto sentindo-se, os primeiros, incapazes para admitir fazer-se leitor, como destituindo de sentido o que não for, em princípio, material autorizado pela escola/classe, aí sim lugar onde estão os textos em que se lê; quanto sentindo-se, os segundos, potentes e potenciais artífices das tramas possíveis que os textos tecem.

Para quem vive em sociedades como a nossa, complexa, em que tudo se organiza pelo escrito e em torno dele, mesmo sem dominar o código, não há como escapar das armadilhas do texto. Todos os sujeitos são atravessados pelo sistema de escritura, o que os obriga a produzir saídas e táticas (DE CERTEAU, 1992) capazes de permitir que se movam em todos os espaços sociais, mesmo sem saber ler esse código. Além de criarem sistemas próprios de significação, passam a apreender e (re)significar outros códigos, presentes em imagens, sinais, símbolos, gestos, sons, etc. Mas, de modo geral, quando se trata da escola, quase sempre todas essas aprendizagens de sentido produzidas na "leitura do mundo" (FREIRE, 1984) são abandonadas, para que se admita que os sujeitos "nada sabem", por identificar uma única forma de saber, assim como um único conteúdo do dizer/escrever.

É fato que não bastam essas linguagens que os sujeitos dominam: é preciso ler e escrever a outra, organizadora dos tempos e espaços sociais. Mas essa outra também não pode ser pensada e trabalhada em limites que não indaguem qual a nossa compreensão do significado da leitura na sociedade atual, contextualizada no caso brasileiro e circunscrita à problemática que envolve jovens e adultos não-alfabetizados e/ou semi-escolarizados. E os leitores? Que relações estabelecem com essas variações de textos, de temas, de gêneros, de suportes?

Embora os leitores e os textos tenham variado segundo circunstâncias sociais e tecnológicas, a história da leitura não deve ser reduzida a uma cronologia dessas variações. Deveria ir além para confrontar o elemento de relação no cerne da questão: como as funções variadas do leitor interpretavam textos desiguais?

A questão soa obscura, mas muita coisa depende disso. Consideremos a freqüência com que a leitura mudou no curso da história – a leitura que Lutero fez de Paulo, a leitura que Marx fez de Hegel, a leitura que Mao fez de Marx. Esses pontos se sobressaem em um processo muito mais profundo, muito mais vasto – o esforço eterno do homem para encontrar significado no mundo que o cerca e no interior de si mesmo. Se pudéssemos compreender como ele tem lido, poderíamos nos aproximar de um entendimento de como ele compreende a vida; e dessa maneira, da maneira histórica, poderíamos até satisfazer parte de nossa própria ânsia de significado. (DARNTON, op.cit., p. 233-234)

Literatura no currículo da educação de jovens e adultos neoleitores

É bastante sabido que as formas de conhecimento não se esgotam nas oficiais, estabelecidas segundo os interesses das classes dominantes. Também é ilusória a idéia de que o homem deva se apossar da totalidade dessas formas de saber. Além disso, é ao longo da vida que o leitor vai se formando, em interação constante com o universo natural, cultural e social em que vive. A leitura, como ato cultural, não se esgota na educação formal. Como modo de conhecimento, exige uma relação constante com o leitor, da mesma forma que a leitura do mundo. Os caminhos que levam o leitor ao conhecimento e à crítica são, por assim dizer, inesperados, e admitir que o único caminho se abre nos umbrais das bibliotecas é negar o valor do conhecimento legítimo que se estabelece nas demais relações do homem em seus confrontos oprimido/opressor, em que a apropriação do bem cultural se impregna das visões de mundo daqueles que o detêm e que podem, a partir do acesso a esse bem, recriá-lo, de acordo com suas necessidades e concepções.

O que não se pode admitir é que haja supremacia entre um modo de leitura privilegiado pelas classes dominantes em relação à que fazem as classes populares. Para a primeira, ler é sinônimo de literatura; para a outra, não são reconhecidas, nem por essas mesmas classes populares, as múltiplas leituras do cotidiano – jornais, revistas, livros de bolso, cartazes, contas muitas a pagar, carnês, carteira de trabalho, se não existe o livro. Não que a primeira não faça uso também dessas leituras, mas o lugar do uso e da utilidade parecem distinguir-se do lugar da fruição. A distinção que as caracteriza não torna uma inferior à outra, até porque são, para ambas as classes, indispensáveis. O que está em jogo, no entanto, é a ausência da democratização do acesso aos instrumentos do conhecimento, aos bens culturais, aos lugares de acessar bens e conhecimentos, como as bibliotecas, para exercer, com esses conhecimentos/bens, um papel hierarquizado, gradual, cujo acesso quase somente se dá em função da posição econômica. O discurso da escola, do professor não pode mais reproduzir a distinção entre as várias formas de conhecimento legítimo, tratando a uns e a outros como menores ou maiores, destinados a lugares de classe a eles assemelhados, por essa forma de pensamento.

Mais uma vez a figura e o papel do professor se apresentam como determinantes nesse processo, no sentido de trabalhar o método democrático como fundamento da escola de caráter público, buscando produzir situações e estratégias de aprendizado que valorizem esses conhecimentos de classe social, os saberes de mundo, os sentidos que os sujeitos lhes atribuem. E um especial "lugar" para exercitar o método democrático se coloca na atividade da leitura, privilegiando-se o texto literário. A natureza desse texto presta-se aos requisitos de uma escola de diálogo, de interlocução, de produção de significados e de sentidos, de crítica e de criação. De inventividade, de ousadia.

Pelo texto literário, a cultura do silêncio desenvolvida por jovens e adultos que pensam nada saber, porque não sabem ler e escrever, pode começar a dar lugar a uma outra cultura: a da história, a da memória, que resgata múltiplos saberes e refaz, com sucesso, os sentidos da vida de quem se pensa sem valor, porque essa se situaria na leitura que um não-leitor não fez. Orlandi (1987) assinala:

> Considero que toda leitura tem sua história. O que proponho é que o possível e o razoável, em relação à compreensão do texto, se definam levando-se em conta essas histórias: a história de leituras do texto e a história de leituras do leitor. (p. 213)

A sugestão, conseqüentemente, que a autora propõe e que venho defendendo, é que os professores organizem, para começar a romper com a cultura do silêncio, um currículo que permita ao aluno trabalhar em sua própria história de leituras. Para tanto, deverá ter acesso a materiais variados, a partir dos quais sua visão crítica quanto à validade e à provisoriedade desses materiais para a tessitura de conhecimentos sobre o objeto texto deverá ser a base do trabalho.

Com essa possibilidade, o aluno-leitor poderá se apropriar do instrumento que é a leitura, construindo e representando a própria história de leituras de seus pares, também alunos de classes populares cujas histórias, certamente, as classes dominantes desconhecem.

Vários textos da literatura infantil têm sido favorecedores desse trabalho: *Guilherme Augusto Araújo Fernandes* (traduzido de Mem Fox); *A menina da varanda* (Leo Cunha e ilustração de Nelson Cruz); *A velhinha que dava nome às coisas* (Cynthia Rylant); *Chorar é preciso?* (Tatiana Belinky); *A roupa nova do imperador* (Hans Christian Andersen); *Marilu* (Eva Furnari) são exemplos recentes da literatura infantil que, pelos textos mais curtos, facilitam a leitura de neoleitores, cujo esforço é apreender o texto para atribuir-lhe sentido. Ler histórias antes ouvidas, jamais lidas, pode significar uma nova motivação para a leitura. Recuperando histórias e memórias de quem pensa não tê-las mais, privilegia-se um eixo importante do trabalho com adultos, idosos, em muitos casos, cujas histórias e causos acumulados na vida estão trancados, como nós na garganta, precisando quem os desate. A identidade das histórias com as próprias vidas destampam esse poço que canta, balde e corda lançados para recolher água ao fundo. Como metáforas, recriam a possibilidade de melhor compreender, entender e criticar os sentimentos do mundo, postos em valores como a inveja, a hipocrisia, a mentira, a verdade.

O encontro com a obra de ficção pode fazer o ainda silencioso aluno assumir a condição de leitor ativo por excelência, liberando em nós mesmos a capacidade de atribuir sentidos aos textos, como aos gestos e à vida.

Quando os professores trabalham com esses textos e as linguagens que eles criam, podem também (re)significar-se em seus fazeres pedagógicos, por se encontrarem diante da necessidade de, criticamente, reverem as propostas de leitura dos livros didáticos, não mais centrais no processo de formação de leitores, mas como mais uma, das muitas leituras possíveis. Se isto é desejável para o professor – também ele virtual leitor desses textos e dos que lhe podem permitir a metacognição quanto aos processos de aprender a ler de seus alunos –, só se pode esperar que ele respeite a leitura alheia e os modos de fazê-la, explorando a riqueza da tensão criada pelas várias perspectivas em jogo. A literatura não é apenas um sistema de obras que a tradição consagrou, mas ela vive no dia-a-dia da escola desde a alfabetização, no caso da literatura escrita, com seu caráter polissêmico e lúdico; antes disso, no caso da literatura oral, de forte marca em muitas classes de jovens e adultos, esse lúdico está presente, assim como a ambigüidade. Tanto uma como outra, ambas tensionadas com os sujeitos que buscam apreender as expressões da linguagem escrita, objeto de novos conhecimentos tardiamente oferecidos e antecipadamente vividos pela alegria de abandonar o mundo e o estigma de *analfabeto*. O mundo distinto daquele em que a oralidade se instala e se organiza, e o poder que muitos sujeitos ainda não conseguiram não se faz sem um ritual de passagem da condição de alfabetizados para a de neoleitores, porque, para muitos, essa última fica apenas na promessa da conquista de um mundo novo. Como Garcia (1985, p. 12), penso também "que o lúdico cria uma atmosfera que desmitifica a imagem onipotente do professor, possibilitando uma relação mais fácil entre os parceiros deste jogo de ensino/aprendizagem".

Assim, o interesse, o tipo de leitura, o tipo de livro são instigantes questões a descobrir, na inter-relação que o professor estabeleça com os alunos, de modo a que não selecione obras que os infantilizem (até mesmo desinteressando-os), mas também não os privem de um bem que não esteve acessível a eles na época própria. Presta-se esta atividade à exigência do exercício democrático e à produção do currículo na EJA: construção coletiva, tomada de decisões, participação na definição dos caminhos metodológicos para conquistar a condição de leitores cada vez mais experientes – escolher o texto com os alunos, partindo de sondagem de interesses e, numa atmosfera lúdica, mas tensa de curiosidade, conversar, ocupar com o diálogo o espaço da sala de aula. Pode-se optar pelos caminhos a seguir: formar, conformar ou deformar...

A vivência singular com a obra, sem cobranças posteriores, visa ao enriquecimento pessoal do leitor, ao mesmo tempo que a leitura se coloca como uma descoberta do mundo, procedida pela hierarquização e experiência individual, o que impede a fixação de verdades acabadas, abrindo espaço à expressão do aluno e questionando a certeza do professor. Quando a mediação entre alunos, e entre eles e professor é feita pelo texto literário, que expressa a vontade de criar – um texto que não responde, mas interroga; cuja obscuridade misteriosa desafia a busca de sentido – a tarefa é mais fácil.

Embora as concepções de literatura e educação sejam substantivamente diversas, ambas compartilham a natureza formativa. Porque partilham essa natureza, com modos de realização tão díspares, pode-se travar um fecundo diálogo entre elas, com a literatura oferecendo alternativas plurais para o encontro de objetivos e o alcance de utopias emancipadoras.

Considerações finais

A perspectiva de organizar, a partir de um estudo inicial, idéias que pudessem aclarar caminhos a serem seguidos, na tentativa de pensar procedimentos metodológicos para a formação de neoleitores jovens e adultos, nesse texto, obra aberta, está concluída. Não se esgota, nem esgota a invariável necessidade de continuidade e aprofundamento indispensáveis em novas investigações e estudos.

Chego ao final com muitas outras questões a serem compreendidas, para tornar mais nítido o tema da formação do neoleitor. São elas: Que histórias jovens e adultos ouviram quando pequenos? De que tipo? Quem as contava? Podem recontá-las? Quais as que despertam/despertaram mais interesse? Gostariam de lê-las? Que experiências, com livros, jovens e adultos das classes de EJA já detêm? Que livros à disposição desse público poderiam despertar maior interesse? Que experiências os professores dessas classes têm com os livros? Que livros gostam de ler? Compram livros? Que trabalho com livros diferentes do material didático os professores vêm desenvolvendo nas classes?

Evidentemente, as questões que se podem relacionar não terminam aí. Essas são as que, em um primeiro momento, me parecem mais substantivas. A necessidade de pesquisar, tendo essas questões como pontos de partida para caracterizar melhor o aluno que se deseja formar como neoleitor, é indiscutível.

Para um mundo que produz textos continuamente, textos em que realidade e ficção se misturam de tal forma que tem sido difícil discriminar o que é uma, o que é outra, em que tanto a realidade se produz por meio de textos, como os próprios textos antecipam e criam realidades, não há como ignorar a potência e o poder dos escritos que, em qualquer língua, produzem sentido, paixão, ideologia, ameaça e morte, vida. A poética dessa realidade, tão difícil e dura de compreender no presente, certamente terá um futuro próximo como seu melhor decifrador. Como foi possível a literatura em Auschiwtz, certamente os episódios detonados a partir de 11 de setembro não impedirão que o século XXI passe, sem que sejam possíveis novos textos literários. Nem o terror, nem a guerra extinguirão as profecias de esperança. Nem as políticas, nem os poderes apassivadores se perpetuarão na sociedade democrática, se não quisermos, e se não cumprirem o dever da oferta da educação de jovens e adultos, formando-os autonomamente leitores e escritores. Resta-nos aceitar o desafio da mudança.

Referências bibliográficas

ALMANAQUE DO ALUÁ. Rio de Janeiro: SAPÉ: Funarte, CNFCP, n. 1. Setembro 1998. Anual.

BEZERRA, Aída et alii. *Alfabetização de Adultos*. Cadernos de Educação Popular 8. Petrópolis: Vozes, Nova, 1985.

BOURDIEU, Pierre (Org.). *A miséria do mundo*. 2 ed. Petrópolis, Rio de Janeiro: Vozes, 1997.

BURKE, Peter (Org.). *A escrita da história*. Novas perspectivas. Trad. Magda Lopes. São Paulo: Editora UNESP, 1992.

DE CERTEAU, Michel. *A Invenção do Cotidiano*: artes de fazer. Trad. Ephraim Ferreira Alves. Petrópolis, Rio de Janeiro: Vozes, 1994.

FREIRE, Paulo. *A importância do ato de ler* em três artigos que se completam. São Paulo: Cortez, Autores Associados, 1988.

_____. *Pedagogia do Oprimido*. 14.ed. Rio de Janeiro: Paz e Terra, 1985.

GINZBURG, Carlo. *Olhos de madeira*. Nove reflexões sobre a distância. Trad. Eduardo Brandão. São Paulo: Companhia das Letras, 2001.

_____. *O queijo e os vermes*. São Paulo: Companhia das Letras, 1992.

LAJOLO, Marisa, ZILBERMAN, Regina. *A formação da leitura no Brasil*. São Paulo: Ática, 1999.

MANGUEL, Alberto. *Uma história da leitura*. Trad. Pedro Maia Soares. São Paulo: Companhia das Letras, 1997.

ORLANDI, Eni P. *A linguagem e seu funcionamento:* as formas do discurso. São Paulo: Pontes, 1987.

LETRAMENTO LITERÁRIO E LIVRO DIDÁTICO DE LÍNGUA PORTUGUESA: " OS AMORES DIFÍCEIS[1]"

Egon de Oliveira Rangel

Tal como procurei deixar claro já no subtítulo, o tema desta intervenção não é dos mais fáceis. Trata-se da relação entre leitura, literatura e livro didático de Português (LDP), sob um ponto de vista bastante particular: o do letramento. E a questão é ainda mais delicada porque pretendo discutir o assunto de um lugar claramente delimitado, o do "PNLD em Ação", nome com que vem sendo conhecido o nosso projeto "Livro Didático e Sala de Aula: Escolha e Modos de Usar"[2]. Partindo do pressuposto que a pura e simples avaliação promovida pelo MEC não é suficiente para atingir-se qualidade e eficácia no recurso ao livro didático (LD), o objetivo de nossas ações tem sido o de fornecer, às equipes técnicas responsáveis pelo PNLD[3] nos estados, subsídios práticos e teóricos relativos à escolha qualificada e ao uso crítico do LD.

---

[1] A expressão é título de um livro de Italo Calvino.

[2] O Projeto é de responsabilidade da COMDIPE, divisão da Secretaria de Educação Fundamental do MEC dirigida pela profa. Nabiha Gebrin e responsável pela avaliação de materiais didáticos e pedagógicos. Além de mim mesmo, a equipe responsável pelo Projeto é integrada pelos professores Cleiton Batista Vasconcelos, Kátia Bräkling, Paulo Eduardo Mendes da Silva e Neide Aparecida de Almeida.

[3] O Programa Nacional do Livro Didático (PNLD) é o programa governamental responsável pela avaliação material e pedagógica dos LD oferecidos à escola pública brasileira de ensino fundamental.

Por isso mesmo, devo esclarecer, no que diz respeito à literatura, que não falo como especialista, mas como amador, no sentido mais literal possível. Por outro lado, como educador comprometido com um programa como o "PNLD em Ação", preciso dizer que vejo, no uso do LDP, possibilidades interessantes de efetivo envolvimento do aluno com o universo da escrita e, portanto, com a literatura. Assim, apesar do que o título deste artigo pode sugerir, não pretendo argumentar contra o recurso ao LDP como acesso à literatura, mas sim indicar alguns percalços que é preciso evitar e outros tantos pré-requisitos básicos que devem ser preenchidos para que o LDP possa desempenhar adequadamente esse papel.

Leitura literária: o que é?

O ponto de partida desta reflexão é, como não podia deixar de ser, a leitura; e, em particular, a *leitura literária*. Aceitamos, com facilidade talvez excessiva, a idéia de que o texto literário tem características – o mais das vezes entendidas como essencialmente *formais* – diferentes dos demais. Podemos discordar em relação a quais seriam as características essenciais, responsáveis diretas por essa distinção; mas, em geral, não discordamos quanto à existência e à possibilidade de localizar e descrever essa diferença.

E quanto à leitura desse texto, seria diferente da leitura dos outros? Se sim, em quê? Onde estaria essa diferença: no objetivo perseguido pelo leitor? No tipo de processamento do texto, mais atento às formas próprias do *literário*? Nas estratégias de abordagem, anteriores ao efetivo contato com um texto determinado? Na qualidade da experiência que se pode obter? Como leigo no assunto, não posso nem quero propor respostas. Entretanto, como amador, quero conjeturar e fazer algumas apostas, tendo em vista uma esperança: a de um convívio pedagógica e culturalmente mais interessante entre escola e literatura, livro didático e texto literário.

De uma maneira geral, a leitura tem sido predominantemente tratada, no âmbito do ensino de língua materna, como um *fenômeno cognitivo*. Mais raramente, hoje em dia, e em geral apenas quando se trata de literatura, aparece também como um *fato histórico-cultural*. No primeiro caso, o foco são as competências e as habilidades implicadas no processo, assim como as estratégias de abordagem e de processamento do texto, umas e outras entendidas como definidoras do leitor como tal. No segundo caso, a preocupação é com o resgate dos significados culturais historicamente atribuídos a certos autores, obras, gêneros, estilos, etc., fazendo de cada ato de leitura um exercício coletivo e pessoal de reverência.

Seja como for, creio poder dizer que, nesta ou naquela perspectivas, a materialidade do texto e da leitura são ou desconsideradas ou relegadas a um segundo plano. Quando a leitura é entendida como uma forma de conhecimento, as idiossincrasias dos sujeitos e as particularidades de cada situação de leitura reduzem-se a um pressuposto, que só será possível encarar *depois* de suficientemente descritas as competências e habilidades que caracterizam o sujeito leitor, assim como suas estratégias mais gerais ou básicas. Assim, numa perspectiva como esta, a leitura literária tende a ser encarada como um funcionamento ou um desempenho particular – porque aplicado a um campo específico – das competências e habilidades gerais que caracterizariam o leitor maduro. Quando é a dimensão cultural que interessa, a leitura é, mais que qualquer outra coisa, um reconhecimento individual dos significados e valores culturais historicamente associados ao texto. Seja como for, a singularidade dos sujeitos e das situações, ainda que eventualmente abordada, não ocupa o centro da cena, dificultando-nos uma caracterização minimamente satisfatória da *leitura como experiência subjetiva*. Assim, ainda que a escola faça da leitura um investimento pedagógico prioritário, a leitura literária, naquilo que tem de próprio e, portanto, de constitutivo dessa experiência subjetiva, fica obscurecida.

As aventuras do leitor em formação

Entretanto, quando se pensa a leitura na perspectiva do letramento, as idiossincrasias dos sujeitos, a particularidade das situações e a materialidade dos textos podem, por direito, ocupar o centro das atenções. Por isso mesmo, a expressão *letramento literário*, que o grupo de estudos de literatura do CEALE vem fazendo circular, ao mesmo tempo em que desenvolve teoricamente a noção, nos possibilita enxergar algumas saídas interessantes para a questão. O que talvez nos permita perceber melhor a trajetória – com todas as suas aventuras – do leitor de literatura em formação. Por sua natureza, acredito que, no limite, a noção de letramento literário permitiria, inclusive, descrever as formas de existência cultural da escrita que *definem* um texto como literário, que delimitam um cânone determinado e que assinalam, para os sujeitos, o âmbito da estética associado à leitura literária. De certa forma, ainda que não seja este o meu tema, é esta a perspectiva com que trato a questão.

Sem querer recuperar a noção de *letramento* em toda a sua amplitude e complexidade, podemos entendê-lo como um termo técnico que designa e articula entre si três ordens diferentes de fatores relacionados à linguagem escrita:

- o conjunto das formas pelas quais uma determinada cultura ao mesmo tempo *dá uma existência social* e *se serve* da escrita, atribuindo-lhe diferentes sentidos e diferentes funções;
- os valores – inclusive éticos e estéticos – em nome dos quais a escrita participa da vida social, assim como os diferentes graus de intensidade dessa participação;
- os padrões diferenciados de distribuição e circulação social da escrita;
- os diversos padrões e a intensidade variada com que a escrita participa do cotidiano e do imaginário dos sujeitos.

Sendo assim, podemos dizer que a noção de letramento, mais que qualquer outra, permite abordar e, em boa medida, descrever a materialidade histórica e cultural da escrita e, portanto, também da leitura. Numa perspectiva como esta, é não só possível como necessário perceber a leitura como uma articulação, a cada momento única, entre funções da escrita, valores a elas associados, formas de existência e de circulação social dos textos, efeitos de sentido decorrentes dessas condições e implicações subjetivas para os indivíduos.

Se assim é, podemos entender por que o LD e, em especial, o LDP, tornou-se, no Brasil, tanto um instrumento inescapável de letramento, quanto um sintoma do que bem poderíamos denominar, inspirando-nos em Lajolo & Zilberman (1991), de "letramento rarefeito". Afinal, para muitos dos brasileiros escolarizados, o LD tem sido o principal ou o exclusivo meio de acesso ao mundo da escrita. E o LDP, com suas atividades de estudo de texto, o instrumento por excelência de aprendizagem da leitura e de concepção do que deva ser a "boa" leitura. Entre outras coisas, isso significa que o LD e o LDP podem ser entendidos, ao mesmo tempo, como parte das *causas* e parte dos *efeitos* dos padrões de letramento que caracterizam a sociedade brasileira. E podem ser encarados, também, como um elemento constitutivo da concepção e das experiências de leitura que caracterizam o leitor médio brasileiro[4], em suas competências e incompetências, em suas expectativas e em seus medos.

Não será por acaso, portanto, ainda que não seja esta a causa, que o LD participa significativamente das nossas políticas públicas para a educação, notadamente em programas oficiais como o PNLD; e se insinua, sub-repticiamente, em quase todos os debates em que o letramento no Brasil está em questão. Se pensarmos no ensino de Língua Portuguesa, sem dúvida um agente privilegiado de letramento, podemos dizer que, da cartilha aos usos docentes do LDP, passando

---

[4] De Patativa do Assaré a Graciliano Ramos, passando por Drummond e Clarice Lispector, são muitos os depoimentos literários de escritores brasileiros em que essa dimensão do LDP e da leitura escolar é tematizada.

pelas experiências de leitura proporcionadas ao aluno leitor, o LDP é parte indissociável de nossas concepções de leitura, literatura e, mais amplamente, de cultura letrada.

Por isso mesmo, podemos supor que os problemas metodológicos apontados por Marcuschi (1996) na condução das atividades de leitura do texto literário em livros didáticos de largo uso são co-responsáveis não só pelas inadequações e deficiências de leitura apontadas por avaliações oficiais como as do SAEB e a do PISA, como também pelas dificuldades pessoais que, via de regra, marcam a relação do leitor médio brasileiro com o texto impresso e com a leitura. Nesse sentido, se a rarefação é a característica básica do letramento no Brasil, podemos dizer, deslocando e ampliando a expressão, em relação ao seu contexto original, que "a leitura incerta"[5] é o traço talvez mais característico do leitor brasileiro. Assim, este é o quadro: de um lado, os impressos, e o livro em particular, são produzidos por uma gama restrita de agentes da escrita, imprimem-se em tiragens reduzidas, circulam em pequenos circuitos; de outro lado, lê-se pouco, em poucas ocasiões e situações, com objetivos mal-definidos e com a compreensão muitas vezes prejudicada, ao menos no sentido de não-legitimada socialmente. E, talvez, o mais importante: sem sentido, sem proveito pessoal.

Por todos os motivos já referidos, a relação entre a literatura e o livro didático tem sido das mais difíceis, no Brasil. E nem sempre tem sido uma relação amorosa. Apesar de o discurso que denuncia esta situação muitas vezes queixar-se do contrário, as dificuldades não são recentes[6], muito embora

---

[5] O termo, utilizado por uma professora da rede pública mineira para qualificar sua relação de insegurança quanto à leitura de autores do cânone como Guimarães Rosa, foi utilizado por Batista (1998) para caracterizar parte significativa das práticas docentes de letramento.

[6] Nada nos garante que o tratamento dado à leitura dos textos literários, nos LD da década de 1960 para trás, era mais adequado que o atual. A julgar-se pelas questões e/ou exercícios que acompanhavam os excertos selecionados, a especificidade estética do texto literário era tão desconsiderada quanto hoje em dia.

possamos dizer que as coisas tenham piorado, desde que as novas orientações para o ensino de língua materna vêm apregoando o trabalho com a diversidade de gêneros e tipos de textos. Afinal, ainda que não tenha sido esta a intenção original, o imperativo da diversidade de gêneros e tipos (um dos critérios da Avaliação oficial do LDP) tem significado, muitas vezes, o abandono do texto literário – antes praticamente solitário, no LDP e na sala de aula de língua materna – em favor dos demais. Num contexto como este, o velho hábito de não contemplar o que o texto literário tem de próprio, quando confrontado com os outros, só tem feito aumentar o esquecimento da literatura e a sensação, cada vez mais disseminada, de que é "difícil" ou mesmo "impossível" para o ensino fundamental.

Contra esse quadro, ou seja, pensando em sua superação, quero chamar a atenção para um aspecto da leitura que só de raspão se tem percebido, quando a tratamos apenas como uma forma de conhecimento ou de reconhecimento. Esse aspecto é, na verdade, um conjunto de fatores concretos que, implicados nas práticas efetivas de letramento, podem interferir para o prazer ou desprazer proporcionado por um texto, para o sucesso ou o fracasso das estratégias de leitura, para a mobilização e/ou para o desenvolvimento de competências e habilidades. Para isso, vou me valer do conto que tomei como ponto de partida e inspiração para minhas considerações.

"A aventura de um leitor" concentra-se num breve espaço de tempo, o de uma tarde de verão; e circunscreve-se a um cenário natural igualmente exíguo. Leitor de carteirinha, Amedeo procura, ao cabo de um passeio de bicicleta, um lugar solitário e bem-posicionado, à beira da praia, para ler o seu romance. Escolhe um promontório rochoso, recortado por fendas que prometiam total tranqüilidade, e lá, metodicamente, entrega-se à leitura. Em meio a essa aventura literária – percebida por ele como mais real e mais prazerosa que a própria realidade –, Amedeo inicia uma outra aventura: mal lidos os primeiros capítulos, percebe, mais à frente, uma banhista bronzeada, uma mulher talvez interessante em sua quase nudez. Fiel ao texto, entretanto, desvia o olhar; e procura posições mais favoráveis para a leitura, abandonando a imobilidade que começava a dar-lhe cãimbras. Acontece, porém, que as melhores posições também favorecem a visão perigosa, de tal forma que o corpo de Amedeo, ao procurar a página tão ansiada, encontra também a mulher evitada. Quase à sua própria revelia, Amedeo imagina cenas esparsas e mal-articuladas de um flerte; mas se defende dessa possibilidade retomando, a cada ameaça da imaginação, os rituais de propiciação da leitura, e certificando-se de que o prazer de ver a mulher estendida ao sol não se sobrepunha ao de continuar a ler. Tal como na Bíblia, entretanto, a mulher insiste. Levanta-se, caminha, volta, enfim: faz-se notar, oferece-se aos olhos, olha interrogativamente, propõe-se, finalmente, como... objeto de uma outra leitura. Sem se dar conta do que faz, e apesar dos sucessivos retornos ao texto, o leitor insistente concede progressivamente à mulher: minutos de sua atenção, gestos de cuidado (diante de uma perigosa água-viva, pescada pela garotada), algumas palavras brandas, solicitudes imprevistas, mergulhos conjuntos. A cada passo, vai sendo premiado com fragilidades femininas quase ostensivamente exibidas, com olhares gentis, seios entremostrados, pernas displicentemente cruzadas e, melhor que tudo, com um convite para repartir o colchão inflável em que ela se bronzeava.

Daí por diante, só lendo o conto, para saber o que acontece. Seja como for, adianto que o livro e a leitura participam do enredo; de alguma forma, *são* o conto, *são*, também, o romance que Amedeo lê. No momento em que a narrativa se interrompe, diante do convite para um novo mergulho, Amedeo conta, sôfrego, quantas páginas há pela frente. E poderíamos nos perguntar: de qual romance?

Num conto como este, é impossível distinguir onde termina a leitura de Amedeo, ou mesmo a nossa, e começa a aventura, ao mesmo tempo real e ficcional, de um envolvimento amoroso. E é exatamente nesse ponto que, acredito, a noção de letramento literário talvez possa nos ajudar a superar alguns dos termos do debate relativo à leitura do texto literário e de sua relação com o LDP.

Letramento, leitura literária e LDP: perspectivas

O conto de Calvino põe em ação um tipo de leitor de literatura que podemos qualificar não só como maduro, mas, talvez, como *voraz*. Do rato de biblioteca ao maníaco por policiais, passando ainda pelo leitor que já leu ou quer ler *tudo de* ou *tudo sobre*, essas seriam algumas manifestações muito concretas dessa voracidade. Para entendermos o que está em jogo nessas figuras, é preciso reconhecer que não se trata apenas do leitor das competências e habilidades, do estrategista experiente. Antes de mais nada, é preciso reconhecer, em Amedeo, um sujeito para quem a leitura é uma *necessidade pessoal*. Para alguém como ele, a leitura é capaz de criar uma supra-realidade, ou seja, uma realidade capaz de rivalizar e até de se sobrepor à pura e simples realidade, chegando mesmo a dar-lhe novas formas. Mas essa necessidade, esse convívio amoroso com a supra-realidade, têm uma história e, portanto, têm os pés plantados na mais prosaica realidade. Se não, vejamos.

A cada passo de sua leitura, formulamos e reformulamos hipóteses a respeito do que Amedeo estaria lendo. Há momentos em que ele parece ler um delicioso policial; em outros, uma intriga amorosa; mais adiante, uma narrativa realista. Divertindo-se conosco, o narrador espalha pistas desencontradas, nomeando personagens e situações que conhecemos bem de outros lugares. E então, uma sucessão de autores e obras possíveis desfila em nossa mente: Stendhal (*La chartreuse de Parme*), Dostoievski (*Crime e castigo*), Balzac (*As ilusões perdidas*), Tolstoi (*Guerra e paz*), Flaubert (*A educação sentimental*)... Nessas sugestões do narrador, insinuam-se grandes amores, como sabemos. De perdição, muito provavelmente; mas, talvez, também de salvação. E nessa dúvida nos manterá para sempre o conto de Calvino.

Nenhuma das pistas referidas é capaz de nos levar a desvendar a charada. Mas o conjunto delas, em função de sua desnorteante heterogeneidade, nos sugere que, a cada momento de sua aventura, Amedeo apenas atualiza alguns aspectos de um imaginário coletivo, oriundos de um *corpus* muito específico, ainda que diversificado. Em resumo, Amedeo pode estar lendo qualquer obra, mas certamente de uma tradição literária que todos reconhecemos, e que parece reverberar a cada lance da leitura – dele e nossa. Numa experiência como esta, não há o reconhecimento reverente a que me referi ainda há pouco, mas uma verdadeira celebração.

Apesar das dúvidas sobre o autor e o livro que nosso herói luta para continuar lendo, o narrador, não satisfeito com as citações indiretas, explicita a paixão de Amedeo por romances do século XIX. Também por esse motivo, sabemos que ele lê... *uma narrativa ficcional*, e essa certeza vem acompanhada de muitas promessas: há um enredo determinado, há personagens que o animam, há situações, há aventuras, há um mundo possível que se desdobra a seus olhos. Quais desses elementos motivariam tanto interesse? Haveria alguma relação mais íntima entre a aventura vivida por nosso herói e as protagonizadas por aqueles que povoam as páginas sofregamente lidas? Enquanto não podemos ter certeza, e mesmo sabendo que jamais a teremos, vamos recolhendo, a cada página, *cacos para muitos vitrais*[7]. Assim, as características do gênero que supomos estar em jogo na leitura de Amedeo conformam nossas expectativas em relação ao personagem e à situação em que o encontramos, e se sobrepõem às características do conto que lemos.

---

[7] Agradeço a Adélia Prado a oportunidade dessa expressão.

Além disso, Amedeo não lê no vácuo: está de férias, numa bela e disputada paisagem. Ler, nessas circunstâncias, é uma parte indissociável do cenário, como o Sol, o promontório rochoso ou... a mulher. Assim, a leitura participa de sua vida, integra-se a ela como o trabalho, a alimentação, o amor. Assim, no momento em que o encontramos, está envolvido com uma prática muito reconhecida e legitimada, nas sociedades letradas: a leitura de férias. Os editores sabem tão bem disso que criaram um gênero (de texto, de autor e mesmo de tratamento editorial) facilmente reconhecível e facilmente encontrável em aeroportos e rodoviárias.

Mas podemos supor, muito naturalmente, que Amedeo, tão disponível para os clássicos do Romantismo, também será uma vítima contumaz de outras leituras. O mesmo narrador que se recusa a nos revelar o livro lido por nosso herói, nos informa, explicitamente, que ele lê, também, memórias e biografias, policiais e ficção científica. Além disso, deixa escapar que o marcador utilizado por Amedeo era... um folheto publicitário. Seja como for, a formação desse leitor tem uma história, em que os ingredientes há pouco citados certamente entraram – e continuam entrando – em diferentes combinações e concentrações. É essa química – ou alquimia – especial que, acredito, precisamos (re)conhecer para nos iniciarmos na leitura literária. Entre o que já se leu diretamente e o que se sabe ainda ter pela frente, entre os cânones estabelecidos e a leitura de férias, entre o folheto publicitário e as biografias, constitui-se, no sujeito, uma experiência estética particular, associada aos textos culturalmente reconhecidos como literários. E, imagino, seria a busca sempre renovada da qualidade única dessa experiência que constituiria o leitor voraz, ou, pelo menos, um leitor como Amedeo, capaz até de viver, como realidade, a irrealidade da ficção literária.

Caricatura à parte, podemos dizer que a formação do leitor literário, ainda que não o explicite, visa a um resultado semelhante: formar um leitor para quem o texto é objeto de intenso desejo, para quem a leitura é parte indissociável do jeito de ser e de viver. Todos nós somos capazes de identificar, nesse ser de ficção, pessoas de carne e osso. Todos somos capazes de reconhecer, até mesmo em nossas próprias vidas, situações em que o desejo de ler teve de driblar sérias dificuldades, inclusive as representadas por outros desejos.

Mas o que têm a escola e o LDP a ver com o leitor voraz ou com essa – suponho – alquimia literária? Afinal, tal como Soares (1999) e muitos outros já diagnosticaram, a escola e o LDP têm significado, com muita freqüência, um tropeço na apresentação do mundo da escrita à criança e um veto à fruição na leitura e à formação do gosto literário, quando não têm representado, pura e simplesmente, um desserviço à formação do leitor. Por outro lado, é preciso reconhecer que o LDP, mesmo que deixemos de lado suas outras funções e nos concentremos apenas na formação do leitor, não tem compromisso exclusivo com a literatura. Aliás, as orientações pedagógicas mais recentes, que preconizam a não-exclusividade do texto literário como objeto de ensino/aprendizagem de leitura, têm sido entendidas, erroneamente, como veto ou, no mínimo, como despreocupação com o texto literário: "se for o caso de entrar, que entre, mas em pé de igualdade com os demais".

Vai sem dizer que minha perspectiva é totalmente outra: sem prejuízo dos demais, considero o texto literário *indispensável* para o ensino/aprendizagem da leitura e, evidentemente, para a formação do gosto literário, direito de todo e qualquer cidadão e dever do ensino fundamental. Não se trata apenas de incluí-lo na programação cotidiana, mas de lhe dar o devido destaque cultural e pedagógico, seja na criteriosa seleção do que se oferece ao aluno, que não pode deixar de lado a história e as características dos cânones, seja no tratamento didático dado ao estudo de texto, que não pode prescindir de atividades que desenvolvam adequadas estratégias de abordagem e processamento do texto literário.

Para caminhar-se nessa direção, é preciso, em primeiro lugar, reconhecer que há algo da situação e do sujeito protagonista, no conto de Calvino, a ser resgatado na elaboração e na estruturação do LDP. Com a perspectiva da institucionalização da avaliação oficial, podemos esperar que se estabeleçam, e de forma cada vez mais precisa, os parâmetros necessários, assim como os pisos de qualidade a serem propostos a cada novo momento do processo avaliatório. Evidentemente, nenhum LDP pode reproduzir, por si só, os ingredientes que vemos atuando na leitura de Amedeo, até porque este é um leitor maduro e adulto, com uma história que nenhum aluno de ensino fundamental poderia já ter vivido. Entretanto, para a construção de uma história como esta, certamente o LDP pode contribuir.

Antes de mais nada, se quisermos que o LDP seja capaz de preparar o caminho para o diálogo entre o texto que se lê e a tradição que se deve mobilizar para fazê-lo vibrar sentidos inacessíveis aos não-iniciados, é preciso marcar, no próprio livro, a dimensão constitutiva dos cânones ou, mais simplesmente, das tradições, para os sentidos de um texto literário. Cada texto dialoga com muitos outros, parentes próximos ou distantes, contemporâneos ou passados, conterrâneos ou estrangeiros. E é só nesse diálogo que os seus sentidos se constroem plenamente, de tal forma que cada obra literária pode relacionar-se com a tradição a que se filia de forma muito semelhante àquela que caracteriza o vínculo de um capítulo com o conjunto da obra.

Assim, negar-se a esse diálogo é negar o reconhecimento que o próprio texto procura fazer de seus parentescos, de seus vínculos, de seu desejo de filiação, de sua luta pela conquista da cidadania... literária. E o LDP pode/deve estar atento a essa demanda, cuidando, em primeiro lugar, para que o conjunto de textos selecionados para leitura e estudo não seja formado apenas pelo interesse didático, mas também por critérios relacionados à relevância e ao significado literário dos textos e de seus autores. Em outras palavras, é preciso decidir não só o quê e o como se vai mobilizar e desenvolver, das competências e habilidades pressupostas na leitura proficiente, mas também que *amostras* de textos, representativas de quais *tradições literárias*, deverão ser oferecidas ao aluno, como iniciação programada aos cânones literários. Não há dúvida de que não será possível incluir, no LDP, toda a literatura de língua portuguesa, nem tudo o que seria interessante oferecer como primeiro contato com a literatura universal. Mas será possível, e necessário, para cada momento da aprendizagem projetada pela organização escolar, estabelecer por onde começar, os caminhos a serem percorridos, as obras e autores imprescindíveis, as abordagens mais adequadas.

Boas indicações do que não fazer, no que diz respeito à seleção textual, – e, por implicação, do que é necessário perseguir com firmeza, nesse quesito – encontram-se na análise que Soares (1999) faz das estratégias mais freqüentemente utilizadas, em muitos LDP, para a composição do material de leitura a ser apresentado ao aluno. Em procedimentos como os de

• excluir da seleção gêneros e tipos de texto de grande circulação social, mas considerados de difícil abordagem didática;

• substituir textos autênticos por aqueles produzidos especialmente para atender uma demanda didática e evitar as referidas dificuldades;

• fragmentar inadequadamente os textos autorais, de tal forma que as características do gênero e da tipologia textual são desrespeitadas, sonegando ao aluno o conhecimento e a experiência dos mecanismos lingüísticos que fazem de um texto um todo organizado;

priva-se o aluno do contato direto com elementos constitutivos – e portanto fundamentais – da textualidade, da linguagem escrita e da ordem do livro. E ainda pior: as exclusões desobrigam esse tipo de LDP de tomar esses elementos como objetos de ensino/aprendizagem, autorizam o professor a fazer o mesmo e colaboram perigosamente para a construção tanto de uma concepção equivocada de linguagem escrita, leitura e literatura, quanto da incerteza na leitura e da rarefação nos padrões de letramento.

Em seguida, é preciso cuidar para que as atividades de leitura propostas pelo LDP estejam atentas aos momentos e aos recursos do texto em que está em jogo algum tipo de aproximação possível com a tradição literária ou mesmo com a tradição letrada mais amplamente entendida. Se um conto de que se selecionou um trecho é uma paródia de outro(s), o fato não pode passar sem algum comentário ou resgate. Se explora características do discurso jornalístico, seu rendimento literário certamente estará relacionado a tal estratégia e o estudo de texto não poderá ignorá-lo. Se, como no conto de Calvino, há referência a autores e obras que dão um alcance particular ao que se lê, será preciso apontar essas referências e explicitar o que representam. Em resumo, para que o aluno algum dia venha a ler um texto literário como Amedeo o lê, ou seja, fazendo-o ecoar toda a literatura com que se vincula, o resgate dessas relações deve fazer parte do programa de ensino de leitura e literatura, e não pode ser um procedimento a que apenas eventualmente se recorre.

Os gêneros literários, tal como vimos na situação de leitura retratada por Calvino, também fazem parte das condições em que se produzem os efeitos estéticos próprios da experiência literária. Os escritores pressupõem que seus leitores conhecem os gêneros e jogam com esse conhecimento. Os mundos de ficção que nos propõem são moldados em formas que (re)conhecemos facilmente: personagens, situações, cenários, intrigas, modos de dizer, recursos, truques. Todo esse arsenal proporcionado pelos gêneros é utilizado para criar ou frustrar expectativas, para satisfazer e pacificar o leitor ou para surpreendê-lo e despertá-lo de velhos encantamentos, propondo-lhe outros. Por isso mesmo, a familiaridade com os gêneros permite ao leitor apreciar a habilidade de um escritor, seu gênio composicional, as características e o rendimento particular de seu estilo. Sem isso, dificilmente se produz um verdadeiro encontro entre autor e leitor; dificilmente se estabelece um convívio amoroso.

Assim, os textos selecionados para um LDP – assim como sua exploração em sala de aula – não podem desconsiderar os gêneros implicados, ainda que não façam deles um objeto de estudo especializado. Afinal, para que um leitor de séries iniciais entenda a funcionalidade de uma descrição de personagem, por exemplo, não será preciso recorrer aos instrumentos da teoria literária e da lingüística que teríamos à nossa disposição. Entretanto, não será possível *ensinar* a leitura literária, nem instaurar práticas adequadas de letramento, sem fazê-lo acompanhar a forma como esse personagem se constrói no texto, percebendo os efeitos que isso provoca no leitor. O mesmo se pode dizer, certamente, dos outros elementos envolvidos nas particularidades da leitura literária. Em especial, a atenção que se deve dar aos "modos de dizer" que, em geral, ajudam a caracterizar os discursos literários e permitem distingui-los não só dos discursos não-literários como uns dos outros. Elementos como a organização dos planos discursivos, as figuras de linguagem e as expressões marcadas (do ponto de vista de um estilo de época, de um autor ou, simplesmente, da intenção de impedir um reconhecimento automático e assim levar o leitor a um novo gesto de interpretação) fazem parte desses "modos de dizer". Sem erigi-las em oportunidades de ensinar e aplicar a metalinguagem correspondente que as teorias puseram em circulação, será sempre oportuno e, às vezes, essencial, que se chame a atenção do aluno para alguma(s) dessas marcas literárias, permitindo-lhe o reconhecimento paulatino dos elementos formais que podem estar em jogo no discurso literário.

Evidentemente, para que o LDP esteja atento a todos esses aspectos da leitura literária, não será o caso de sobrecarregar o estudo de cada um dos textos selecionados para o

LDP com todas essas explicitações e explicações, nem, muito menos, será o caso de trazer o ensino de metalinguagem, e não o da leitura, para o centro das preocupações didáticas, sob pena de impedir-se o necessário contato direto do leitor com o funcionamento do texto. Trata-se, antes, de planejar, ao longo das atividades de leitura previstas, o tratamento didático adequado de aspectos da construção dos sentidos essenciais para o rendimento estético desse ou daquele texto. Planejamento este que possibilite ao professor *ensinar* aquilo que, de outra forma, o aluno não aprenderá; ou aprenderá por contra própria, *a despeito* do livro e da escola.

Sem dúvida, parte importante de todo esse trabalho só poderá ser resgatada e efetivamente trabalhada pela escola e pelo professor. Em primeiro lugar, cuidando para que a escolha do LDP a ser adotado seja o mais adequado possível, tanto do ponto de vista da qualidade e da diversidade do material selecionado para leitura, quanto no que diz respeito à adequação das atividades de estudo de texto. Em segundo lugar, planejando o melhor uso possível do livro escolhido.

O que certamente significará, nesse caso, que os textos literários do LDP não poderão ser tratados como sendo *toda* a literatura. O complexo mundo de autores e obras que uma certa ordem cultural consagrou como literários deverá ser lembrado a todo momento, a começar pelas obras e pelos autores dos excertos que figuram no próprio LDP. Saber quem são, como se inserem numa determinada tradição, como foram ou como são vistos pelos seus contemporâneos é um dos aspectos necessários a um tratamento didático mais adequado do texto literário. Mas também a referência a outros livros e o estímulo à sua leitura faz parte dessa estratégia para impedir que o aluno seja confinado ao que o LDP pôde incluir em suas páginas. Sem isso, dificilmente se consegue formar o *gosto por*, ou o leitor que quer *ler tudo de*.

As bibliotecas escolares têm um papel fundamental no sucesso desse trabalho de iniciação literária e de formação do gosto. É preciso que existam, que tenham acervos significativos, que estejam disponíveis para todos, que o acesso aos livros seja direto, que as técnicas biblioteconômicas de catalogação e armazenagem dos livros sejam adequadas a leitores em formação e sejam a eles explicadas, quando necessário. Mais importante que tudo, talvez, é que a escola crie, *como parte de suas atividades regulares, demandas autênticas de leitura*, capazes de fazer da biblioteca um lugar de freqüência praticamente cotidiana. A "pesquisa" escolar, a consulta a obras de referência, a necessidade de informar-se cotidianamente, a possibilidade de fazer da leitura um prazer e uma necessidade têm que estar integradas e motivadas por atividades didático-pedagógicas rotineiras, por práticas cotidianas de sala de aula, em qualquer disciplina. Não podem, portanto, constituir-se em exceções ou, pior ainda, em excrescências que, não fossem as cobranças externas, a escola abandonaria de boa vontade.

Concluindo, podemos dizer que, se observarmos com atenção e interesse, e se nos envolvermos diretamente com o jogo do livro, ou seja, com as práticas de letramento em que se constroem tanto a leitura literária quanto o leitor voraz e a felicidade na leitura, poderemos colaborar mais adequadamente para a formação do aluno – e não só como leitor. Para isso, será preciso reconhecer o que cabe ao LDP e o que incumbe à escola, o que certamente nos obrigará a incluir explicitamente, no projeto pedagógico da escola, uma política, uma pedagogia, uma ética e uma estética da leitura.

Referências bibliográficas

AMOROSO, Maria Betânia. Notas sobre o ensino de literatura. São Paulo, 2000. (Mimeogr.)

BATISTA, Antônio Augusto Gomes. A leitura incerta: a relação de professores(as) de Português com a leitura. *Educação em Revista*. (27). Belo Horizonte: FAE/UFMG, 1998, p. 85-103.

CALVINO, Italo. *Os amores difíceis*. São Paulo: Companhia das Letras, 1992.

LAJOLO, Marisa & Zilberman, Regina. *A leitura rarefeita*: leitura e livro no Brasil. São Paulo: Brasiliense, 1991.

MARCUSCHI, Luiz Antônio. *Exercícios de compreensão ou copiação, nos manuais de ensino de línguas?* [s.l.], [s.ed.], 1996. (Mimeogr.)

SOARES, Magda Becker. A escolarização da literatura infantil e juvenil. In: Evangelista. Aracy Alves Martins; Brandão, Heliana Maria Brina; Machado, Maria Zélia Versiani (Orgs.). *A escolarização da leitura literária*; o jogo do livro infantil e juvenil. Belo Horizonte: Autêntica/CEALE, 1999.

INTERLOCUÇÕES DO LIVRO DIDÁTICO COM A LITERATURA

Aracy Martins

> O nosso estar-no-mundo, como indivíduos sociais que somos, é mediado por uma rede intrincada e plural de linguagem, isto é, que nos comunicamos também através da leitura e/ou produção de formas, volumes, massas, interações de forças, movimentos; que somos também leitores e/ou produtores de dimensões e direções de linhas, traços, cores... Enfim, também nos comunicamos e nos orientamos através de imagens, gráficos, sinais, setas, números, luzes... Através de objetos, sons musicais, gestos, expressões, cheiro e tato, através do olhar, do sentir e do apalpar. Somos uma espécie animal tão complexa quanto são complexas e plurais as linguagens que nos constituem como seres simbólicos, isto é, seres de linguagem.
>
> Santaella (1983, p. 10)

Envolvida há anos com pesquisas na área da formação de leitores, sejam eles alunos[1], sejam eles docentes[2], ouso afirmar

---

[1] Cf. EVANGELISTA, Aracy Alves Martins. *Condições de construção de leitores alfabetizandos:* um estudo na escola e na família em camadas populares, Belo Horizonte: FaE/UFMG, 1993. (Dissertação de mestrado).

[2] Cf. EVANGELISTA, Aracy Alves Martins. *Escolarização da literatura entre ensinamento e mediação cultural:* formação e atuação de quatro professoras. Faculdade de Educação/UFMG, 2000. (Tese de doutorado).

que a epígrafe acima abre possibilidades de reflexão sobre o Ensino de Língua Portuguesa a professores que lidam com crianças, com jovens ou com adultos na escola.

Nos dias atuais, professores se defrontam na sociedade com uma diversidade de linguagens que se interpenetram, ao mesmo tempo em que se tornam perplexos diante da exigüidade da sua formação profissional para estabelecer tais interfaces, na interação com seus alunos.

Registra-se ainda uma acentuada assimetria entre as experiências de leitura dos jovens alunos e as expectativas de leitura da instituição escolar. Nesse sentido, Lajolo afirma que "será uma violência se na sua prática a escola desconsiderar as experiências prévias e imagens de leitura e de literatura que sua clientela alimenta" (1995, p. 119).

Várias são as lamentações de escritores, vários são os depoimentos de professores, várias são as denúncias de pareceristas do programa de avaliação de livros didáticos, quando se aborda o tratamento que se dá à leitura literária na escola.

Como escritor, Manoel de Barros fez um amargo comentário, em um dos seus poemas, sobre as desastrosas intromissões categóricas e normativas às possibilidades de leitura do outro, seja na assimetria adulto/criança-jovem, seja na assimetria professor/aluno:

> O rio que fazia uma volta atrás de nossa casa era a imagem de um vidro mole que fazia uma volta atrás de casa.
> Passou um homem depois e disse: essa volta que o rio faz por trás de sua casa se chama enseada.
> Não era mais a imagem de uma cobra de vidro que fazia uma volta atrás de casa.
> Era uma enseada.
> Acho que o nome empobreceu a imagem. (BARROS, 2000, p. 25)

São circunstâncias como essas que fazem o professor Hélder Pinheiro (2001, p. 63-4) chamar de *desencontros* ou de *desencantos,* quando lamenta a abordagem dada a um conhecido poema em um dos livros didáticos de língua portuguesa muito usado entre nós. O livro didático faz pior ainda do que aquilo que sugere Manoel de Barros. Ele não só nomeia, mas sobrenomeia as coisas, com nomenclaturas e metalinguagens:

> Como exemplo de utilização de poemas para estudo gramatical, "O operário em construção[3]", de Vinícius de Moraes, comparece no livro [...],acompanhado de um questionário do qual transcrevemos a seguir algumas questões:

---

[3] O Operário em Construção – *Obra poética.* Rio de Janeiro: Aguillar, 1965.

[...]
Mas o que via o operário
O patrão nunca veria
O operário via as casas
E dentro das estruturas
Via coisas, objetos
Produtos, manufaturas.
Via tudo o que fazia
O lucro do seu patrão
E em cada coisa que via
Misteriosamente havia
A marca de sua mão. E o operário disse: Não!

– Loucura! – gritou o patrão
Não vês o que te dou eu?
– Mentira! – disse o operário
Não podes dar-me o que é meu.
E um grande silêncio fez-se
Dentro do seu coração
Um silêncio de martírios
Um silêncio de prisão
Um silêncio povoado
De pedidos de perdão
Um silêncio apavorado
Com o medo em solidão

1. Destaque uma passagem da poesia em que fica clara a definição de substantivo como "palavra que nomeia os seres".
2. Aponte todos os substantivos presentes no texto.
3. Aponte um substantivo abstrato presente no texto.
4. Aponte um substantivo concreto presente no texto.
5. Qual é o único substantivo presente no texto que admite uma forma para o masculino e outra para o feminino.
6. Há, no texto, algum substantivo próprio? Em caso afirmativo, aponte-o.

Pinheiro lamenta a forma inadequada[4] como os autores do livro didático trataram um texto tão rico, comentando suas experiências anteriores com alunos jovens e adultos:

> Quem conhece a força deste belo poema de Vinícius de Moraes, quem viu alunos trabalhadores de curso noturno vibrarem com o sentido de humanidade e resistência que brotam desses versos, quem destacou o sabor de imagens contundentes que o poeta criou, quem degustou cada verso deste longo poema não pode deixar de ficar desencantado com essas questões.

Um silêncio de torturas
E gritos de maldição
Um silêncio de fraturas
A se arrastarem no chão.
E o operário ouviu a voz
De todos os seus irmãos
Os seus irmãos que morreram
Por outros que viverão.
Uma esperança sincera
Cresceu no seu coração
E dentro da tarde mansa
Agigantou-se a razão
De um homem pobre e esquecido,
Razão porém que fizera
Em operário construído
O operário em construção.

[4] Cf. Escolarização (in)adequada da literatura em SOARES, 1999.

Pinheiro, porém, vai além da lamentação. Irmanando-se com professores que estão em sala de aula, tentando estabelecer uma interlocução adequada com a literatura, em benefício da formação dos alunos enquanto leitores e enquanto cidadãos, seres mais humanos, sugere e questiona:

> Se ao menos os autores pensassem, por exemplo, no sentido que os substantivos concretos assumem no poema, criando uma base em que repousa parte de sua força. Será que reduzindo um poema a exemplário de classes de palavras estamos contribuindo para formar leitores? E será que se aprende gramática assim?

Da mesma forma, pareceristas do PNLD (Programa Nacional do Livro Didático) levantam questões, tal é a inadequação detectada em livros didáticos analisados nesse programa de avaliação nacional de livros distribuídos às escolas públicas do país.

Além da crítica que se faz à utilização pelo livro didático de fragmentos de textos, sempre dos mesmos autores, muitas vezes descontextualizados, com coerência e coesão comprometidas, verificando, no Guia dos Livros Didáticos – PNLD 2002, como grande parte dos pareceristas consideraram o tratamento dado à leitura literária nos livros de Língua Portuguesa de 5ª a 8ª séries, constata-se:

> um enfoque *historiográfico*, centrado nas *características* dos *estilos de época* e nos *elementos estruturais* de composição (foco narrativo, caracterização de personagem, ritmo e rima na poesia). As principais habilidades trabalhadas são a *localização de informações* e a *paráfrase*. Com relação à exploração estilística e estética, muitas vezes as propostas *limitam as possibilidades de experimentação* pelo leitor, quando, por exemplo, solicitam do aluno [...] ora apenas i*dentificar as intenções do autor* [...], ora *utilizar poemas exclusivamente para estudo de conteúdos gramaticais* [...] ora *passar do sentido conotativo para o sentido denotativo*, o que é questionável. (MEC, 2001, p. 56, 79, 90, 116).[5]

---

[5] Cf. Evangelista, 2001.

A citação anterior apresenta uma visão geral do que acontece nos livros didáticos. Em exemplos específicos, podemos comprovar essas tendências.

Se Barros, citado acima, abomina a intromissão adulta, tirando toda a poesia tácita de um acidente geográfico, ao nomeá-lo e defini-lo, outro equívoco é apontado por Evangelista (2001), no campo da atribuição de significados às palavras pelos livros didáticos: "nota-se um grande reforço ao uso do glossário e do dicionário como únicas fontes do significado das palavras. O conhecimento prévio, os cognatos, o contexto e o cotexto são deixados de lado". E exemplifica:

> [...] após ter abordado o tema "derivação", este conhecimento não foi aproveitado poucas páginas adiante, quando se perguntou ao aluno: "Você sabe o que significa 'anilado'"? Embora o verso de Gonçalves Dias fosse "Imitam as nuvens de um céu anilado", o livro propõe o seguinte, para que o aluno saiba o que significa "anilado": "Consulte o dicionário. Só poderá apreciar a beleza deste texto se entendê-lo".

Atentos a tais desencontros e desencantos, enquanto professores, perguntamo-nos em que medida as interlocuções que temos propiciado a nossos alunos dos ensinos fundamental e médio, na mediação de experiências com a literatura, têm levado em consideração a pluralidade semiótica de linguagens anunciada na epígrafe deste texto.

Além disso, podemos procurar responder, com a nossa atuação, como José Paulo Paes responderia:

> O objetivo fundamental da poesia é o de: "mostrar a perene novidade da vida e do mundo; atiçar o poder de imaginação das pessoas, libertando-as da mesmice da rotina; fazê-las sentir mais profundamente o significado dos seres e das coisas; estabelecer entre estas correspondências e parentescos inusitados que apontem para uma misteriosa unidade cósmica; ligar entre si o imaginado e o vivido, o sonho e a realidade como partes igualmente importantes da nossa experiência de vida". (Paes, 1996, p. 27)

Referências bibliográficas

ALVES, José Hélder Pinheiro. Abordagem do poema: roteiro de um desencontro. In: DIONISIO, Angela Paiva, BEZERRA, Maria Auxiliadora. *O livro didático de Português:* múltiplos olhares. Rio de Janeiro: Lucerna, 2001.

BARROS, Manoel de. *O livro das ignorãças.* 7 ed. Rio de Janeiro: Record, 2000.

EVANGELISTA, Aracy. A escolarização da literatura forma leitores?. In: *VI Congresso Brasileiro de Lingüística Aplicada*: a linguagem como prática social. Belo Horizonte: ALAB, 2001.

LAJOLO, Marisa. Natureza interdisciplinar da leitura e suas implicações na metodologia do ensino. In: ABREU, Márcia (Org.). *Leituras no Brasil:* antologia comemorativa pelo 10º COLE. Campinas, SP: Mercado de letras, 1995, p. 113-28.

MEC/FNDE/PNLD 2002. 2001. *Guia de livros didáticos:* 5ª a 8ª série, 2001.

PAES, José Paulo. *Poesia para crianças.* São Paulo: Giordano, 1996.

SANTAELLA, Lúcia. *O que é semiótica.* São Paulo: Brasiliense, 1983.

SOARES, Magda Becker. A escolarização da Literatura Infantil e Juvenil. In EVANGELISTA, Aracy, BRINA, Heliana, MACHADO, Maria Zélia (Orgs.). *A escolarização da leitura literária:* O Jogo do Livro Infantil e Juvenil. Belo Horizonte: Autêntica, 1999, p 17-48.

LEITURA, ESCRITA E LITERATURA EM TEMPOS DE INTERNET

Maria Teresa de Assunção Freitas

Começo este texto lembrando um pequeno trecho de Alberto Manguel em seu livro *Uma história da leitura*:

> Eu também descobri logo que não se lê simplesmente Crime e Castigo..... lê-se uma certa edição, um exemplar específico, reconhecível pela aspereza ou suavidade do papel, por seu cheiro, por um pequeno rasgão na página 72 e uma mancha de café no canto direito da contracapa.
>
> Alberto Manguel (199,7 p. 29)

Manguel me faz evocar minha relação com os livros. Desde pequena os livros sempre foram meus amigos e companheiros constantes. Sinto uma alegria muito grande quando compro ou ganho mais um livro para minha biblioteca. Cada livro meu tem algo de especial. Gosto de olhá-los, apalpá-los, sentir a textura da sua capa, o seu cheiro... Tenho com eles mais do que uma simples relação de posse. Sempre os empresto aos meus alunos, mas é com uma pena enorme que os vejo se afastando de mim. Sinto falta deles quando não os contemplo em minha estante, quando não posso tocá-los e folheá-los. É um sentimento estranho de satisfação, prazer mesmo, quando pego novamente entre as mãos um livro que me é devolvido. É quase um ritual quando consigo recolocá-lo em minha estante e posso ver que ele está de novo no seu lugar e me pertence novamente.

Será que este contato com o livro está fadado a desaparecer nos dias de hoje? Será ele substituído pelos recursos das novas tecnologias?

O próprio Manguel (1997) ajuda a encontrar uma resposta para essa questão quando diz que uma nova tecnologia não destrói a que lhe antecede. Lembra que o surgimento da imprensa, acompanhado por negativas previsões, não erradicou o gosto pelo texto escrito. Observou ainda que ao mesmo tempo em que os livros se tornavam de fácil acesso e mais gente aprendia a ler, mais pessoas também aprendiam a escrever. Assim conclui, afirmando: "É interessante observar a freqüência com que um avanço tecnológico como o de Gutemberg – antes promove do que elimina aquilo que supostamente deve substituir" (1997, p. 159). É possível, pois, que também o computador e, principalmente, a Internet podem se constituir em um caminho para os livros e não em seus substitutos. Essa questão tem sido hoje muito discutida por vários autores, entre eles Chartier (1994), que não acredita que a possível transferência de um meio ao outro, do códex para a tela, signifique o abandono, o esquecimento ou a destruição dos objetos que foram o seu suporte: os livros. Ele vê como uma das tarefas essenciais das grandes bibliotecas manter acessível essa ordem dos livros que é a nossa, preservando a inteligência da cultura do códex.

As previsões apontadas parecem estar corretas, pois o que temos presenciado em nossos dias é que talvez as editoras nunca tenham publicado tantos livros. O próprio meio eletrônico, com a oferta de várias livrarias virtuais, tem ampliado muito as possibilidades de compra e aquisição de livros. O *site* Amazon[1] prova, segundo Casalegno (1999), que a maior livraria do mundo é virtual, numa demonstração admirável de

---

[1] O endereço é: <www.amazon.com>. Neste enorme *site* de compras, se o interesse é livros, clicar no *link* "Books".

utilização da Internet para vender livros e promover o universo da escrita.

Assim, se o livro não está com os seus dias contados e se a própria Internet tem contribuído para divulgá-lo, que novas formas de leitura e escrita estão surgindo na atualidade? Chartier (1994) se refere a essa revolução do presente, a Internet, considerando-a mais importante do que a de Gutenberg pois ela modifica não só a técnica de reprodução do texto, mas também as estruturas e as próprias formas do suporte que o comunica aos seus leitores. "Com a tela, substituta do códex, a transformação é mais radical, pois são os modos de organização, de estruturação, de consulta ao suporte do escrito que se modificaram" (1994, p. 98).

A revolução do texto eletrônico consiste numa mais profunda revolução da escrita e da leitura. Ler sobre uma tela não é mais ler sobre um códex, embora o objeto da leitura – o texto – permaneça o mesmo. Os textos passam a ter agora uma existência eletrônica, que os dissocia dos meios impressos habituais: o livro, o jornal, a revista. Compostos no computador, guiados por processos telemáticos, atingem um leitor que os apreende sobre uma tela. A representação eletrônica dos textos abre novas e imensas possibilidades, modificando também sua condição. A materialidade do livro é substituída pela imaterialidade dos textos sem lugar específico.

> Às relações de contiguidade estabelecidas no objeto impresso ela opõe a livre composição de fragmentos indefinidamente manipuláveis; à captura imediata da totalidade da obra, tornada visível pelo objeto que a contém, ela faz suceder a navegação de longo curso entre arquipélagos textuais sem margens nem limites. Essas mutações comandam inevitavelmente, imperativamente novas maneiras de ler, novas relações com a escrita, novas técnicas intelectuais. Se as revoluções da leitura precedentes fizeram-se sem mudar as estruturas fundamentais do livro, não é isso que irá acontecer em nosso mundo contemporâneo. A revolução iniciada é antes de tudo, uma revolução dos suportes e formas que transformam o escrito. (CHARTIER, 1994, p. 101)

Enfim, todas essas transformações tecnológicas nos levam a pensar em outras possibilidades de leitura aliadas à existência do livro. Nesse sentido, o que pode estar acontecendo com a literatura? Que possibilidades podem ser abertas para a literatura com a Internet? Que relações podem ser estabelecidas entre a leitura literária e o hipertexto informático? Até onde a revolução eletrônica está afetando a literatura?

Santos (2001) acredita que muitas vezes fica difícil aceitar uma ligação da literatura com a Internet devido a duas ordens de preconceitos. De um lado, os tecnófilos vêm a tecnificação do literário como algo inevitável diante do qual todos devem se curvar sem resistências. Do outro, há os que desconfiam do novo suporte com medo de que o texto literário apresentado na tela perca a aura da literatura. Para Lucas (2001), a literatura exige o vagar da reflexão, o prazer da leitura demorada, a lentidão da fruição estética que não pode se coadunar com a velocidade e a rapidez do tempo, próprias do ciberespaço.

Essas desconfianças e críticas, negativas em parte, podem acontecer por um conhecimento superficial ou até mesmo um desconhecimento do novo meio. Como educadores que somos, não podemos nos deixar influenciar por algumas impressões correntes entre as pessoas, de que aquilo que se escreve na Internet, principalmente por adolescentes, é bobagem, vulgaridade, perda de tempo, pobreza de linguagem; que a superficialidade das páginas da *web*, que aceitam tudo, não merecem nossa confiança. Para uma compreensão do que acontece nas páginas da Internet, precisamos ir além das aparências. Só mergulhando no mundo do ciberespaço, navegando pela Internet, conseguiremos de fato conhecer e compreender o que ela tem a oferecer.

Cabe ao pesquisador, segundo Aguiar (2001), esse esforço analítico de ultrapassar as aparências e ir em busca das determinações para chegar ao sentido atribuído/constituído pelo sujeito. Esse é o esforço que temos empreendido no

Grupo de Pesquisa Linguagem, Interação e Conhecimento (LIC), pesquisando a construção/produção da escrita na Internet por meio de uma abordagem sociocultural.[2]

Ao focalizarmos um tema tão complexo e novo como a escrita na Internet, essa pesquisa transformou-se em um grande desafio. Este foi enfrentado com a consciência de que poderíamos estar construindo um conhecimento sobre algo ainda pouco explorado e compreendido. Partimos, portanto, de uma imersão no meio virtual e procuramos ir além da aparência dos dados, tentando compreender o que eles nos tinham a dizer.

Inauguramos uma forma de observação diferente, que chamamos de virtual, pois, utilizando-nos do próprio meio, como internautas, interagimos com adolescentes em salas de bate-papo e por meio de *e-mails* em listas de discussão de seriados televisivos (*Friends* e *Charmed*).[3]

Analisando tanto as sessões de *chats* e os *e-mail* construídos nas referidas listas de discussão sobre seriados televisivos, bem como as entrevistas posteriormente realizadas com adolescentes internautas, pudemos compreender que estes, na era nas novas tecnologias digitais, têm encontrado nestes espaços virtuais, nos quais transitam pela leitura/escrita, possibilidades para atender aos seus interesses, construir sua identidade, deles fazendo um possível espaço de formação. Enfim, estamos descobrindo que a Internet está possibilitando que os adolescentes leiam/escrevam mais. Passam horas diante da tela e, manuseando o teclado, entregam-se a uma

---

[2] Trata-se das pesquisas "A construção-produção da escrita na Internet e na escola: uma abordagem sociocultural" (1999-2001) e "A construção-produção da escrita na Internet e na escola: uma abordagem sociocultural (continuidade e desdobramentos)" (2001-2003), coordenada pela prof.ª Maria Teresa de Assunção Freitas e apoiadas pelo CNPq e pela FAPEMIG. Ver www.lic.ufjf.br

[3] Nas salas de bate-papo, optamos pelos *chats* da *Web* (especificamente do Terra e do Uol) e do IRC (acrônimo de Internet Relay Chat), privilegiando aí o # (canal) de Juiz de Fora. Nas listas de discussão, nossa escolha recaiu sobre algo bem típico dos adolescentes: as listas de discussão sobre seriados de TV. Entre estas, chegamos a duas: *Friends* e *Charmed*.

leitura/escrita teclada criativa (criando códigos apropriados ao novo suporte), espontânea, livre, em tempo real e interativa. Além desses aspectos comunicativos, percebemos que a navegação pelos *sites* da Internet pode também estar possibilitando um novo encontro com a literatura.

Essa imersão no meio virtual valeu a pena: permitiu-nos uma aproximação compreensiva de nosso objeto de estudo. Fizemos importantes descobertas que nos levaram a compreender a Internet como um espaço de imensas possibilidades, principalmente no que se refere a práticas outras de leitura e escrita. Tivemos, no entanto, o cuidado de não adotar diante do que encontramos, uma atitude deslumbrada e acrítica, mas, como nos sugere Lévy (1999), "permanecemos abertos, benevolentes, receptivos em relação à novidade tentando compreendê-la" (p. 12).

É com essa mesma atitude aberta, receptiva e benevolente que devemos percorrer o espaço enorme dado pela Internet à literatura. Nas páginas da *Web* crescem a cada dia os endereços que levam a *sites* sobre literatura com bases de dados constantemente atualizadas envolvendo autores, obras, gêneros diversos, movimentos literários, períodos históricos.[4]

---

[4] São muito interessantes : http://www.cce.ufsc.br/~nupill/literatura/literat.html, *site* organizado pelo Núcleo de Pesquisas em Informática, Literatura e Lingüística (NUPILL) da Universidade Federal de Santa Catarina e apresenta *links* sobre literatura brasileira do século XV ao XX, além de uma extensa lista de obras e autores brasileiros. Ao clicar sobre o nome de um autor, tem-se acesso a informações diversas sobre sua vida e obra, que incluem fotografias e algumas vezes textos digitais que trazem uma obra em sua íntegra e podem ser impressos pelo usuário.

http://www.ipn.pt/literatura/ *site* organizado pela Universidade do Minho, Portugal. Esta página tem o nome de Projeto Vercial e é um completo *site* sobre a Literatura Portuguesa, apresentando obras integrais de autores portugueses distribuídos nas seções: literatura medieval, clássica, barroca, neoclássica, romântica, pós-romântica, correntes do século XX e literatura atual. Além disso traz índices de autores, obras, uma biblioteca gráfica e um curso virtual de literatura. Neste *site* é possível o *download* grátis de vários *e-books* e o acesso a diversos textos digitais com obras integrais.

http://www.letras.ufrj.br/litcult apresenta duas revistas *on-line* que fazem parte do Projeto Integrado Literatura e Cultura, coordenado por Luiza Lobo,

Entrando em programas de busca como Yahoo, Alta-vista ou Google – entre outros – e digitando o nome de um autor literário, vemos imediatamente a tela se encher com uma lista enorme de indicações que abrangem desde dados biográficos, estudos sobre suas obras, grupos de pesquisa e até uma seleção de trechos do autor, podendo ainda acessar a lista de suas obras e até mesmo obter algumas delas na íntegra. Acresce a isso a oportunidade de se associar às informações o recurso da imagem e mesmo da animação e do som. É possível ainda encontrar endereços de listas de discussão, fóruns de debates sobre o autor ou sua obra que ampliam em muito as possibilidades de interação.[5] É uma profusão de fontes de consulta, possíveis numa rápida velocidade que economiza o tempo de pesquisa numa biblioteca ou livraria, superando as dificuldades de distância e de acesso a outras fontes e pessoas. Tudo fica acessível e de forma quase gratuita, pagando-se apenas o tempo de acesso.[6]

---

que é professora da Faculdade de Letras da UFRJ. A página no *link* "escritores" traz textos de autores do Brasil e da América Latina no original e em tradução. O *link* "visite & leia" divulga endereços eletrônicos e listas bibliográficas vinculados à literatura, bem como publicações, congressos e eventos na área.

http://www.releituras.com é uma página que diz oferecer "os melhores textos dos melhores escritores". De fato, apresenta dados biográficos de 34 escritores nacionais de renome, com indicações sobre suas obras e a disponiblização de alguns de seus textos. Até dezembro de 2001 a página recebeu 130.969 visitas.

http://www.secrel.com.br/jpoesia é o endereço de Jornal de Poesia, um *site* que oferece vários *links* sobre autores, produção e crítica literária. Por meio de um quadro com as letras do alfabeto, possibilita o acesso a até 2000 autores.

[5] Como exemplos, indico as listas de discussão: Epifania, Cometapoesia, Brazil-Lista, cujos respectivos endereços para contato são: epifania-subscribe@egroups.com cometapoesia-list-subscribe@groups.com
BRAZIL-LIT-subscribe@egroups.com

Como exemplos de fóruns literários que têm prefixados as datas e horários de suas sessões, podem ser indicados: Literatura Feminina (db.capitu.com/capitu/literatura_feminina.asp) e Leitura Virtual (db.capitu.com/capitu/leituravirtual.asp)

[6] Apresento aqui, como uma sugestão para uma interessante navegação pelos meandros da literatura na Internet, alguns endereços relacionados a autores estrangeiros e nacionais. Ver lista no final deste artigo, na página 171.

Para Moraes (2001), esse vertiginoso crescimento está ligado ao fato de os textos literários, pela característica da intertextualidade, serem extremamente compatíveis com a natureza dos fluxos digitais. O hipertexto, antes de ser uma das características do texto informático, está presente na própria literatura. A idéia de hipertexto eletrônico pode ser nova, mas o exercício da hipertextualidade já se encontra presente nos textos de vários autores, tanto antigos como atuais. Assim, Tomás de Aquino, em seus escritos, ao mesmo tempo colocava e respondia questões, citando e interpretando textos antigos, recontando pontos de vistas opostos e argüindo com eles, sendo capaz de criar um diálogo com a sua própria cultura. O texto, enfim, não se tornava um sistema fechado em si mesmo, permitindo o que hoje chamamos de *links* aos leitores.

Mais recentemente, outros autores contemporâneos vêem realizando propostas literárias que buscam contrariar a linearidade da narrativa. Autores como James Joyce, Jorge Luís Borges, Robert Coover, Cortázar, Italo Calvino, entre outros podem ser considerados autores de hipertexto, precursores do hipertexto eletrônico, digital.

O próprio Roland Barthes, citado por Casalegno (1999), descreve uma textualidade ideal que seria definida hoje como hipertexto. Ele fala de um texto composto de blocos de palavras ou de imagens, conectados conforme múltiplos percursos numa textualidade sempre aberta e infinita, um texto plural.

Na tela informática, o texto consegue assumir toda a sua potencialidade. É o hipertexto proporcionado pela cibercultura que permite uma nova forma de leitura/escrita, estabelecendo nós, ligações com outros textos e autores, criando linhas variadas e interpretativas, fundindo o texto com imagens e sons, concedendo a este uma dinamicidade que se concretiza na possibilidade de se realizarem diferentes percursos. Na tela do computador, o leitor seleciona um texto que reside numa reserva de informação possível, fazendo uma edição para si, uma montagem singular. Nesse sentido, seu ato de leitura é uma atualização das significações de um texto, já que a interpretação comporta também um elemento de criação pessoal. Enfim, o suporte digital está permitindo novos tipos de leitura e escrita e pode-se até falar de uma leitura e escrita coletiva e até de uma autoria também coletiva.

Enquanto manuseamos um livro, viramos suas páginas, mas o hipertexto informatizado nos dá condições de atingir milhares de dobras inimagináveis atrás de uma palavra ou ícone, uma infinidade de possibilidades de ação, muitos caminhos para navegar. O leitor em tela torna-se, dessa forma, muito mais ativo que o leitor em papel, realizando uma leitura interativa, que favorece uma atitude exploratória e algumas vezes lúdica diante do material a ser assimilado. Pela interação estabelecida com os textos, o leitor penetra num novo universo de criação e de leitura de signos no qual novos sentidos são criados. (FREITAS, 1999)

Numa visão otimista, Chartier (1994), ao se referir a algumas vantagens do texto eletrônico, fala da possibilidade que este confere ao leitor de construir à vontade conjuntos textuais originais, cujas existência e organização só dele dependem. A todo instante, ele pode intervir sobre os textos, modificá-los, reescrevê-los, fazê-los seus. Além disso, pela sua imaterialidade, o texto eletrônico pode atingir qualquer leitor dotado do material necessário para recebê-lo. O autor vai mais longe ainda, quando imagina que, se todos os textos manuscritos ou impressos forem convertidos em textos eletrônicos teremos a disponibilidade universal do patrimônio escrito, a que todo leitor, onde estiver, dependendo de ter diante de si um visor de leitura conectado à rede que assegura a sua distribuição, poderá consultar, ler, estudar, independentemente de sua localização original. É o que ele chama de "bibliotecas sem paredes" de nosso futuro, que já se configura como um presente. (FREITAS, 1998)

O próprio caráter descentralizado da Internet generaliza a circulação dos conteúdos, sem obedecer a estruturas hierárquicas. Com um mínimo de competência técnica os usuários podem atuar a um só tempo como autores, editores, distribuidores e livreiros (Moares, 2001). Esse aspecto democrático permite que ao lado de um nome consagrado como Carlos Drummond, surja também o novo poeta desconhecido, disponibilizando seus versos. Isso se evidencia em *sites* como o Armazém Literário,[7] um espaço criado para possibilitar a participação de novos autores. Escritores constróem *sites* apresentando seus contos ou poesias.[8] Outras páginas estimulam a criação coletiva em que leitores participam da construção de romances coletivos e contos interativos.[9]

Essa criação coletiva é lembrada por Turkle (1997), que cita os MUD (Multiuser Dungeons), um jogo de RPG (Role Playing Game) pela Internet. Os MUD situam os jogadores em espaços virtuais nos quais as pessoas são capazes de navegar, conversar e construir. Esse jogo de salão virtual surge como uma nova forma de literatura escrita em colaboração.

---

[7] O *site* do Armazém literário é: www.armazem.literario.com.br

[8] Ver o *site www.autores.com.br*, que convida jovens leitores a se aventurarem pelo mundo da escrita literária como o fizeram em sua época aqueles que hoje são grandes nomes da literatura, tais como: Goethe, Rimbaud, Castro Alves, Silvia Plath, Rachel de Queiroz, Ferreira Gullar.

Também na página: http://www.releitura.com há um *link* "novos escritores", que foi organizado para leitores que gostam de escrever. Os textos enviados ao *site* são selecionados e depois publicados na página com informações sobre o autor, ficando nela disponíveis por 15 dias.

No endereço: http://www.secrel.com.br/jpoesia há um *link* "poesia de jovens", que se abre para outros dois: um com a produção de poesias e textos de crianças até 12 anos e outro disponibilizando esse mesmo tipo de produção, de adolescentes até 17 anos.

[9] Neste sentido um endereço interessante é: http://mood.com.br/e-contos/e-contos.htm, no qual pode-se encontrar um novo conto a cada semana. O leitor é convidado a partir de vários títulos apresentados e clicar sobre o e-conto que deseja ler. Na página há a informação de que os contos são revisados e atualizados constantemente, deixando à mostra o processo de construção do autor.

A possibilidade de construção de romances coletivos ou contos interativos pode ser encontrada em diversos *sites*. Como exemplo cito: www.amazon.com/exec/obidos/subst/features/g/greatest-tale/greatest-tale-home.html e www.2icompany.com/pages/indexlivre.html

Cada jogador entra na trama da história assumindo e desempenhando um ou vários personagens. Enquanto os jogadores participam, se convertem em autores não só do texto que escrevem, mas também de si mesmos, construindo novos eus por meio da interação social[10].

Turkle (1997) diz que na atualidade as telas dos computadores são os lugares nos quais as pessoas projetam seus próprios dramas, dos quais são os produtores, diretores e atores. As telas do computador são um novo lugar onde as pessoas expõem a sua privacidade (escondida no anonimato de um *nickname* ou pseudônimo) para atrair a atenção de outros internautas. Isso é visível nas páginas do *Blog*, diários *on-line*, a nova mania dos internautas[11]. Nelas as pessoas falam de tudo, principalmente de si mesmas, rotinas, romances, neuroses, gostos, e opiniões sobre o mundo. Corrêa (2001), em reportagem da *Folha de S. Paulo* de 21/10/2001, informa que hoje há cerca de oitocentas mil dessas páginas nos quatro *sites* mais conhecidos para sua criação. Há um ano não chegavam a duzentas mil no Brasil e o Weblogger Brasil, um mês após seu ingresso na Rede, alcançou o número de 4 mil *blogs*.

Falar para alguém sem rosto, sem que importe quem leia, evidencia para o psicanalista Jorge Forbes, citado na referida reportagem, que "a busca de identidade está centrada não na comunicação com o outro, mas na interação com a própria língua" (*Folha de S. Paulo*, 21/10/2001, p. C1). Continuando sua reflexão, o psicanalista comenta que a vida contemporânea pode

---

[10] Como exemplo de um MUD, acessar a página Mundo de Vitália, no seguinte endereço: www.mud.com.br/index.htm

[11] As *weblog* são páginas nas quais as pessoas escrevem seus diários *on-line*. Essas páginas podem ser criadas não exigindo grandes conhecimentos técnicos, tendo a possibilidade de serem atualizadas rapidamente. No *site*: ***weblogger.com.br*** há instruções em português sobre como criar um *blog*. Para conhecer mais sobre *blog* acessar: http://br.busca.yahoo.com/search/br?p=weblogs

Coloco aqui alguns endereços como exemplos: http://odisseia2004.blogspot.com, tipuri.blogspot.com/#estraviz www.sacodegatas.hpg.ig.com.br/index.htm www.zel.com.br, wildbutterfly.blogspot.com/

estar levando as pessoas a sentirem uma necessidade de escrever, ou seja, firmar um novo contato com a língua, o mais forte instrumento de identificação do ser humano como humano. "E quando o ser humano se reinventa, isso, como toda invenção, só faz sentido, só existe, se é conhecido pelo outro, independentemente de quem seja esse outro" (*Folha de S. Paulo*, 21/10/2001 p. C1).

Enfim este jogo de simulação, imaginação, exposição não poderá estar levando a uma proximidade com a literatura? As pessoas, principalmente os jovens, estão se voltando cada vez mais para o uso da linguagem escrita nas comunicações propiciadas pelo meio eletrônico. Com isso, estão também se aproximando cada vez mais da leitura. Foi o que observamos na pesquisa já citada que desenvolvemos com adolescentes, o que coincide com o comentário do escritor Carlos Heitor Cony. Diz ele:

> Acontece que, com a linguagem digital colocada em circuito pela rede eletrônica, os jovens que agora estão chegando à fase do consumo de informações, por bem ou por mal, estão voltando à expressão literária, rudimentar embora, mas sujeita ao aprimoramento natural determinado pela própria necessidade de se exprimir. (*Folha de S. Paulo*, 2000)

O mesmo Cony, no artigo sugestivamente intitulado "O fim do livro e a eternidade da literatura", publicado na *Folha de S. Paulo* em 8 de setembro de 2000, continua a falar dessa necessidade cada vez maior de comunicação impressa em adolescentes:

> Aos poucos eles vão descobrindo o universo literário em sua acepção mais clássica [...]. Ou seja: é um retorno à literatura. E gradualmente, esse universo irá se ampliando. É impressionante o número de e–mails que recebemos de jovens, na fase de 14 aos 15 anos, divagando sobre temas os mais variados, e muitos deles apelando para pequenos contos ou crônicas – recurso impensável antes da Internet, pois só era usado em salas de aula que ajudavam a formar o desdém pela linguagem literária impressa. (CONY, 2000)

Esse desdém pela literatura impressa foi algo que constatamos também em nossas pesquisas anteriores.[12] Inicialmente pesquisamos a relação de professoras do ensino fundamental com a leitura e a escrita e compreendemos que estas práticas representavam um espaço restrito em seu cotidiano, do qual a literatura estava distante. Nos relatos das professoras pesquisadas, percebemos a literatura como objeto didatizado: no lugar da fruição do estético havia a presença do ensino da gramática a partir dos textos literários ou ainda a leitura de um livro de literatura vinculada ao preenchimento de fichas, questionários ou provas em que um sentido único era o desejado e avaliado. Essas atividades escolares contribuíam assim para matar o gosto pela literatura, que ficava reduzida aos chamados "livros de colégio".[13] Voltando nosso olhar numa outra pesquisa, para crianças e adolescentes, mais uma vez, nas salas de aula, surpreendemos leitura e escrita com características marcadamente escolares, isto é, com uma função que se esgota no interior da própria escola, desvinculada da realidade vivida pelo aluno. Da análise dos dados coletados, pudemos também concluir que livrarias e bibliotecas se colocam como extensão da sala de aula continuando a reforçar as funções de leitura e escrita determinadas pela escola vendendo e oferecendo o que é pedido ou imposto por essa instituição.[14]

---

[12] Trata-se das pesquisas: Cultura, modernidade, linguagem: Leitura e escrita de professoras em suas histórias de vida e formação, vertente da UFJF (1995-1997) e "Práticas sócio-culturais de leitura e escrita de crianças e adolescentes" (1997-1999), coordenadas pela Prof.ª Maria Teresa de Assunção Freitas e apoiadas pelo CNPq e FAPMIG.

[13] Ver mais sobre os achados das citadas pesquisas no livros: Freitas, M. T. A (Org.) *Narrativas de professoras:* leitura e escrita numa perspectiva sócio-histórica. Rio de Janeiro: Ravil, 1998.

Freitas, M. T. A (Org.) *Memórias de professoras:* histórias e história. S.Paulo/Juiz de Fora: Musa/EDUFJF, 2001.

[14] Neste sentido ver o artigo Bernardes, Sexto. Surpreendendo a escola pela janela da biblioteca. In: *Educação em Foco*, Juiz de Fora: EDUFJF, v.3, n. 2, set/98fev/99, p 195-222

Entre os diversos achados dessa pesquisa, preocupamo-nos em especial com a defasagem observada entre o que a escola propõe e os interesses e as vivências das crianças e adolescentes. O contexto sociocultural do qual participam lhes tem oferecido novas formas de leitura e escrita significativas e prazerosas que parecem ser desconhecidas ou ignoradas pela escola. Nas conclusões da pesquisa citada, percebemos que novos instrumentos culturais da contemporaneidade têm se tornado mediadores de outras formas de leitura e escrita, destacando-se aí o computador e o uso da Internet.[15]

Outras pesquisas também têm chegado a conclusões semelhantes.[16] Autores, como Magda Soares (1999), têm apontado a inevitabilidade de que a literatura se escolarize ao se tornar um saber escolar, já que a escolarização é a essência da própria escola. No entanto, insiste que é necessário que se realize uma escolarização adequada que preserve o literário.

Aracy Evangelista (2001), refletindo sobre a relação literatura/escola em trabalho apresentado na 24ª Reunião da ANPEd, chama a atenção para aspectos semelhantes e alerta para a necessidade de a escola encontrar um espaço para resgatar o estético da literatura, tratando-a como arte.

---

[15] Para mais informações a este respeito ver os textos: Freitas, M. T. A Conhecendo novas práticas de leitura e escrita In Paiva, A , Evangelista, A, Paulino, G, Versiani, Z.(orgs) *No fim do século: a diversidade* – O jogo do livro infantil e juvenil. Belo-Horizonte: Autêntica, 2000, p. 171 a 188 ; Freitas, M. T.Descobrindo novas forma de leitura e escrita. In: Rojo, R. (Org.) *A Prática de linguagem em sala de aula* – Praticando os PCNs. S. Paulo: EDUC; Campinas: Mercado de Letras, 2000, p. 41-66.

[16] Trata-se, entre outras, das pesquisas coordenadas pela profa. Sonia Kramer da PUC-Rio: Cultura, Modernidade, Linguagem: o que narram, lêem e escrevem os professores(1992-1994) que está divulgada no livro: Kramer, S. e Jobim e Souza, S. (Orgs) *Histórias de professores:* leitura, escrita e pesquisa em educação. São Paulo: Ática, 1996. Outras pesquisas coordenadas pela prof.a Sonia Kramer sobre leitura e escrita e que chegam a resultados semelhantes aos apontados no texto são: Cultura, Modernidade e linguagem: leitura e escrita de professores em suas histórias de vida e formação, vertente da Puc-Rio (1995-1997) e O que lêem e escrevem futuros professores – um estudo em três escolas de formação (1997-1999).

Para concluir, vou dialogar com o seu texto, que também me fez refletir e estabelecer ligações com o que tenho percebido com a presença da literatura na Internet e seu uso por adolescentes, propondo algumas questões. Por que a literatura trabalhada em sala de aula não seduz os alunos, que consideram as aulas desinteressantes e monótonas? Porque o texto da Internet atrai tanto os seus usuários adolescentes? As respostas a essas questões podem estar na liberdade de escolha na variedade que os *sites* da Internet oferecem; na possibilidade de se construir um sentido pessoal para a leitura, na oportunidade de desenvolver o seu imaginário por meio das propostas ficcionais presentes no ciberespaço.

Paulino (2000) insiste que, na leitura literária, o ficcional não pode ser negligenciado nem esquecido, uma vez que a narrativa ficcional funciona como a detonadora de um jogo de significações que excita o imaginário a participar de possibilidades da composição de outros mundos.

Continuando sua reflexão, Evangelista (2001) comenta que formar leitores é algo que requer condições favoráveis, não só em relação aos recursos materiais disponíveis, mas, principalmente, em relação ao uso que deles se faz nas práticas de leitura. Não estaria a Internet oferecendo esse material e possibilitando um uso significativo dele?

A autora indica ainda que os Parâmetros Curriculares Nacionais (PCN, 1998, p. 71) orientam para a necessidade de ofertas de bibliotecas, com acervos variados de livros que funcionem como incentivo à leitura e possibilitem uma livre escolha por parte do aluno. De fato, para Paulino (1999) "a formação de um leitor literário significa a formação de um leitor que saiba escolher suas leituras, que aprecie construções e significações estéticas, que faça disso parte de seus fazeres e prazeres" (p. 12). O mundo da Internet não se constitui neste espaço com condições de oferecer, a um simples toque no teclado, amplos e variados acervos aos seus usuários? Diante dessa multiplicidade de oferta, a escolha pessoal não é o início do processo de navegação pelos mares da literatura?

Enfim, as experiências de leitura/escrita na Internet poderiam nos dar sugestões de como pensar uma escolarização considerada adequada da literatura, nas nossas escolas? A Internet estaria possibilitando esse encontro pessoal, significativo, com a literatura? A própria escrita que ela proporciona, compartilhada, para um interlocutor real, estaria levando ao gosto por uma escrita literária?

São questões e reflexões que se impõem a nós, educadores, pois a Internet está presente entre nós e a cada dia avança com velocidade maior, aumentando vertiginosamente o número de seus usuários.[17] Mesmo sabendo que esses números apontam ainda para as camadas mais favorecidas da população, concordamos com Pretto (2001) que são necessárias políticas públicas que favoreçam a inclusão das camadas mais pobres neste mundo tecnológico e de comunicação. No dizer de Pretto (2001), faz-se necessário articular o que chama de "alfabetização digital" com as demais alfabetizações, entendendo que a preparação para esse mundo tecnológico não pode estar desvinculada da formação básica.

---

[17] Negroponte (1995), há seis anos, dizia que o número total de usuários da Internet aproximava-se dos 50 milhões, com projeções para um bilhão de usuários na virada do século. No Brasil, de acordo com dados fornecidos pela *Folha de S. Paulo*, numa reportagem de 29 de março de 2000, o número de internautas estava estimado em 7 milhões, com uma projeção de ampliação para 11 milhões em 2001. Uma notícia veiculada pelo *Yahoo2-Brasil*, em 12 de fevereiro de 2001, mostra que esta estimativa está quase se concretizando, pois há no Brasil 9 milhões e 800 mil usuários. Dados também de fevereiro da *Revista Internet.br* falam de 377 milhões e 65 mil usuários no mundo, e de 347.460 domínios registrados no Brasil (Freitas, 2000).

Autores estrangeiros

Ezra Pound: www.lit.kobe-u.ac.jp/~hishika/pound.htm
Boris Pasternak: www.nobelprizes.com/nobel/literature/1958a.html
Milan Kundera: www.levity.com/corduroy/kundera.htm
James Joyce: www.2street.com/joyce
Ítalo Calvino: www.emory.edu/EDUCATION/mfp/cal.html
 www.cce.ufsc.br/~neitzel/tese/cidades.htm
Jorge Luiz Borges: www.ufrgs.br/proin/versão_2/borges/
F. Scott Fitzgerald: www.sc.edu/fitzgerald/index.html
Rimbaud: www.imaginet.fr/rimbaud
Fiodor Dostoievski: www.kiosek.com/dostoevsky
T.S. Eliot: www.deathclock.com/thunder/res.html
Mario Vargas Llosa: www.geocities.com/Paris/2102
GabrielGarcía-Márquez: www.themodernword.com/gabo
Ernesto Sábato: www.literatura.org/Sabato/Sabato.html
Julio Cortazar: www.literatura.org/Cortazar/Cortazar.html
José Saramago: www.caleida.pt/saramago
Fernando Pessoa: www.lsi.usp.Br/art/pessoa

Autores Nacionais

Ferreira Gullar: www.uol.com.br/ferreiragullar
João Cabral de Melo Neto: www.releituras.com/jocab_mene.htm
Clarice Lispector: www.releituras.com/cla_lispec.htm
Carlos Drummond de Andrade: www.carlosdrummond.com.br
Machado de Assis: www.geocities.com/Athens/Atyx/2607/machado.html
 ww.machadodeassis.org.br
Manuel Bandeira: www.brasil.terravista.pt/Claridade/3456/mbandeira.html
Cecília Meirelles: www.brasil.terravista.pt/Claridade/3456/ceciliam.html
Murilo Mendes: www.secrel.com.br/jpoesia/mu-html
Lya Luft: www.releituras.com/lya__luft.htm
Guimarães Rosa: www.tvcultura.com.br/aloescola/literatura/guimaraesrosa/index.htm
Nelson Rodrigues: www.nelsonrodrigues.com.br
Rachel de Queiroz: www.releituras.com/ra_chequei
Graciliano Ramos: www.vidaslusofonas.pt/graciliano_ramos.htm
Raduan Nassar: www.releituras.com/radu_nassa.htm
Vinicius de Moraes: www.releituras.com/vid_moraes.htm
Monteiro Lobato: www.vidaslusofonas.pt/monteiro_lobato.htm
Érico Veríssimo: www.pucrs.br/letras/pos/acersul/ericoverissimo
Rubem Fonseca: www.releituras.com/rufon_seca.htm

Referências bibliográficas

AGUIAR, W.M.J. Onsciência e aividade: categorias fundamentais da psicologia sócio-histórica." In: Bock, A M.B. et al. (Orgs.). *Psicologia sócio-histórica* (uma perspectiva crítica em psicologia). São Paulo: Cortez, 2001.

BERNARDES, A .S. Surpreendendo a escola pela janela da biblioteca. In: *Educação em Foco*, v. 3, n.2 set/98-fev/99, Juiz de Fora: EUFJF, p. 195-222.

CASALEGNO, F. Hiperliteratura, sociedades hipertextuais e ambientes comunicacionais. In: Martins, F. M e Silva, J.M. (Org.) *Para navegar no século XXI*. Porto Alegre: Sulina/Edipucrs,1999, p. 287-294.

CONY, C.H. O homem e a roda. *Folha de S. Paulo*, 17 de abril de 2000.

_____ O fim do livro e a eternidade da literatura. *Folha de S. Paulo*, 8 de setembro de 2000.

CHARTIER, Roger. *A ordem dos livros*. Brasília: Editora da Universidade de Brasília, 1994.

CORRÊA, S. Blog-Diários são a mais nova mania dos internautas. *Folha de S. Paulo*, 21 de outubro de 2001.

EVANGELISTA, A. M. Algumas reflexões sobre a relação literatura/escola. *24ª Reunião Anual da ANPED*, Caxambu: 2001. Trabalho apresentado no GT: Alfabetização, Leitura e escrita. Disponível em: <http://www.anped.org.br>. Acesso em 15 de outubro de 2001.

FREITAS, M. T. A . (Org.) *Narrativas de professoras: pesquisando leitura e escrita numa perspectiva sócio-histórica*. Rio de Janeiro: Ravil, 1998.

_____. (Org.) *Memórias de professoras: história e histórias*. S. Paulo/Juiz de Fora: Musa/EUFJF, 2001.

_____. Pesquisando práticas sócio-culturais de leitura e escrita. In: *Educação em Foco*, v.3, n. 2 set/98-fev/99 Juiz de Fora: EUFJF, p. 153-174.

_____. Conhecendo novas práticas de leitura e escrita. In: Paiva, et al.. (Orgs.) *No fim do século: a diversidade* – O jogo do livro infantil e juvenil. Belo Horizonte: Autêntica, 2000, p. 171 -188.

_____. Descobrindo novas formas de leitura e escrita. In: Rojo,R. (Org.) *A prática de linguagem em sala de aula* – particando os PCNs. São Paulo/Campinas: EDUC/Mercado de Letras, 2000, p. 41-66.

FREITAS, M. T. A . Escrita teclada: uma nova forma de escrever? In *Anais da 23ª Reunião Anual da ANPED*. Caxambu: ANPED, 2000, CD-rom.

KRAMER, S. & JOBIM e SOUZA,S.(org.) *Histórias de professores: leitura, escrita e pesquisa em educação*. São Paulo: Ática, 1996.

LÉVY, P. *Cibercultura*. São Paulo: Editora 34, 1999.

LUCAS, F. *Literatura e Comunicação na era eletrônica*. São Paulo: Cortez, 2001.

MANGUEL, A *Uma história da leitura*. São Paulo: Companhia das Letras,1997.

MORAES, D de. *O concreto e o virtual:* mídia, cultura e tecnologia. Rio de Janeiro: DP&A, 2001.

NEGROPONTE, N. *Vida Digital*. São Paulo: Companhia das Letras,1995.

PAULINO, Graça. Letramento literário: cânones estéticos e cânones escolares". *23ª Reunião Anual da ANPED*. Texto encomendado: GT 10 – Alfabetização Leitura e Escrita. Texto eletrônico. Caxambu: ANPED, 1999, Cd-rom.

_____. Diversidade de narrativas. In: PAIVA, Aparecida et al. *No fim do século: a diversidade* – O jogo do livro infantil e juvenil. Belo Horizonte: Autêntica, 2000, p. 37-48.

PRETTO, N. de L. Desafios para a educação na era da informatização: o presencial, a distância, as mesmas políticas e o de sempre. In: BARRETO, Raquel Goulart,et al (orgs). *Tecnologias educacionais e educação a distância:* avaliando políticas e práticas. Rio de Janeiro: Quartet, 2001. p. 29-53

SANTOS, A L. Literatura e(m) computador. Disponível em: http:www.cce.ufsc.br/~nupill/hiper/texto3.html . Acesso em 19 de out. 2001.

SOARES, M. A escolarização da literatura infantil e juvenil. In: Evangelista et al. (org.) *A escolarização da Leitura literária* – O jogo do livro infantil e juvenil. Belo-Horizonte: Autêntica, 1999, p. 17-48.

TURKLE, S. *La vida en la pantalla*. Madrid: Paidós,1997.

INTERFACES

MARGEANDO A EDUCAÇÃO: O LUGAR DAS "OUTRAS LINGUAGENS"

Aparecida Paiva

> Antes de começar uma tese de literatura, é conveniente que o candidato escolha algum dos estilos disponíveis na praça. Para orientar o neófito nesta árdua tarefa, darei alguns exemplos de estilos críticos aplicados aqui à frase inicial de *O Ateneu* (1888). A escolha deve ser feita em função das preferências do Orientador e, se possível, da futura banca. Qualquer engano a esse respeito pode ser fatal.

Com este parágrafo, Leyla Perrone-Moisés inicia seu corrosivo texto "Pastiches críticos", escrito em 1993. Nele a autora toma a frase inicial do romance de Raul Pompéia, "Vais encontrar o mundo, disse-me meu pai, à porta do Ateneu. Coragem para a luta" e elabora pequenos textos, a partir de dez estilos "disponíveis". Vou transcrever aqui o nome e a frase ou as frases iniciais de cada um deles para que se possa ter uma amostra da "provocação" acadêmica feita pela brilhante ensaísta, que, aliás, suspende o texto no décimo estilo, deixando ao leitor a tarefa de digerir, da forma que lhe for possível, o impacto. Vejamos então:

> "1. *Narratologia*: a narrativa começa por um discurso direto, proferido pela personagem pai. Mas o narrador é a personagem

filho, indiciado pelo possessivo meu. [...] 2. *Estudo dos incipt romanescos*: a primeira tarefa do romancista é a de começar o texto, de designar seu ponto de partida e, portanto, de realizar a passagem para um novo espaço lingüístico que exige uma confrontação com o arbitrário, ligado à origem do discurso e ao ato de começar. [...] 3. *Crítica Psicanalítica Lacaniana*: A fala inaugural do romance é a fala do Pai, a palavra da lei. Se o outro é o lugar do significante, o enunciado de autoridade não tem outra garantia senão sua própria enunciação, já que é inútil buscá-lo em outro significante, o qual não existe fora desse mesmo enunciado. [...] 4. *Crítica Sociológica Marxista*: Numa sociedade fundada sobre a injustiça social e sustentada pela ideologia, isto é, a inconsciência do sujeito em relação às suas reais condições de existência, a palavra do pai é a palavra de má-fé característica do burguês. [...] 5. *Crítica Genética (Estudo dos manuscritos)*: O prototexto da primeira frase de O Ateneu apresenta uma variante de grande interesse. No prototexto, lê-se: "disse meu pai à porta". A mudança para "disse-me meu pai, à porta" é extremamente significativa. [...] 6. *Crítica Semiótica:* A relação Pai-filho-Ateneu é uma relação triádica de desempenho. O Ateneu é um objeto, transformado pelo pai em sin-signo provido de inúmeros quali-signos. A fala do pai funciona como Interpretante na relação do filho com o Ateneu. [...] 7. *Crítica desconstrucionista*: Ao identificar o Ateneu ao mundo, o pai pressupõe um mundo provido de centro, isto é, de Verdade. O pai é o porta-voz da metafísica ocidental, um defensor do logocentrismo, um platônico inveterado. [...] 8. *Crítica pós-moderna:* Percebe-se imediatamente que O Ateneu não passa de uma narrativa moderna. Ao dizer ao filho que ele vai encontrar "o mundo", o pai se revela tributário de uma metanarrativa totalizante e legitimadora. Ao preparar o filho para a "luta", ele mostra que tem um projeto, o que é próprio das ilusões dos modernos [...] 9. *Crítica feminista*: Como a esmagadora maioria dos romances, O Ateneu é uma história de homens escrita por um homem. O livro começa com as palavras de um homem dirigidas a outro homem. Note-se que o próprio nome do liceu, Ateneu, é um nome próprio masculino e que designava, na antiga Grécia, um local de reunião de literatos do sexo dito forte. [...] 10. *Crítica Gay*: O "mundo"que o filho encontrará no Ateneu é, evidentemente, um mundo gay, já que se trata de um internato masculino. As mulheres pelas quais ele eventualmente será atraído na verdade não contam, e a "luta" do filho terá por objetivo "sair do armário". Aliás, o próprio Raul Pompéia..." (Moisés, 2000, p. 352-357).

Os efeitos dessa situação tão bem-caricaturada pela ensaísta têm sido devastadores na área da educação. Seduzidos por uma vertente teórica em "alta", pelas possibilidades de "respostas" que possam produzir e na esperança de consolidação de um campo do conhecimento, orientadores e orientandos se fixam em determinadas temáticas e recortes teóricos, gerando uma produção em série de pesquisas em que a única novidade termina sendo os sujeitos pesquisados. Em vez de uma variedade de olhares teóricos e metodológicos solidarizando-se, complementarizando-se ou contrapondo-se, encontramos um empilhamento de investigações repetitivas e redundantes.

Esse texto provocou em mim um sentimento de legitimação, de referendo. Há seis anos venho acompanhando pesquisas de mestrado e doutorado que têm como objeto o que se costumou chamar de "outras linguagens" – ou seja, aquelas formas de comunicação não predominantemente verbais (como a música, as artes plásticas, a história em quadrinhos, a animação, a televisão, etc). A insistência na denominação "outras linguagens" deve-se ao fato de que sujeitos envolvidos com a pesquisa dessas temáticas estão, o tempo todo, enfatizando ou tentando demarcar a "sua linguagem" específica. Recentemente, *comecei também* a me acercar da polêmica sobre a possibilidade de uma "linguagem do vídeo". De fato, o que em realidade se presencia é uma resistência em não se deixarem reduzir a simples veículos de outros processos de significação. Essa expansão temática representa, em meu ponto de vista, uma necessária tomada de consciência, por parte da academia, em relação à complexidade da sociedade contemporânea. Este meu envolvimento, este meu "margear" essas "outras linguagens" se ancora na crença expressa por Homi Bhabha, "Tenho o prazer particular em reconhecer a influência crucial de idéias vindas de fora (ou das margens) da Academia".

Assim, em 1998, foi defendida a dissertação de mestrado *Belo Horizonte: uma cartografia sentimental de sebos e livros*, de Márcia Cristina Delgado, que estudou os sebos da cidade como ambiente de circulação de textos, em que se estabelecem relações entre leitores, espaços e obras.

Já em 1999, foram defendidas três dissertações: em *A imagem animada de uma escrita*, a pesquisadora Selma Martinez Peres investiga a transposição da narrativa literária *Branca de Neve* dos Irmãos Grimm, para a narrativa cinematográfica *Branca de Neve e os sete anões*, de Walt Disney, identificando as semelhanças e dessemelhanças entre as duas narrativas, e enfocando pontos de confluência com o universo infantil; em *A televisão sob o olhar da criança que brinca: a presença da televisão nas brincadeiras de crianças de uma creche comunitária*, Rogério Correia dá voz às crianças, procurando preencher uma lacuna nos estudos sobre a criança e a televisão, analisando seu brincar e explicitando as várias formas pelas quais acontece a apropriação dos elementos televisivos, que são ressignificados nas brincadeiras infantis; já em *Quadrinho-arte: uma leitura da revista Pererê do Ziraldo,* Wellington Srbek parte do levantamento da origem histórica dos quadrinhos e descreve os elementos específicos dessa linguagem artística, para desenvolver o conceito de "quadrinho-arte", que qualifica sua análise da revista Pererê, produzida entre 1960 e 1964 e fundamenta a caracterização dessa obra como produção cultural relevante, que pode colaborar no processo de formação de um indivíduo.

Em 2000, foram defendidas quatro dissertações de mestrado abordando as linguagens: em *A escolarização da linguagem visual: uma leitura dos documentos ao professor,* Ronam Couto estuda a inserção da linguagem visual em materiais didáticos e no discurso oficial que norteia o ensino fundamental, temdo como fonte documental os Parâmetros Curriculares Nacionais 1997/1998 e dois livros didáticos de Educação Artística, com os quais estabelece relações entre a abordagem teórica e a escolarização da imagem propostas nos documentos dirigidos ao professor de arte; na dissertação *Grupos de contadores de histórias: possibilidades educativas de incentivo à leitura*, a pesquisadora Hercília Fayão Bennetti enfoca uma prática de circulação de textos, os grupos de contadores de histórias contemporâneos, investigando seu surgimento, identificando relações entre diferentes grupos e abordando suas atividades como possibilidades de promoção de leitura/formação de leitor; já *Brincar na adolescência: uma leitura no espaço escolar,* de Eugênio Tadeu estuda as relações dos adolescentes com o brincar no contexto escolar, identificando e analisando os sentidos e significados atribuídos a essa atividade, elegendo assim o "brincar"como prática capaz de remeter aqueles que brincam à dimensão ontológica da experiência humana de interação, expressão e declaração ao outro; por sua vez *A música nas escolas de música: a linguagem musical sob a ótica da percepção,* de Virgínia Bernardes, investigou a Percepção Musical, entendida como uma das disciplinas-eixo da formação dos alunos em nível de pós-graduação, nas escolas de música advindas de antigos conservatórios, buscando levantar a concepção de "música" e "ensino" que gera e norteia os currículos e programas que estruturam a formação musical daqueles alunos; Elaine Rosa Martins que concluiu em 2002 a dissertação *A imagem no livro didático: um estudo sobre a didatização da imagem visual,* e tem como objeto a leitura de imagens inseridas nos livros didáticos de Língua Portuguesa.

Metodologicamente, entre essas dissertações predominaram "pesquisas documentais" que partem de fontes primárias, além de "estudos de caso" de cunho etnográfico. Levantamento e análise de fontes, observação, aplicação de questionários e entrevistas foram os principais procedimentos de pesquisa utilizados. Contudo, a natureza dos objetos pesquisados, sua incipiente inserção no meio acadêmico e, principalmente, sua articulação com o fenômeno educativo mais amplo fazem com que essas pesquisas tenham (metodológica ou mesmo epistemologicamente) um componente inaugural –

quer seja pela novidade dos objetos que estudam em relação a outros, consagrados pela academia, quer seja em relação a novas abordagens de objetos pesquisados em outros campos do conhecimento, que aqui são ressignificados pela interlocução com o campo da Educação. Nessa medida, as pesquisas realizadas até aqui são estudos de base, de grande contribuição para o campo da Educação, que abrem perspectivas transdisciplinares e contemplam múltiplas possibilidades de desdobramento.

Atualmente, sob a minha orientação, encontram-se em andamento, nessa perspectiva de "linguagens", mais três dissertações de mestrado: a mestranda Gislaine Avelar com *A palavra dos contadores de histórias: sua dimensão educativa na contemporaneidade*, na qual contrapõe aos valores das sociedades tradicionais os da contemporaneidade, com o objetivo de situar, nesses dois contextos, o perfil e o papel dos contadores de histórias, buscando verificar que funções educativas esses artistas da palavra podem ter desempenhado naquelas sociedades e como os de agora o fazem. Daniela Perri Bandeira, com *A influência do uso da Internet no processo de letramento de adolescentes*, cujo objetivo é a observação do processo de letramento de adolescentes mediado pelo uso da Internet. A pesquisa parte do pressuposto de que o advento das novas tecnologias de comunicação na área educacional parece estar transformando o relacionamento dos adolescentes com a informação e com a palavra escrita. Esse advento tem, também, contribuído para enriquecer inúmeros debates sobre a emergência da inclusão dessas novas ferramentas digitais de comunicação (*e-books*, Internet, ICQ, *e-mail*) nos processos educativos que, provavelmente, serão acompanhados de mudanças sociais; e Cristina dos Santos Ferreira, com o estudo *Narrando imagens visuais e sonoras no espaço escolar*, cuja pergunta básica é: que tipo de interações/interlocuções pode se estabelecer na escola por meio do uso do vídeo e da linguagem audiovisual?

Demonstrando uma inicial (mas significativa) abertura do meio acadêmico em relação à diversidade de meios, práticas e manifestações que compõem as experiências cotidianas no mundo contemporâneo, outros núcleos de pesquisa da pós-graduação da Faculdade de Educação da UFMG também incorporaram investigações que têm nas linguagens seu motivo inicial ou mesmo seu tema central.

Ao abordarem linguagens não predominantemente verbais, essas dissertações e teses, desenvolvidas por orientandos meus e de outros colegas, vêm constituir-se como um importante movimento acadêmico, no sentido da incorporação de discussões sobre a diversidade cultural de nossos dias. De fato, a época atual nos coloca a necessidade de pensar os fenômenos da comunicação humana para além das hierarquizações que (baseando-se numa concepção de conhecimento como exercício da "racionalidade científica") privilegiam manifestações "canonizadas" ou mesmo o componente verbal da linguagem em detrimento da multiplicidade de sensibilidades, do constituinte não-intelectivo, das várias formas ou meios de expressão e conhecimento que constituem a experiência humana.

Nesse sentido, é fundamental a busca de interlocuções com outras áreas de conhecimento; afinal, as especificidades dos objetos e temas abordados pelos pesquisadores das linguagens lhes impõem um aprofundamento teórico específico. Na verdade, o que tem caracterizado o conjunto dos trabalhos em Educação que tratam das linguagens não predominantemente verbais é a amplitude do horizonte teórico que se estende de campos como a História e a Psicologia, passando pela Semiótica, Filosofia, Antropologia, Crítica de Arte, Teoria da Música, Semiologia ou mesmo a Neurologia.

Se nessas pesquisas as abordagens multi ou transdisciplinares são comuns, isso não se traduz num "desvio" ou numa "descaracterização" desses trabalhos como sendo pesquisas em Educação. Embora as perspectivas de abordagem ou mesmo os principais referenciais teóricos possam vir emprestados de outras áreas, o fim a que se voltam, a "razão de ser" dessas pesquisas, é uma preocupação educativa – em geral, a de como uma determinada linguagem pode contribuir (mesmo independentemente de sua inserção num processo educativo institucional) para a formação humana.

Ao se abordar a comunicação e a educação – visando a uma discussão sobre a temática que tem sido tratada pelos pesquisadores das linguagens –, privilegia-se a perspectiva da cultura. Entende-se, por isso, que qualquer processo formativo ou educativo (mesmo qualquer relação interpessoal) é informado e influenciado pelo ambiente material e pelo sistema de valores implicados na cultura contemporânea.

Intuitiva e intelectualmente, venho construindo, ao longo desses seis anos, do lugar da literatura, do texto literário, este meu tangenciamento com "outras linguagens". Trabalho que me entusiasma, fascina e assusta. Escrever sobre essa experiência, publicizá-la nesse evento é um gesto político. Essa "ousadia", do ponto de vista acadêmico, que tem permitido a produção de trabalhos de tão excelente qualidade, faz de minhas fragilidades, força, mas, ao mesmo tempo, provocam na orientadora, simultaneamente receios de que este aspecto, esta movimentação, não seja compreendido academicamente. Tenho tentado dimensionar, a cada término de dissertação, o alcance e a proporção desta aventura. Entretanto, a única maneira de aderir com tranqüilidade a essa nova situação é abandonar de vez tudo o que possa justificar uma posição teórico-metodológica única e rígida. Não é possível uma verdadeira aliança entre diferentes linguagens a não ser pela via da transdisciplinaridade generosa e solidária, nunca perdendo de vista as infinitas possibilidades sinestésicas sugeridas por um texto literário.

É por isso que continuo o diálogo desencadeado, mantendo-me firme na reflexão teórica do meu pertencimento. A literatura como eixo, manifestação artística não-ensinável, ao contrário da leitura literária, que não apenas pode ser ensinada como necessita de uma aprendizagem, e é por isso que os professores de Literatura ainda existem. O conhecimento aprofundado das obras nas quais cada língua atingiu o máximo de suas potencialidades expressivas e sugestivas é o que garante o prosseguimento da atividade literária, quer do lado dos leitores, quer do lado dos futuros e eventuais escritores. Se os professores negligenciarem a tarefa de mostrar aos alunos os caminhos da literatura, estes serão deserdados e a cultura como um todo ficará ainda mais empobrecida.

Como professora, orientadora e pesquisadora, vou mostrando caminhos, dividindo caminhos e, principalmente, aprendendo *novos caminhos*.

Referência bibliográfica

PERRONE-MOISÉS, Leyla. *Iútil poesia*. São Paulo: Companhia das Letras, 2000.

TRADIÇÃO E EXPERIMENTAÇÃO – METAMORFOSES DO CONTO ORAL

Sônia Queiroz

Criação e transmissão, entre a voz e a letra

O russo Roman Jakobson – um lingüista sensível à poesia – sempre se dedicou à discussão de questões pertinentes à criação poética. Em 1973, é publicada na França, pelas Éditions du Seuil, a coletânea *Questions de Poétique,* organizada por Todorov, que reúne textos escritos por Jakobson entre 1919 e 1972. A literariedade – "a transformação da palavra em uma obra poética e o sistema de procedimentos que efetuam esta transformação" – é, para ele, o tema que o lingüista desenvolve na análise de poemas, visando à determinação dos "atos literários" observados e sua generalização. "A poesia – insiste – põe em relevo os elementos construtivos de todos os níveis lingüísticos, do patamar dos traços distintivos, até o agenceamento do texto inteiro."[1] A visão semiótica de Jakobson leva-o a discutir, ainda, as relações entre os signos visuais e auditivos, entre Musicologia e Lingüística, e não o deixa perder de vista a idéia do todo comunicativo, o discurso. "Qualquer tentativa

---

[1] Em francês: "La 'littérarité' (*literaturnost'*), autrement dit, la transformation de la parole en une oeuvre poétique, et le système de procédés qui effectuent cette transformation, voilà le thème que le linguiste développe dans son analyse des poèmes". (486) "La poésie met en relief les éléments constructifs de tous les niveaux linguistiques, en commençant par le réseau des traits distinctifs et jusqu'à l' agencement du texte entier." (p. 487)

de analisar os fragmentos sem levar em conta o conjunto do texto é tão fútil quanto o estudo dos pedaços destacados de um afresco, como se se tratasse de pinturas integrais e independentes", escreve à p. 490 do "Postscriptum".[2]

No ensaio intitulado "Le folklore, forme spécifique de création",[3] publicado nessa mesma coletânea, e que se tornou um clássico dos estudos sobre a chamada literatura oral, Jakobson – rigoroso com os românticos europeus, que enfatizaram as semelhanças entre a poesia oral e a poesia escrita – defende a importância de que a pesquisa invista na diferença dos processos criativos que distinguem a poesia oral da literatura *stricto sensu,* ou seja, a arte verbal de tradição escrita. Jakobson lança mão de termos extraídos da economia para distinguir uma arte produzida "segundo os mercados" – a literatura – de outra arte, produzida "sob encomenda" – a poesia oral, ou "obra folclórica", como ele a designa.

A poesia oral, popular, "criação coletiva e controlada pela comunidade", necessita da aprovação da comunidade, que seleciona as narrativas e os poemas que serão apresentados, e reapresentados nas performances, registrados na memória dos contadores e cantadores e, muitas vezes, na memória dos ouvintes.

A literatura, escrita, "criação individual e independente de contexto", pode permanecer durante séculos no esquecimento, distingue Jakobson, para depois ser descoberta, desvelada, em um tempo futuro, distante da vida corpórea do seu autor, escritor. A criação escrita, segundo ele, "deve ser criada para depois encontrar audiência", ao passo que a criação oral passa pela "censura prévia da comunidade e só sobrevive se obtém sua aprovação". Essa perspectiva é corroborada, quase 50 anos

---

[2] Em francês: "Toute tentative d'analyser les fragments sans égard à l'ensemble du texte est aussi futile que l'étude des morceaux détachés d'une fresque, comme s'il s'agissait de peintures intègres et indépendants."

[3] Escrito em colaboração com Petr Bogatyrev e publicado em alemão em 1929.

depois, pelo historiador inglês Peter Burke, em seu amplo estudo sobre a *Cultura popular na Idade Moderna*.[4]

Entretanto, creio ser preciso rever essa perspectiva, nos contextos de oralidade mista, situação em que se mesclam leitores e analfabetos em convívio na mesma comunidade (em sentido amplo), e as informações, os pensamentos, as crenças e sentimentos são transmitidos tanto por meio da voz viva, quanto da voz mediatizada pelo rádio, pela tevê, e pelos impressos.[5] É o caso do Brasil, especialmente nas comunidades rurais e nas pequenas cidades, em que grupos iletrados convivem com o alto desenvolvimento tecnológico no campo das telecomunicações. Verifica-se aí que a sobrevivência de um texto oral pode ser garantida pela gravação ou pela impressão, da mesma forma que a existência de um texto escrito pode se dever a um texto oral (transcrito ou transcriado). Para compreender o universo das narrativas tradicionais – gravadas na memória dos contadores (e de alguns pesquisadores e ouvintes, talvez) e também impressas em livros,[6] nas sociedades em situação de oralidade mista – encontro uma solução teórica bem mais interessante no conceito de *matrizes impressas da oralidade*, elaborado por Jerusa Pires Ferreira, em uma série de textos iniciada com a publicação do livro *Cavalaria em Cordel*, em 1979.

A perspectiva de Jerusa Pires Ferreira aborda sobretudo a "impregnação" do oral e do escrito, da letra e da voz, do popular e do erudito, as interseções entre produção e reprodução, individual e coletivo (transcrição e transcriação, eu acrescentaria). Insistindo na importância de se pensar sobre os entrecruzamentos da oralidade com a escrita e de se identificarem os traços comuns que as unem, no intuito de reforçar

---

[4] Jakobson publica o artigo pela primeira vez, em 1929; Burke, em 1978.
[5] Utilizo aqui o conceito formulado por Walter Ong e adotado por Paul Zumthor.
[6] E em fitas, discos, vídeos CDs e CD-ROMs, podemos acrescentar, ampliando o conceito de impresso.

a memória, Jerusa Pires Ferreira chama a atenção para "um mecanismo organizado de modo extremamente complexo que conserva e elabora continuamente as informações, traduzindo-as de um sistema de signos a outro". O exercício poético é, para ela, ao mesmo tempo oral e escrito, auditivo e visual. Enquanto Jakobson faz referência a uma existência potencial da poesia oral ou obra folclórica, Jerusa Pires Ferreira concebe a grande matriz oral como uma virtualidade, sustentada numa ancestralidade de enredos e situações, mas também, em regime de oralidade mista, apoiada num outro conjunto, a que ela chamou *matriz impressa*.

A noção de *matriz* desenvolvida por Jerusa Pires Ferreira dá conta, portanto, da explicação de um processo que liga o oral, o oralizado, o impresso, o visualizado e o memorizado. Com este conceito, a pesquisadora elimina a noção de uma "oralidade em si, espécie de memória absoluta", e constata "a complexidade das operações de criação, recriação, que mobilizam o grande texto oral, mas que provêm também de outras interferências." Em lugar de censura, abertura: "Está aberta a possibilidade contínua de criação dos textos, a partir dessa longa e duradoura memória, submetida, ao mesmo tempo, aos estímulos dos suportes concretos que a reforçam".[7]

A trilha das idéias de Jerusa Pires Ferreira se entrecruza com a poética da voz reivindicada por Paul Zumthor, em que folclore e poesia oral já não serão tomados como sinônimos, como ocorre no texto de Jakobson. O conceito de folclore, em Zumthor, sofre uma restrição de sentido, passando o termo a designar manifestações culturais fossilizadas, ou até mesmo desfuncionalizadas. Por outro lado, o conceito de poesia oral se amplia, para acolher as manifestações de vanguarda, como a poesia sonora, em todo o mundo industrializado, e a poesia verbivocovisual dos Campos, no Brasil.

---

[7] FERREIRA. *Le roman populaire en question(s)*, p. 489. A tradução desses trechos é de minha responsabilidade.

Como uma rede

A história começa com um contador do Vale do Jequitinhonha (Minas Gerais), em Minas Novas, 1988. Reinaldo Martiniano Marques e sua equipe gravaram a voz de Joaquim Soares Ramos, contando "O Burraiero e a fia do rei". O primeiro nó da teia, o primeiro *link* da rede que vai crescendo com outras três histórias relacionadas com *O Borralheiro*, de Joaquim Soares Ramos, gravadas com outros contadores do Vale do Jequitinhonha – em Araçuaí, 87, Turmalina, 88, e Várzea de Santo Antônio, 90 – pela mesma equipe, do projeto "A literatura oral no Vale do Jequitinhonha".[8]

A partir das gravações dessas quatro narrativas, em fita cassete, foram trabalhadas inicialmente três formas escritas: uma transcrição "fonética" ou escrita regional – em que se buscou registrar as formas orais utilizadas pelo contador numa grafia o mais próxima possível da convenção ortográfica em vigor no Brasil; uma transcrição ortográfica – em que foi utilizado o revisor ortográfico do Microsoft Word (monitorado), seguido de uma revisão ortográfica não-automatizada; uma tradução "literal" interdialetal – do dialeto rural para o grafoleto brasileiro[9] ou dialeto urbano escrito, também chamado português padrão. Num segundo momento, essa tradução foi reelaborada no sentido da transcriação, buscando recuperar elementos da estética da oralidade eliminados na tradução "literal".

O livro & CD-ROM *Metamorfoses de uma narrativa*[10] foi concebido *a* partir da análise comparativa do conto "O Burraiero e

---

[8] A pesquisa de campo "A Literatura Oral no Vale do Jequitinhonha" foi realizada entre 1986 e 1990 por equipe da PUC-MINAS, com apoio do CNPQ.

[9] Adoto aqui o termo cunhado por Haugen em 1966 e utilizado por Ong, para designar uma escrita à qual não corresponde uma realização oral. "Um grafoleto é uma língua transdialética formada por uma prática acentuada da escrita. Esta confere a um grafoleto um poder muito maior do que o possuído por um dialeto puramente oral." ONG. *Oralidade e cultura escrita*, p. 16.

[10] Edição experimental que acompanha minha tese de Doutorado, *Transcrição e escritura: metamorfoses do conto oral no Brasil*.

a Fia do Rei", narrado por Joaquim Soares Ramos, em 88 e 97, com as gravações feitas com os três outros contadores do Vale do Jequitinhonha[11] e com narrativas impressas, publicadas em livro no Brasil. Os contos da rede do borralheiro de Joaquim Ramos publicados no Brasil, e identificados por mim a partir da pesquisa bibliográfica realizada em 97, somam oito transcrições.[12] Decidi, depois, ampliar este *corpus* e incluí na análise, além das transcrições publicadas por pesquisadores, também traduções e adaptações publicadas por escritores brasileiros, escritas a partir de publicações (transcrições, traduções e adaptações) européias, o que resultou na inclusão de mais 11 contos impressos e um filme (trabalho com a cópia em vídeo). Decidi incluir, ainda, contos publicados em coletâneas portuguesas, o que significou a inclusão de mais nove transcrições e uma tradução. Somam-se 29 textos impressos (transcrições, traduções, adaptações), cinco gravações (de performances com contadores do Vale) e um filme (transcriação). A edição bidialetal impressa das narrativas orais em estudo, portanto, reúne a transcrição "fonética" e a transcriação dos quatro contos. O CD-ROM constitui-se de um hipertexto integrando 34 textos: as gravações feitas por Reinaldo Martiniano Marques em performances no Vale do Jequitinhonha, transcrições destas e de outras audições (feitas por outros pesquisadores, em outras localidades do Brasil e de Portugal), traduções interlinguais (do francês, do inglês, do norueguês, do russo e do italiano) e adaptações publicadas em livro; e, ainda, seqüências de um filme (coprodução anglo-ítalo-germânica, falado em inglês, com legendas em português).

Não foi incluída no CD-ROM a gravação feita por mim em 1997 com Joaquim Soares Ramos, em função da baixa

---

[11] Neném, Araçuaí, 1987; Onofre Cordeiro de Azevedo, Turmalina, 1988; e Pedro dos Anjos Barbosa, Várzea de Santo Antônio, 1990.

[12] Agrupei sob esta categoria as formas escritas e impressas a partir da audição de narrativa oral, independentemente do recurso tecnológico utilizado (memória, notas ou gravação) e, portanto, do grau de "fidelidade" à performance.

inteligibilidade; ela foi considerada, no entanto, no processo de transcriação escrita da narrativa, que, no caso das gravações (feitas em 88 e 97) com o contador Joaquim, seguiu as seguintes etapas: 1) audição e transcrição das duas gravações; 2) tradução "literal" (ou "ao pé da voz") das duas formas, a partir de cada transcrição; 3) transcriação a partir das duas primeiras traduções. Na transcriação de todas as quatro narrações, foi levada em conta não só a tradução "literal", mas também a transcrição "fonética", que permitiu recuperar as formas poéticas da voz (o grão?) eliminadas pela revisão ortográfica e pela tradução "literal", que, neste caso de tradução intralingual, confunde-se muitas vezes com uma revisão gramatical (ou correção).

Procurei identificar, nos textos orais, as marcas, os elementos lingüísticos e discursivos que podem ser associados à função poética da linguagem, conforme conceituada por Jakobson: "o pendor (*Einstellung*) para a mensagem como tal", uma seqüência que "soa melhor", as escolhas que dão "melhor configuração à mensagem". Parto, portanto, da idéia de que os contadores fazem escolhas estilísticas (conscientes ou inconscientes), tendo em vista ultrapassar a intenção pragmática da linguagem e atingir efeitos estéticos sobre o ouvinte. A poesia, aqui entendida em seu sentido radical, etimológico, como criação, arte verbal, resulta, portanto, desse acordo tácito entre o criador-locutor e o público-interlocutor, que propicia a identificação de certo conjunto de textos como importantes, belos, lúdicos. Seguindo essa linha de pensamento, durante o processo de transcriação, busquei identificar nos textos seus aspectos criativos; aqui, a tradição já não poderia ser entendida como repetição, mas sim como ligação, laço, *link*, numa rede sígnica em que se destaca a função do interpretante (um signo que traduz o efeito de sentido de outro signo).

A audição e a transcrição dos contos realizada no âmbito desta pesquisa insere-se, portanto, na perspectiva do que Paul Zumthor chamou Poética da Oralidade, uma ciência da voz, "para além de uma física e de uma fisiologia, de uma lingüística, uma antropologia e uma história".[13] Nem gramática nem retórica, "apenas uma fluidez orientada", essa *poética* se inicia com uma única certeza: "só percebendo – e analisando – a obra oral em sua existência *discursiva* poderemos controlar sua existência textual e, também, sua realidade sintática".[14] Dessa perspectiva, o contador deixa de ser o intérprete neutro, o narrador onisciente e opaco de uma narrativa que se repete infinitamente a partir de um fundo obscuro da memória coletiva a que costumam chamar autor legião (alusão sutil aos demônios da voz?).

Por outro lado, o agente criador integrante do universo da oralidade não ocupa a função de autor, instituída pela escrita alfabética, ou, mais exatamente, pela impressão tipográfica e pelos direitos autorais dela decorrentes, regulamentados na segunda metade do século XVIII. Embora inseridos numa situação de oralidade mista, ou seja, numa sociedade em que coexistem voz e letra, fala e escrita, os contadores do Vale do Jequitinhonha não escrevem as narrativas (a grande maioria deles, aliás, parece ser analfabeta). Assim, o texto transita entre os universos da oralidade e da escrita, mas ele próprio, enquanto criador, não pode fazer jus aos direitos de autor, circunscritos ao campo dos registros propiciados pelas tecnologias industriais, quais sejam: a impressão tipográfica (ou gráfica, para não nos limitar aos inícios da história da impressão)[15] e a gravação fonográfica. No campo simbólico, reproduz-se a situação de direito: na quase totalidade dos livros de contos orais publicados no Brasil, quem ocupa o espaço autoral é o compilador e não o contador. No livro de contos, os espaços tradicionalmente reservados ao nome do autor foram deixados vazios: a capa só traz impresso o título *Metamorfoses;* a folha de rosto foi eliminada do projeto gráfico; os nomes dos contadores figuram nos créditos, ao final do

---

[13] ZUMTHOR. *Introdução à poesia oral*, p. 11.

[14] ZUMTHOR. *Introdução à poesia oral*, p. 132-133. Grifos do autor.

[15] A legislação garante os direitos autorais aos "manuscritos", entendidos como "originais", ou seja, publicações impressas em potencial.

texto de apresentação, ao lado dos nomes dos responsáveis pelas gravações, pelas transcrições e transcriações.[16]

Mangia que fa bene

Joaquim Soares Ramos traz para a sua *cena* de criador, uns nacos, trechos de narrativas ouvidas (deleitadas) de outros contadores, lidas talvez "de ouvido" pela intermediação de algum leitor "das letras" (que ele próprio não é). Esses nacos de texto, ele os devora, como um dos companheiros extraordinários que seu protagonista encontra pelo caminho – o Bitelo – devora um boi e ainda quer mais: gulosamente ele constrói a sua *mentira*, a história sem assinatura, colagem de recortes da memória, reciclagem da sucata do esquecimento.

Nas *performances* gravadas em 1988 e 97, em Minas Novas, Joaquim Soares Ramos constrói a narrativa que ele intitula "O Burraiero e a fia do rei" com o protagonista do conto "O home que quentava fogo pelado", gravada com Neném, em Araçuaí, 1987; as *tarefas,* o *prêmio* e o *castigo* são os mesmos do conto "O Coro de pioio", narrado por Pedro dos Anjos Barbosa, em Várzea de Santo Antônio, 1990; os *co-adjuvantes* são os mesmos companheiros que aparecem na "História da seca", contada por Onofre Cordeiro de Azevedo, em gravação feita em Turmalina, 1988, assim como o *desfecho* destas duas narrativas trabalha em ordens associadas: deglutição e excreção.

A este corpo de textos, que no CD-ROM *Metamorfoses de uma narrativa* é percebido como uma rede, um hipertexto, foram integrados registros escritos dos "mesmos" contos, publicados em coletâneas brasileiras e portuguesas. E assim se percebe a dinâmica de uma memória ancestral, realimentada também pela escrita: pelas diversas traduções brasileiras das narrativas publicadas na Alemanha pelos Grimm – como a de Figueiredo Pimentel, ainda no final do séc. XIX, a de Íside

---

[16] Assim também procedi, em linhas gerais, na editoração dos livros *Quem conta um conto aumenta um ponto* e *7 histórias de encanto e magia*, publicados pela Pró-Reitoria de Extensão da UFMG, com o apoio da FINEP.

Bonini, na década de 60, a de David Jardim Jr., nos anos 90 – e d' *As Aventuras do Barão de Münchhausen;* pelas transcrições feitas por brasileiros, como João da Silva Campos, na década de 20, Câmara Cascudo, em 46, Roberto Benjamin, em 94, e Myriam Gurgel Maia, em 95; e pelas edições portuguesas – como a tradução feita por Alfredo Appel do registro russo de Afanasiev; e as várias transcrições – como as de Adolfo Coelho, em 1879, Consiglieri Pedroso, em 1910, e Teófilo Braga, em 1914. Todos esses textos estão em diálogo, em interação, em processo de virtualização, que inclui reprodução e criação, memória e esquecimento, corte e cola, escreve e apaga, grava e deleta.

Nas gravações feitas por Roberto Benjamin, em 89, em Gravatá (PE),[17] e por Myriam Maia, em Catolé do Rocha (PB), ao final da década de 70, os contadores José Manoel Ferreira e Severino Carreira lançam mão, melhor dizendo, "caem de boca" nos mesmos procedimentos de "recortar e colar", compondo narrativas muito semelhantes à de Joaquim Soares. Esses procedimentos estão presentes também em outras culturas, em coletas feitas na Noruega,[18] em 1848, e em 1975, em Portugal.[19]

Esse processo de criação textual (melhor ainda, intertextual), que se pode denominar bricolagem, é recorrente, sabemos, também na literatura escrita. Em poema intitulado "Poesia é risco", o verbivocovisual Augusto de Campos constata:

> tudo está dito
> tudo está visto
> nada é perdido
> nada é perfeito
> eis o imprevisto
> tudo é infinito[20]

---

[17] BENJAMIN. *Contos populares brasileiros*: Pernambuco, p. 201-214.
[18] Cf. AUBERT. *Askeladden & outras aventuras*, p. 95-110.
[19] Cf. SOROMENHO & SOROMENHO. *Contos populares portugueses*, v.1, p. 271-272.
[20] CAMPOS. *Poesia é risco*. CD.

Ao considerar o esquecimento como parte integrante dos jogos da memória, Zumthor reelabora o conceito de tradição, integrando nele o presente e o futuro e reconhecendo, assim, o valor de cada uma das vozes que participam do processo de transmissão e recriação. Zumthor insiste no fato de que, se a tradição é componente da obra, como força analógica, espaço de re-produção, "a obra existe também na sua singularidade, enquanto produção de *uma* voz individualizada e determinada". E comenta Idelette dos Santos:

> Reconhecer a singularidade da voz – equivale ao reconhecimento do *autor*, seja ele um profissional do verbo (cantador ou poeta popular) ou um contador de histórias, ou ainda um homem ou uma mulher testemunhando sua vida cotidiana, porta-voz, porém, de uma memória coletiva, assumida pessoal e comunitariamente.[21]

A concepção gráfica das transcrições, no CD-ROM, como no livro, foi inspirada nos manuscritos antigos, em que a escrita é contínua, seguindo o fluxo da voz daquele que ditava o texto. Assim, não trabalhamos com a noção de parágrafo, unidade textual característica do impresso, embora, em linhas gerais, tenhamos adotado a noção de palavra predominante no campo do impresso (o vocábulo morfo-semântico, em lugar do vocábulo fônico, com espaço branco entre cada dois deles), noção que só é abandonada nos casos de aglutinações já formalizadas no dialeto rural (e em alguns casos mesmo no dialeto urbano), como *né* e *cumé*. O que se quer sugerir aos leitores é uma leitura em voz alta, e, mais que isso, a oralização do texto, escrito da forma que considerei mais próxima da oralidade do contador e, ao mesmo tempo, da imagem verbal, ou melhor, da memória gráfica do leitor.

Procuramos utilizar, no CD-ROM e no livro, imagens extraídas das coletâneas de contos publicadas no Brasil.

A navegação é iniciada com a gravação e a transcrição da narrativa "O Burraiero e a Fia do Rei", contada por Joaquim

---

[21] SANTOS. *Uma poética em permanente reconstrução*, p. 11.

Soares Ramos. À esquerda da transcrição, os *links* para navegar pelos diversos contos, a partir dos elementos da narrativa: Protagonista, Tarefas, Prêmio, Castigo, Coadjuvantes e Desfecho. À direita, os *links* para acessar a Biblioteca (que contém a lista de referências bibliográficas de todo o acervo que compõe a rede), a Fonoteca (que reúne as gravações com os contadores do Vale do Jequitinhonha), a Videoteca (onde se pode assistir a algumas cenas do filme *As aventuras do Barão de Münchhausen*), o Dicionário (em que se encontram verbetes relativos ao vocabulário regional que aparece nos textos publicados e nas gravações); e finalmente, uma Oficina (espaço em que o usuário pode escrever contos de sua própria criação ou informações relativas a contadores e enviar à pesquisadora, via *e-mail*).

Para a concepção do CD-ROM, parti da idéia de que a narrativa oral é virtual: ela se atualiza, não se realiza como forma fixa, e é, portanto, hipertexto, no sentido que se dá à palavra no universo da informática. Eis a definição de Pierre Lévy, que dedica um capítulo de seu livro *Tecnologias da inteligência* à "Metáfora do hipertexto": "Tecnicamente, um hipertexto é um conjunto de nós ligados por conexões. Os nós podem ser palavras, páginas, imagens, gráficos ou partes de gráficos, seqüências sonoras, documentos complexos que podem eles mesmos ser hipertextos".[22] Para Pierre Lévy,

> a literatura, pela qual a oralidade primária desapareceu, hoje tem talvez como vocação paradoxal a de reencontrar a força ativa e a magia da palavra, essa eficiência que ela possuía quando as palavras ainda não eram pequenas etiquetas vazias sobre as coisas ou idéias, mas sim poderes ligados à tal presença viva, tal sopro... A literatura, tarefa de reinstituição da linguagem para além de seus usos prosaicos, trabalho da voz sob o texto, origem da palavra, de um grandioso falar desaparecido e no entanto sempre presente quando os verbos surgem, brilham repentinamente como acontecimentos do mundo, emitidos por alguma potência imemorial e anônima.[23]

---

[22] LÉVY. *As tecnologias da inteligência*, p. 33.

[23] LÉVY. *As tecnologias da inteligência*, p. 85.

Com a constituição da rede digital e o deslocamento de seus usos tal como imaginamos aqui, televisão, cinema, imprensa escrita, informática e telecomunicações veriam suas fronteiras se dissolverem quase que totalmente, em proveito da circulação, da mestiçagem e da metamorfose das interfaces em um mesmo território cosmopolita.[24]

A linguagem multimídia – esse "território cosmopolita" em que se encontram literatura, teatro, cinema, fotografia e música – parece-me mais adequada ao registro poético do conto oral do que a linguagem do impresso (o livro, o folheto) tomada isoladamente. Escrito, o dialeto rural pode oferecer dificuldade de leitura; gravada ou filmada, a performance e a leitura em voz alta guardariam mais de sua poesia, de sua fascinação poética. A multimídia reúne as possibilidades de registro da voz, da imagem do corpo, além da transcrição e da transcriação escrita.

Referências bibliográficas
& documentação digital

AUBERT, Francis Henrik (Org. e Trad.) *Askeladden & outras aventuras*: uma antologia de contos populares noruegueses. São Paulo: EDUSP, 1992.

BENJAMIN, Roberto (Coord.). *Contos populares brasileiros:* Pernambuco. Prefácio Fernando de Mello Freyre, introdução Bráulio do Nascimento. Recife: Fundação Joaquim Nabuco, Editora Massangana, 1994.

BURKE, Peter. *Cultura popular na Idade Moderna:* Europa, 1500-1800. Trad. Denise Bottmann. 2. ed. São Paulo: Companhia das Letras, 1989. Parte 2: Estruturas da cultura popular, p. 115-228.

---

[24] LÉVY. *As tecnologias da inteligência*, p. 113.

CAMPOS, Augusto, CAMPOS, Cid. *Poesia é risco*. São Paulo: Fonobrás, 1994. (espetáculo & CD)

FERREIRA, Jerusa Pires. *Cavalaria em cordel:* o passo das águas mortas. 2. ed. São Paulo: HUCITEC, 1993. [A primeira edição é de 1979.]

FERREIRA, Jerusa Pires. Matrices imprimées de l'oral. In: MIGOZZI, Jacques (Dir.) *Le roman populaire en question(s);* Actes du colloque international de mai 1995 à Limoges. Limoges: PULIM, [1997?].

JAKOBSON, Roman. *Questions de poétique.* Paris: Seuil, 1973. (Collection Poétique) p. 56-58: Problèmes des études littéraires et linguistiques; p. 59-72: Le folklore, forme spécifique de création; p. 102-104: Musicologie et linguistique; p. 485-504: Postscriptum.

LÉVY, Pierre. *As tecnologias da inteligência:* o futuro do pensamento na era da informática. Trad. Carlos Irineu da Costa. 2. reimpr. Rio de Janeiro: Editora 34, 1995.

ONG, Walter. *Oralidade e cultura escrita:* a tecnologização da palavra. Trad. Enid Abreu Dobránszky. Campinas: Papirus, 1998.

QUEIROZ, Sônia. *Transcrição e escritura:* metamorfoses do conto oral no Brasil. São Paulo: PUC-SP, 2000. (Tese de Doutorado em Comunicação e Semiótica.)

SANTOS, Idelette Musart Fonseca dos. *Uma poética em permanente reconstrução:* a voz passada e presente de Paul Zumthor. Palestra apresentada no Colóquio Paul Zumthor, realizado em São Paulo, na PUC/SP, 13-15 ago. 1997.

SOROMENHO, Alda da Silva, SOROMENHO, Paulo Caratão. (Estudo, coord. e classif.). *Contos populares portugueses.* Lisboa: Centro de Estudos Geográficos, Instituto Nacional de Investigação Científica, 1984. v. 1.

ZUMTHOR, Paul. *Introdução à poesia oral.* Trad. Jerusa Pires Ferreira, Maria Inês de Almeida e Maria Lucia Diniz Pochat. São Paulo: Hucitec, 1997.

NOTÍCIAS DE UMA GUERRA SIMBÓLICA

Wellington Srbek

O bombardeio é incessante, vem de todas as partes, não cessa nem por um instante. Tevês, rádios, jornais, revistas, cartazes, *outdoors*, *websites*, verdadeiras baterias midiológicas que disparam informações (sons, imagens, palavras, signos sem fim), nos surpreendendo a cada esquina ou em nossos próprios lares. O alvo dessa artilharia pesada, o objetivo a ser conquistado, é bem definido: é *você*. Deseje, compre, viaje, transe, "leia o livro e assista ao filme", enfim: consuma! consuma! consuma! Na linha de frente desse embate ou entrincheirados em nossas casas, aguardamos ansiosos, "em tempo real" e "via satélite", as "mais novas notícias" de uma *guerra simbólica*.

Na assimilação de uma obra artística (um filme de Wim Wenders, um disco de Chico Buarque, uma história em quadrinhos de Will Eisner, por exemplo) o que se dá é uma comunicação intersubjetiva – pois toda arte é necessariamente produto de uma subjetividade (a *intenção criativa* do autor ou dos autores), que se constitui de fato como realização artística no momento em que é recriada por outra subjetividade (a *liberdade interpretativa* do espectador, leitor, etc.). Por definição, a arte produz *valores*, existindo como manifestação estética de caráter *humanizador*. Logo, não há *experiência artística* que não constitua uma *experiência formativa*.

Por outro lado, se levarmos em consideração a maioria dos "produtos culturais" que os meios de comunicação em massa nos oferecem, a história será bem diferente. Na assimilação de um artigo meramente comercial (como um filme de Stallone, o último *single* de Britney Spears ou qualquer revistinha da turma da Mônica, por exemplo) não acontece o que se pode chamar de "experiência artística" – ao contrário do que os divulgadores do lixo cultural tentam nos convencer (é como diz o poeta e cantor Leonard Cohen: "O maestro diz que é Mozart, mas soa como chicle de bola").

As condições de produção de tais "obras" são estabelecidas pelo mercado (cinematográfico, fonográfico, editorial, etc.), o que determina seu condicionamento aos modelos do consumo. Modismos e unidimensionalidade, simplificação intelectual e formas padronizadas, estereótipos sociais e banalização do sexo e da violência são algumas das normas que regem a *pasteurização estética*. Digo "pasteurização" pois, na linha de montagem de sucessos em série, a anti-sepsia é um princípio dos mais caros: nenhum corpo estranho, nenhuma manifestação de formas de vida real (como contradições humanas, originalidade artística ou intuição poética) é permitida. No Reino da Fantasia, toda *subjetividade* acaba reduzida aos desejos de lucro individual e fama pessoal. Seus produtos (mais o resultado de um sistema predeterminado do que propriamente da criação humana) reproduzem-se ao infinito, contribuindo para a crescente *desumanização* da realidade – processo este que se encontra em acelerado estágio de evolução, que ataca o "tecido social" e tem como sintomas mais notáveis a proliferação de *shopping centers* e cercas eletrificadas.

Na outra ponta da cadeia produção/consumo, encontramos um indivíduo (como qualquer um de nós), do qual se esperaria, ao menos, a capacidade de julgar o que é melhor para si mesmo. Com o assédio sem tréguas do consumismo, muitas vezes ele se sente sem saída, sem reais alternativas entre a opção de adquirir um certo produto ou levar sua marca concorrente. Um falso dilema psicológico, uma escolha entre "seis ou meia dúzia", pois, no final das contas, o resultado existencial da equação do consumo é sempre o mesmo, ou seja: nulo. É como nos advertiu o jovem Marx, há mais de um século e meio: "Só posso relacionar-me na prática de um modo humano com a coisa, quando a coisa se relaciona humanamente com o homem" (1978, p.11).

Culpado pelo pecado do consumo, o pacato cidadão é absolvido pelo próprio sistema capitalista, que, para aliviar nossas consciências, criou a publicidade (que alguns chamam de "a verdadeira arte de nosso tempo"). Com muitas cores, *jingles* bonitinhos, um cachorrinho ali e um par de seios aqui, enfim, com um pouco de verniz, os eficientes arautos do consumismo fazem o diabo parecer menos feio do que ele realmente é – mas, uma vez que a propaganda enganosa é proibida por lei, seria ao menos de bom-tom inserir em cada anúncio publicitário a advertência: *nem tudo que reluz é ouro.*

Alvo da guerra da propaganda, o ser humano feito "consumidor" corre o risco de perder sua identidade (ou de jamais constituir uma), enquanto sua subjetividade mimetiza-se num simples decalque das imagens "glamourosas" do mundo do consumo. Não é de se espantar que, no lugar das lutas pelos direitos sociais e políticos (ainda incipientes no Brasil), nos últimos anos, o Procon e outras organizações similares tenham assumido a condição de vedetes da mídia. Estendendo a lógica do *marketing* para todas as esferas sociais, o consumidor define sua profissão não pela possibilidade de realização pessoal, mas pela promessa de riqueza e sucesso, escolhe os candidatos nas eleições não por convicção política, mas pela aparência exterior, trata as pessoas que diz amar como "um cliente ao qual se faz uma entrega e cuja fidelidade deve ser cultivada, sob o risco de ser trocado por outro fornecedor" (isso nas palavras de um dos psicólogos de plantão na tevê).

Na sociedade do consumo, os indivíduos têm pelo menos uma função definida: a de consumidores. É para isso que existem pessoas no atual estágio da sociedade capitalista: para comprar (e pagar impostos, é claro). Mas há algumas exceções. Há aqueles que ficam à margem – como os mendigos de nossas ruas, os índios não aculturados, os membros de comunidades agrícolas isoladas, alguns poucos que resistente heroicamente por toda parte, os 3 bilhões de seres humanos que passam fome no planeta Terra. Desses, a sociedade do consumo não quer ouvir falar. São um estorvo que não tem lugar ou razão de ser – são uns "párias", uns "sujos", uns "arruaceiros", "anarquistas", "comunistas", "terroristas" (os rótulos se multiplicam e se sucedem de acordo com a disposição ideológica do momento).

Alheio ao que está fora de seu universo de interesses, o sistema produção/consumo continua seu bombardeio, incessante e de todos os lados. As primeiras vítimas acabam sendo a democracia e a participação política (que demandam comprometimento e raramente trazem resultados imediatos). Em seu lugar, o imaginário social elege outros modelos: como os *shows* milionários que prometem fortunas, garantindo no mínimo alguns "minutos de fama" a seus candidatos, ou as votações em que os telespectadores decidem sobre temas tão cruciais para sua vida como quem será "a bela do século" (tudo, é claro, com o patrocínio dos anunciantes). Enquanto isso, em favelas e condomínios fechados, desfilam artigos da moda etiquetados por número, classe e cor, que se fazem passar por "pluralidade democrática", mas que na verdade não passam de "segmentação mercadológica".

Na música *Democracy*, Leonard Cohen traça um perfil do telespectador típico: "Eu sou sentimental, se é que você entende o que digo: amo o país mas não suporto o cenário. E não sou de esquerda nem de direita, vou apenas ficar em casa hoje à noite, perdendo-me naquela desesperançada telinha" – felizmente, em meio ao fogo cruzado, às vezes conseguimos ouvir uma ou duas vozes destoantes. "Até quando você vai ficar tomando porrada?", questiona Gabriel o Pensador, no refrão da mesma música em que dispara: "A programação existe pra manter você na frente, na frente da TV, que é pra te entreter, que é pra você não ver que o programado é você".

Como se cada um de nós não fosse também responsável pelo destino de toda a humanidade, nesta triste época de individualismo e conformismo, o consumidor volta as costas para a dura realidade exterior, acomoda-se na poltrona de sua casa, em frente à tevê, a postos para sua dose diária de anestesia mental. Nessa hora, se o mundo fosse realmente um "Reino da Fantasia" (como nos ensina Walt Disney), o Grilo Falante – transformado na figura do filósofo Jean-Paul Sartre – viria provocar nossa consciência, lembrando que não podemos fugir a um pensamento inquietante: "que aconteceria se toda gente fizesse o mesmo?" (1978, p.9).

Segundo Ernst Cassirer, "em vez de definir o homem como *animal rationale*, deveríamos defini-lo como *animal symbolicum*" (1994, p. 50). Afinal, se Deus criou o mundo pelo Verbo, os seres humanos o reinventam cotidianamente por meio do *símbolo*. Elemento constituinte do que somos (com sua rede de signos, códigos, linguagens), a *dimensão simbólica* é o fundamento de nossa existência. Contudo, da mesma maneira que o cientista Victor Frankenstein, a Modernidade também perdeu o controle sobre suas criações.

A cultura hegemônica em nosso tempo apresenta-se como uma *virtualidade*, como o espectro imaginário do sistema social dominante. As linguagens cada vez mais referem-se a si mesmas, num jogo de espelhos no qual quem as vivencia torna-se mero espectador de seus espetáculos ilusionistas. Ambientes artificiais e realidade virtual formam o modelo para os espaços em que vivemos. Zanzando num labirinto de telas caleidoscópicas que giram à velocidade da luz, nós nos descobrimos perdidos, sem referenciais, sem direção e sem sentido. O que está ficando para trás, ao longo do caminho, é muito mais que antigas crenças ou gostos ultrapassados. Num momento em que os "valores de troca" tornam-se a baliza para a produção cultural e as relações interpessoais, o que se perde é a *substância humana* da realidade.

Assim, a despeito de serem parte integrante da sociedade, a escola e os educadores não podem se prestar ao papel de reprodutores do consumismo – o que fazem, por exemplo, ao seguir concepções acríticas do que seria a "cultura do aluno". Nesta era da *pós-humanidade*, aqueles que se dedicam à *formação humana* não podem se omitir – a estes se dirigem as palavras do mestre Paulo Freire: "A grande força sobre que se alicerça a nova rebeldia é a ética universal do ser humano e não a do mercado, insensível a todo reclamo das gentes e apenas aberta à gulodice do lucro. É a ética da solidariedade humana" (1996, p.146).

Este texto começou a ser escrito no primeiro semestre de 2001; seu título é inspirado no documentário *Notícias de uma guerra particular*, de João Moreira Salles. Naquele momento, eu não podia imaginar que (além das guerras cotidianas mantidas a fogo brando, mundo afora) outro conflito de proporções mundiais teria início. Embora tenha muito de sensacionalismo jornalístico, a frase "o mundo mudou" (bombasticamente reproduzida pelos meios de comunicação a partir de 11 de setembro de 2001) revela o sentimento de incerteza que contaminou a atmosfera. Dos escombros do "terrível atentado terrorista", dos bombardeios de retaliação da "guerra humanitária contra o terror", ergue-se uma nuvem pesada e asfixiante. Cindida entre "Bandidos vs. Mocinhos", "fiéis vs. infiéis", a humanidade faz tornarem-se atuais as palavras de Bob Dylan, escritas em 1962: "é uma chuva pesada que vai cair". É como cantou profeticamente Leonard Cohen, em 1992: "Eu vi o futuro, irmão: ele é matança".

Participações especiais

CASSIRER, Ernst. *Ensaio sobre o homem*: introdução a uma filosofia da cultura humana. São Paulo: Martins Fontes, 1994.

COHEN, Leonard. *The Future*. Nova York: Sony Music Entertainment Inc., 1992.

DYLAN, Bob. *The freewheelin' Bob Dylan*. Nova York: Columbia Records, 1963.

FREIRE, Paulo. *Pedagogia da autonomia*: saberes necessários à prática educativa. São Paulo: Paz e Terra, 1996.

GABRIEL O PENSAFOR. *Seja você mesmo. Mas não seja sempre o mesmo*. São Paulo: Sony Music Entertainment (Brasil), 2001.

MARX, Karl. Manuscritos econômico-filosóficos. In: *Marx*. São Paulo: Abril Cultural, 1978, p.1-48. (Os Pensadores).

SARTRE, Jean-Paul. O existencialismo é um humanismo. In: *Sartre* (Os Pensadores). São Paulo: Abril Cultural, 1978, p.1-32.

IMAGENS E PRÁTICAS INTERTEXTUAIS EM PROCESSOS EDUCATIVOS

Célia Abicalil Belmiro
Delfim Afonso Jr.
Armando Martins de Barros

Sabemos hoje, à luz de diferentes abordagens das ciências da linguagem, que as questões relativas às práticas de leitura ganham sua inteligibilidade no confronto com as várias situações de seu uso social. Aquele que lê já não pode ser compreendido como um sujeito escolarizado e educado, atento e obediente a certas regras universais que vão permitir-lhe a decifração correta de qualquer texto. As possibilidades de acesso ao texto e de exercício da leitura estão referenciadas aos variados perfis socioculturais que habilitam, de forma diferenciada, os mais diversos agentes de leitura e os qualificam, sob condições singulares, a praticar o que podemos compreender como uma multiplicidade de leituras a cargo de uma pluralidade de leitores.

Quando falamos de condições singulares que nos qualificam para as leituras, há que nos voltar para aspectos que, de certo modo, escapam a uma parte da tradição de estudos sobre a linguagem verbal. Neste Jogo do Livro IV, somos convidados a pensar os novos modos de ler, as novas falas inauguradas pela tecnologia e o potencial das imagens técnicas no campo da produção de linguagens. Ao obter aplicações em campos os mais diversos fora da instituição escolar, as tecnologias de comunicação e as imagens técnicas deixam de atuar nas margens do sistema de ensino e passam a ganhar espaço de destaque nos debates sobre a educação e a cultura.

Nossa a contribuição[1], no momento, vai orientar-se por estabelecer um jogo de perspectivas entre teorias das áreas da linguagem, da comunicação e da história da educação que procuram abordar as imagens técnicas, a visualidade e as práticas discursivas e intertextuais. Argumentamos que o tratamento das imagens ocorre no âmbito das linguagens visuais e que elas detêm uma *discursividade*, encontrando-se imersas em práticas sociais, portanto, históricas. Além disso, interessa à nossa reflexão compreender como as imagens expressam um modo de organização do olhar. Portanto, são algumas reflexões realizadas pelo grupo de pesquisa e intercâmbio que servem de arcabouço teórico para as discussões sobre as relações entre educação e comunicação.

Visualidade, Imagem e Educação

Em sua indagação sobre a linguagem, o poeta Octavio Paz retoma a diferença entre a palavra e o mundo e a confronta com a experiência visual: "as coisas não são senão suas propriedades visíveis. São como as vemos, são o que vemos e eu sou apenas porque as vejo" (PAZ, 1974, p. 120). Para ele, quando convocamos a linguagem para falar do mundo, perdemos

---

[1] A partir de 1999, foi criado no Centro de Alfabetização, Leitura e Escrita (CEALE) da Faculdade de Educação da UFMG um grupo de pesquisa voltado para o estudo das linguagens visuais na perspectiva dos novos letramentos. Participam a profa. Celia Abicalil Belmiro (FaE/UFMG) na coordenação, o prof. Delfim Afonso Jr. (DCS-FAFICH/UFMG) e os jornalistas e pesquisadores Bernardo Brant e Luís Guilherme Gomes (Associação Educacional e Cultural Oficina de Imagens/AECOI-MG). Esse movimento conjugou-se à criação de um projeto de intercâmbio interinstitucional entre o CEALE-FaE/UFMG e o Programa de Educação Fluminense/UFF, sob a coordenação do prof. Armando Martins de Barros, que já vinha trabalhando questões relativas à imagem e à prática pedagógica. Este intercâmbio promove a articulação de estudos e experimentos sobre o eixo temático Imagem e Educação, e nossas reflexões incorporam domínios das teorias da linguagem e da literatura, história da educação e pedagogia, análise de discurso e semiótica.

um certo senso de transparência e imediaticidade em favor de uma construção que é a busca do sentido.

A seu turno, Philippe Dubois, no início da década de 80 do século passado, lança o livro *O ato fotográfico,* que se torna referência para qualquer pesquisador interessado nas teorias da imagem. Dubois avança nos estudos sobre a fotografia e, com isso, amplia as pesquisas sobre a natureza da imagem e suas perspectivas históricas, sociais e estéticas. Deslocando o estatuto da imagem de um produto para um *ato* icônico, o autor integra os sujeitos (o fotógrafo e o espectador) no campo da produção de sentidos.

Assim, quando tematizamos a linguagem e as tecnologias da imagem, movemo-nos num contexto em que a metamorfose das formas culturais coloca outra ordem de problemas, pois o sujeito passou a ser pensado na perspectiva dos sistemas semióticos e do processamento de signos, e as tecnologias enquanto máquinas que alteram as condições de produção de sentido. O dispositivo técnico participa das condições de produção das linguagens, com a emergência das imagens alterando as formas tradicionais de representação e solicitando a performance de um interlocutor na relação com as diferentes materialidades sígnicas e a combinação entre elas, os intertextos.

Como observa PARENTE (1993, p. 13-14),

> as novas tecnologias de produção, captação, transmissão, reprodução, processamento e armazenagem da imagem estão aí, como uma realidade incontornável. São máquinas de visão, que à primeira vista funcionam seja como meios de comunicação, seja como extensões da visão do homem, permitindo-o ver e conhecer um universo jamais visto porque invisível a olho nu. Nenhuma reflexão séria sobre o devir da cultura contemporânea pode deixar de constatar que existe uma enorme multitude de sistemas maquínicos, em particular a mídia eletrônica e a informática, que incidem sobre todas as formas de produção de enunciados, imagens, pensamentos e afetos.

No caso das imagens produzidas e reproduzidas pela técnica, percebemos o caráter volátil, a rapidez e a aceleração em que, não só o sentido, mas o próprio artefato imagético se torna híbrido ao constituir-se pela combinação e pela mestiçagem de linguagens. O processo pode ser compreendido do seguinte modo: a foto da revista usa recursos da tevê e se torna análoga à da tevê, a tevê se assemelha ao cinema, o cinema à publicidade, a publicidade à notícia do jornal, a primeira página do jornal a uma tela da Internet e assim por diante.

Compreender as bases em que se processa a relação Imagem e Educação significa indagar sobre os modos de ver e as possibilidades de representar os objetos apresentados à visão. A visualidade é simultaneamente informação, analogia, indagação, sensibilidade, portanto, no limite, uma construção do olhar. Quando um pintor do século XVII, como Albert Eckhout, se põe a realizar quadros de indígenas e negros do Brasil Colônia, fica a marca das aparências estéticas que aproximam a representação do corpo e da gestualidade daqueles personagens de modo assemelhado aos de outros personagens, estes da elite européia. Convivem, na representação dos povos da América, traços de uma concepção do homem renascentista mesclados à observação meticulosa e de cunho documental pré-etnográfico. No caso de pintores como Eckhout, a qualidade do trabalho artístico dá a ver índices do processo de construção e sua pintura não se enquadra na classificação de mero artifício e mascaramento da realidade.

Nos dias de hoje, no entanto, as tecnologias da imagem mudaram os recursos da representação. O valor de exposição, essa nova condição que Benjamin nos leva a descobrir na obra de arte moderna e nas imagens técnicas, foi ampliado a ponto de se perder a conexão com o objeto representado, a imagem passando a ter uma autonomia que, em certa medida, estava presente na pintura, mas da qual não éramos conscientes.

Nas palavras de Oliveira (1998, p. 13-14), as imagens técnicas constituem um campo de fenômenos de linguagem que não se define enquanto tal sem uma intervenção da *téchne*, ou seja, sem um ato fundador de uma das diferentes "máquinas semióticas" – produtoras de signos visuais, principalmente –

que construíram o olhar ocidental. Segundo a autora, a designação *imagens técnicas* abrange um conjunto de manifestações, como os sistemas de mediação óticos, digitais e os discursos deles advindos. O termo comporta expressões que vão da imagem fotográfica à imagem infográfica nas suas interfaces materiais e teóricas e nos seus diferentes modos de apropriação. Além disso, as imagens técnicas têm sido objeto da análise das estratégias de produção de sentido e da pesquisa sobre a criação e os usos sociais e/ou estéticos das mídias.

Na perspectiva das práticas sociais que utilizam tecnologias para a produção do modo de ver e de olhar, deve-se pensar que, segundo a abordagem semiótica, a imagem, em especial a imagem técnica, é um signo visual que mimetiza e se assemelha ao seu objeto, mas que é ele mesmo objeto; o signo visual pode exibir o objeto e exibir-se a si mesmo, ocultando o objeto ("O artifício se torna objeto e a realidade perde seus contornos para tornar-se ela mesma signo". PINTO, 1995, p. 26-27). Assistimos ao esplendor da técnica e da aparente falta de limites de sua atuação, paralelamente à sua utilização para efeitos mistificadores, como o de fazer, por meio do truque do computador, o corpo de um atleta de um clube de futebol vestir a camisa de outro clube, compondo um apelativa primeira página de jornal. O uso à exaustão de tais recursos tem levado o leitor a um fascínio e a uma cumplicidade até recentemente não definidos no seu trato com as imagens.

Identificam-se aí novos estágios e condições de estar na cultura, com um lugar de destaque para a atuação do usuário das tecnologias da imagem. Segundo Lorenzo Vilches, uma teoria da imagem pode ser delimitada como uma comunicação que se articula além da manifestação de códigos e que depende, para sua atualização, de uma interação entre emissor e destinatário. Isso vai ao encontro da tese de Umberto Eco, que, nos idos de 1978, questionava a suficiência do domínio do código lingüístico para a compreensão da mensagem lingüística. Para Eco, a interpretação necessita de outras competências que ultrapassam o conhecimento do código.

Com as novas possibilidades de contato direto e em tempo real entre produtores e usuários da informação, arma-se um tipo de jogo de linguagem em que os gestos de enunciação passam a contar com a interveniência e a co-autoria do usuário nos processos de produção. A partir daí, o discurso da imagem funciona como uma negociação pragmática. Diz-se pragmática porque são exigidas do leitor certas competências que, sob a forma de pressuposições, o sinalizam e o guiam na leitura das imagens. Vilches fala em negociação porque o texto icônico funciona como um "assunto" que deve ser tratado por meio de uma gestão na qual se avaliam vantagens e desvantagens de certas orientações pragmáticas. Assim, a dimensão da negociação em que o espectador (ou leitor de imagens) atua na construção do sentido é cara aos questionamentos e propostas contemporâneos para diferentes áreas, entre elas, as da ciência da informação e da educação.

Para proceder à interpretação e compreensão de diferentes textos e linguagens, o usuário deve envolver-se no processo de localizar e identificar informações. A representação por meio de signos e linguagens é parte, assinala Marcondes (2001, p. 64), *de um complexo processo cognitivo.*

Esse processo, em seu primeiro estágio, envolve confronto com a realidade, aprendizado a partir dessa experiência, conceitualização e abstração. Esses processos são atalhos ou auxílios para operar com a complexidade da realidade. [...] O processo de conceitualização consiste em abstrair aspectos particulares das características de um objeto e reter uma representação mental do mesmo [...]. Escolhas, conscientes ou não, devem ser feitas acerca de que características são relevantes e devem ser retidas e de quais não devem [...]. O processo continua com a memorização desta representação e com a capacidade de evocar experiências passadas, relacioná-las com a situação atual e agir de acordo.

Vale lembrar, contudo, que a imagem em sua consistência significativa não é redutível ao verbal; a ausência de uma discussão na sociedade, em particular na escola, sobre a apropriação de diferentes linguagens pelos sujeitos socioculturais favorece a permanência da desigualdade de acesso ao patrimônio imaterial socialmente produzido; o descentramento provocado pelas imagens no universo da escrita remete à compreensão da escola como um novo espaço de sociabilidade e de produção de linguagens; os discursos verbais e imagéticos não apenas representam relações sociais como as constroem, detendo, como práticas de linguagem, relações ativas com o mundo (BARROS & CORTES, 2002, p. 2-10).

O usuário da informação visual ou verbovisual vai constituir-se como um interlocutor no interior desse processo, elaborando inferências, decodificando a informação a partir do contexto do processo de comunicação em que se situa e preenchendo os vazios do texto. Ele se encontra em situações em que, não só imagens remetem ao acervo de imagens que se acumularam por sociedades e gerações, como também essas imagens são atravessadas e remetem a intertextos imagéticos e verbais. A caracterização de um papel ativo para o leitor de textos visuais, verbais e verbovisuais encontra repercussões significativas na esfera da educação, uma vez que a instituição escolar define-se como uma trama complexa de relações sociais e discursos entre sujeitos de diversas origens e trajetórias na sociedade.

Linguagens e tecnologias da imagem

Partindo da tese segundo a qual a escola é um espaço sociocultural, é uma de suas funções retomar os discursos e interações que nascem das experiências diversificadas dos alunos e promover a incorporação crítica, nas atividades escolares, das informações trazidas pela mídia. Prepara-se, desse modo, uma reorientação das bases em que compreendemos a educação, interessada que deve estar na diversidade cultural, na intersubjetividade, na experiência cotidiana, na presença da mídia e das tecnologias da imagem, na autonomia de pensamento e de ação de professores e alunos.

A questão das imagens e da visualidade nos processos educativos coloca-nos diante de antigos desafios e novos problemas. É cuidadoso não se ater à curvatura da vara, hoje privilegiando as imagens em detrimento da linguagem verbal escrita, que, ontem, sintetizava uma concepção de escola e de conhecimento. É Octavio Paz que nos alerta para determinados aspectos que valem tanto para as palavras quanto para as imagens: "De que é feita a linguagem? Ela é feita ou é algo que perpetuamente se está fazendo?" E nos provoca: "certas realidades não se podem enunciar mas [...] são aquilo que se mostra na linguagem sem que a linguagem o enuncie." (PAZ, 1974, p. 26). Ou dizendo-o de modo mais rigoroso, os signos representam, não são presenças. Para ele, o real não é efetivamente enunciado (estas árvores são ilegíveis – o poeta observa – elas não dizem, não significam), enquanto que escrita e leitura expressam dinâmicas contrastantes:

> transmutação das formas e suas mudanças e movimentos em signos imóveis: escrita; dissipação dos signos: leitura. Pela escrita abolimos as coisas, nós as convertemos em sentido; pela leitura, abolimos os signos, apuramos o sentido e, quase imediatamente, o dissipamos: o sentido volta ao amálgama primordial. (Op. cit., 97).

Ao falar das imagens e sua consistência significativa, podemos pensar que, no caso das imagens da mídia e das tecnologias da imagem, a leitura do telejornal se dá com base em diferentes inferências da multiplicidade de leitores. Há, nos termos da análise de discurso, que recuperar a diversidade que nos constitui a cada um de nós, pois o telespectador está posto como se fosse um observador distanciado, quando ele não o é (SOULAGES, 2002). O consumo da informação visual e verbovisual proposto pela mídia coloca o espectador na centralidade de um esquema semiótico, que faz a trama intrincada de imagens e palavras, no qual sua performance é determinante do tipo de processo de comunicação que vai ser estabelecido.

Com o uso intensivo das técnicas de reprodução das imagens, a reiteração e a saturação de imagens sobre imagens e de palavras sobre imagens vão propiciar a aproximação, a troca e o conflito entre práticas sociais que passam a apresentar uma nova ordem de conexões e de projeções recíprocas. Somos convocados cada vez mais a observar a presença das imagens no campo da educação e a implementação de práticas educativas na área da comunicação. Assim, as práticas sociais que se propõem, *lato sensu*, educar e comunicar, co-operam, apesar da relativa estranheza entre essas práticas, na construção do entendimento do cotidiano e da vida social. No conjunto dos processos de produção e distribuição de informações e conhecimentos, as práticas educativas tornam-se realidade tanto na escola quanto na mídia, vale dizer, nos espaços formais da sala de aula e dos laboratórios acadêmicos, como nas imagens e sons dos intervalos da televisão e nas fotos e manchetes de revistas e jornais.

Quando pensamos a relação Imagem e Educação, uma série de argumentos e interrogações são trazidos ao debate: Educar para a mídia ou educar com a mídia? Promover o letramento audiovisual no interior da atual grade curricular ou tomar como conteúdo prioritário do ensino as múltiplas linguagens e as tecnologias da imagem? Educar para a era tecnológica ou aplicar as novas tecnologias como instrumentos a serem submetidos aos projetos pedagógicos? Em meio às mudanças que retraçam os cenários da vida de todo dia e a compreensão do que sejam as sociedades humanas, sobra espaço para dúvidas, falsas questões, mitos e declarações entusiasmadas a respeito das novas condições de estar no mundo. A educação é apontada, via de regra, como estratégica para estabelecer as bases do desenvolvimento da sociedade futura. A informação produzida pelos meios de comunicação ocupa, por seu turno, lugar central em qualquer apreciação que se faça sobre a contemporaneidade. E, assim, vão a escola e a mídia servindo de mote para as discussões sobre as dificuldades em que se esbarra acerca da aproximação entre suas propostas e estatutos.

Na perspectiva que adotamos, para além da crítica da mídia e da educação para a mídia, o percurso de pesquisa alia a reflexão com a experimentação de novas formas de relação pedagógica e de produção e circulação de informações. É um movimento que integra do debate das teorias à formação de educadores e comunicadores e à intervenção na rede pública de ensino. Priorizamos alguns tópicos estratégicos: em primeiro lugar, a apropriação, pelos alunos e professores enquanto sujeitos sociais, daquilo que é veiculado pela mídia; em segundo lugar, o exercício de ressignificação dos meios de comunicação e das linguagens visuais e verbovisuais; por último, a prática efetiva de criação autônoma pelos professores e alunos através das tecnologias da imagem e das linguagens. Em outras palavras, a pesquisa sobre linguagens e tecnologias da imagem pode aprimorar-se quando dialoga com o ensino, a extensão e a experimentação de linguagens.

O foco da inter-relação educação e comunicação se dá nos movimentos e interseções das diferentes linguagens, pensando que são os intertextos aqueles elementos e configurações adequados para abordar a complexidade dos processos educativos. Quando nos referimos à centralidade das linguagens em nossa reflexão, estamos sintonizados com a perspectiva de Adílson Citelli quando afirma que o movimento de um campo a outro, da educação à comunicação e vice-versa, exige que o traço de união, o significado real e o sentido último do conectivo *e*, como elo entre comunicação e educação, é a linguagem. As reflexões contemporâneas reafirmam a escola como espaço que garante a organização, a sistematização e a produção de conhecimento. Nesse sentido, "a 'leitura' dos sistemas de comunicação, no seu compósito de produção, circulação e, sobretudo, recepção, deve estar integrada aos fluxos crítico-dialógicos dos demais discursos com os quais a escola trabalha" (2000, p. 17). Como o autor assinala, o discurso pedagógico como centro de referência ganhou novos parceiros e 'hibridizou-se'" e, como uma espécie de subproduto da hibridização, o espaço escolar vem proporcionando a professores e alunos ricas possibilidades de convivência com múltiplos signos, no mesmo momento e no mesmo lugar. Nessa situação, eles manejam os diversos

> contornos dos signos recebidos, tenham eles natureza verbal ou não-verbal, reconfigurando-os, [...] elaborando propriamente os sentidos, a partir de variáveis sociais e culturais que servem de referência formadora àqueles sujeitos. (Op. cit., 143)

O desafio contemporâneo está posto quando pensamos, com o geógrafo Milton Santos que o nosso tempo é a era da inteligência baseada na máquina. As transformações que caracterizam o ciclo atual, quais sejam, as da articulação da técnica, da ciência e da informação visando a um certo tipo de integração econômica e cultural, passam a exigir respostas nos diversos espaços e práticas da sociedade. A partir daí, a escola vem a ser demandada por novas gerações de alunos e a ser questionada em seus fundamentos institucionais, curriculares e em relação à própria formação que se propõe oferecer. Como não mais se pode entender os jovens fora das novas formas de sociabilidade – nas quais a música, a dança e as imagens ganham lugar de destaque –, a escola tem se movimentado no sentido de tomar as linguagens da mídia – por exemplo, as modalidades do anúncio publicitário e da notícia jornalística – como objeto de estudo pelos alunos dos ensinos médio e fundamental.

Mídia, tecnologia e escola passam a ser convocadas, portanto, a cada dia para uma atuação integrada, sem desconsiderar a reformulação das matrizes socioculturais que orientam uma formação de qualidade e o desenvolvimento das potencialidades humanas. Desse modo, tomando por referência o campo da inter-relação Comunicação e Educação, podem-se notar os conflitos e as trocas que se estabelecem entre a escola e a mídia enquanto espaços de produção do conhecimento e da cultura. Uma série de interrogações passa, então, a fazer parte da agenda de debates que aproximam as áreas da Comunicação e da Educação: Como tratar a experiência dos alunos com a mídia e as linguagens nas práticas escolares? Como trabalhar com as imagens na leitura da realidade? Como desenvolver práticas educativas com as mídias impressa e eletrônica no sentido do aprendizado cooperativo e da auto-expressão dos alunos?

Retomando afirmativas feitas em textos anteriores, sabemos que a intervenção na escola com as tecnologias de comunicação deve ser mais do que a instalação de equipamentos e o aporte à ilustração de conteúdos previamente estabelecidos. As possibilidades de mudanças reais nos padrões que moldam o tempo escolar, a sala de aula padrão, as relações entre o professor e o aluno, o uso das tecnologias, o esquema de avaliação, o conteúdo dos ensinamentos, a relação com as atividades e a experiência pessoal e social extraclasse não se limitam à presença dos objetos tecnológicos em sala e estão mais assentadas numa perspectiva conceitual e ética do que operacional. A presença nas práticas educativas da variedade de linguagens e, em especial, dos signos visuais separa de algum modo o conhecimento registrado sob a forma da escrita daqueles saberes que não têm na matéria verbal sua característica dominante. Nessa perspectiva, podemos repetir com John Berger que ainda não estabelecemos a relação entre o que vemos e o que sabemos. É produtivo explorar, pois, junto aos professores e estudantes, nossos limites e potencialidades, ao confiar nos textos escritos e ao consumir, com base em uma certa experiência distraída, as imagens e palavras que circulam nos jornais, revistas, anúncios, cinema e tevê.

O percurso histórico de construção do olhar que vai das imagens fixas às imagens em movimento deve ser entendido – no espectro que vai da pintura, passa pela fotografia, o cinema, o jornal, a propaganda e chega à tevê e à Internet – como parte integrante das transformações culturais que moldaram o mundo e as vivências de alunos e professores. Na experiência com oficinas de mídia para estudantes e docentes do ensino fundamental de escolas públicas, nota-se um horizonte de práticas culturais e de linguagem menos amplo no grupo dos professores em contraposição à disponibilidade e à capacidade expressiva dos jovens. No fundo, há modos diferenciados de professores e alunos se aproximarem e se apropriarem de saberes a respeito dos meios de comunicação e das linguagens. O contraste com seus alunos é muito forte: a qualidade expressiva do que é produzido destaca-se mais entre os jovens alunos do que entre seus professores. Os exercícios e tentativas de elaborar narrativas com imagens, o estar à vontade frente à câmera, a invenção de pontos de vista sobre temas cotidianos se mostram mais significativos entre os alunos, embora por vezes o resultado técnico e estético seja modesto e apenas uma tentativa de reproduzir aquilo que é consumido por meio da mídia.

Quanto aos docentes, a dificuldade em compartilhar saberes e em estabelecer estratégias comuns com seus alunos para operar as novas habilidades sobre tecnologias e práticas de linguagem é um obstáculo de difícil superação. Pode-se dizer que o professor age como se tudo fosse muito estimulante e, ao mesmo tempo, quase inútil face à própria dinâmica escolar. Como não devemos atribuir aos professores a responsabilidade única pelo impasse, podemos pensar na provocação de Milton Santos de que é preciso esquecer para que se possa inventar. Pois é na escola que, em certa medida, os professores não se esquecem – de uma forma criativa – de que são professores. A carga de tal atribuição institucional turva sua disponibilidade para errar e experimentar em público, junto com seus alunos, a sua falta de conhecimento, a sua dúvida sobre a validade da tecnologia e o seu desencanto com a forma burocrática como é levado a viver a docência e os baixos salários.

Pode-se afirmar que a elaboração de vídeos, de jornais impressos e de páginas para Internet que integrem em sua produção alunos e professores do ensino fundamental traz contribuições a serem discutidas no sentido da releitura e da apropriação de informações e do exercício da auto-expressão enquanto dimensões essenciais dos sujeitos na experiência contemporânea, isto é, o processo de recepção, decodificação e contextualização de informações vivido e praticado pelos sujeitos socioculturais, sejam eles alunos ou professores, em situações e experiências cotidianas diversificadas.

Sublinhamos a noção de auto-expressão como essencial na consecução de práticas educativas. Aquele que aprende só aprende porque do conhecimento se apropria e, ao fazê-lo, reelabora, por meio de sua própria forma de expressão, esse conhecimento posto em circulação. No caso da utilização da mídia e suas tecnologias e linguagens em práticas educativas, a oportunidade que podemos construir é a de trabalhar as palavras e as imagens enquanto intertextos de signos verbais, visuais e verbovisuais em variados registros e em determinadas situações e contextos socioculturais. Oferece-se, portanto, nessas práticas educativas, a possibilidade efetiva de contribuir para uma diversidade de leituras daquilo que é veiculado pela mídia em estreita relação com a prática de criação de linguagem. Ou seja, a expressão de subjetividades, argumentos, pontos de vista e sentimentos pelos educandos e educadores, por meio de recursos técnicos e linguagens apropriados à mídia, nos remete a uma compreensão mais ampla e mais adequada para a abordagem das aproximações que hoje se fazem entre a educação e a comunicação.

Considerações finais

As tecnologias da imagem e as linguagens podem servir a uma educação que favoreça a reapropriação dos sentidos latentes nas formas imagéticas e nas fricções entre as diferentes linguagens. Hoje, é mais do que urgente a escola assumir seu papel de estimular a constituição de sujeitos que compreendem sua autonomia como "sujeitos do olhar" e sua condição presente de "objetos das imagens"; privilegiando a intertextualidade, viabiliza-se o "trânsito" de diferentes textos, mesclando-os, assimilando-os, contradizendo-os, ecoando-os, envolvendo enfim sua materialidade em diferentes suportes. Somente assim, cremos, será possível favorecer a construção de uma verbovisualidade que se encontra, de fato, nas práticas educativas presentes no mundo (BARROS & CORTES, 2002, p. 7)

Ao educador, cabe posicionar-se frente às novas práticas do olhar que se insinuam nas políticas públicas, objetivadas na presença emergente de canais de tevê para a escola, na compra de computadores ou na defesa da fotografia nos parâmetros curriculares. Para não incorrer nos riscos de um entusiasmo oco, o grande investimento atual canaliza-se para a formação dos professores quanto aos pressupostos dos diferentes meios de comunicação e linguagens, para a interação dos alunos e professores com as tecnologias, permitindo-lhes a condição de "sujeitos do olhar", produtores de sentido por meio de vídeos, jornais, ensaios fotográficos e *websites*.

Frente a essas preocupações, consideramos a necessidade de a escola se tornar espaço para que a auto-expressão dos jovens seja experimentada na perspectiva da construção futura de uma aprendizagem criativa e de uma formação humana, técnica, artística, científica e política mais generosa.

Referências bibliográficas

BARROS, Armando M. e CORTES, Érica. Proposição de novas competências na formação do pedagogo. *25ª Reunião Anual da Intercom*. Salvador/BA, 2002.

BARROS, Armando M., BELMIRO, Celia A. e AFONSO JR., Delfim. Práticas Discursivas do Olhar: Desafios na Formação do Profissional de Ensino e de Comunicação. *25ª Reunião Anual da Intercom*. Salvador/BA, 2002.

BELMIRO, Celia Abicalil e AFONSO JR., Delfim. A Imagem, sua Dimensão Cultural e a Formação Docente. In: *Presença Pedagógica*. Belo Horizonte, v. 7, n. 40, jul./ago. 2001.

BERGER, John. *Modos de ver.* Lisboa: Edições 70, s/d.

CITELLI, Adílson. *Comunicação e educação;* a linguagem em movimento. São Paulo: Senac, 2000.

DAYRELL, Juarez (Org.). *Múltiplos olhares sobre educação e cultura.* Belo Horizonte: UFMG, 1996.

MARCONDES, Carlos Henrique. Representação e economia da informação. In: *Ciência da Informação*, Brasília, v. 30, n. 1, p. 61-70, jan./abr.2001.

OLIVEIRA, Ana Cláudia de. Semiótica visual e imagens técnicas. In: OLIVEIRA, A. C. e FECHINE, Y. (Eds.). *Imagens técnicas.* São Paulo: Hacker, 1998.

OROZCO GÓMEZ, Guillermo. Comunicación, educación y nuevas tecnologías: la tríade del siglo XXI. *Comunicação & Informação.* Goiânia, v. 2, n. 2, jul./dez. 1999. p. 125-143.

PARENTE, André. (Org). *Imagem-máquina;* a era das tecnologias do virtual. Rio de Janeiro: Ed. 34, 1993.

PAZ, Octavio. *El mono gramático.* Barcelona: Seix Barral, 1974.

PINTO, Júlio. *1, 2, 3 da Semiótica.* Belo Horizonte: UFMG, 1995.

SEMINÁRIO Pedagogia da Imagem, Imagem na Pedagogia. Niterói, Faculdade de Educação/UFF, 1996. *Anais.*

SOULAGES, Jean-Claude. Sobre a análise do discurso publicitário. *II Simpósio Internacional de Análise do Discurso.* Belo Horizonte: Faculdade de Letras/UFMG, 8 a 10/5/2002.

STAM, Robert. *Bakhtin:* da teoria literária à cultura de massa. São Paulo: Ática, 1992.

VILCHES, Lorenzo. *La lectura de la imagen;* prensa, cine, televisión. Barcelona/Buenos Aires: Paidós, 1983.

O ESTRANHO MUNDO DE JACK: CONSIDERAÇÕES LITERÁRIAS E CINEMATOGRÁFICAS

Alexandre Veloso de Abreu

Há mais de dez anos, quando ainda trabalhava como animador nos estúdios Disney, Tim Burton ensaiou e esboçou um texto que era uma alusão ao sempre citado poema natalino de Clement C. Moore *T'was the night before christmas*. Desse esboço, fez um livro e mostrou o resultado para os dirigentes dos estúdios da época. *The nightmare before christmas* tinha um humor e uma morbidez não muito presentes em obras Disney, que na época estavam centradas em produções como *Pete's Dragon* (1977) e *Bernardo e Bianca* (1977). Burton seguiu para outros projetos, entre eles o curta *Vincent* (1982), mas sempre manteve em mente que um dia seu livro poderia ser filmado.

Em 1993 foi lançado *Tim Burton's nightmare before christmas* (*O estranho mundo de Jack*) filme todo em *stopmotion* ou animação quadro a quadro. A estranheza e a morbidez que outrora incomodavam os estúdios Disney foram fator decisivo para a realização da obra fílmica. Burton se recorda da resistência dos produtores, lembra que era uma diferença radical de pontos de vista, estilo, até de traço. O traço do cineasta era anguloso, seco, e os estúdios Disney usavam rostos redondos, suaves. Burton fala sobre os olhos e afirma "e os olhos? Eu desenho todo mundo sem olhos, e a Disney adora olhos enormes..." (cf. BAHIANA, 1995, p. 167). O cineasta ainda lembra que um dos grandes desafios foi colocar a técnica do *stopmotion* novamente em evidência. A paixão pela técnica foi a razão principal para Burton retomá-la, fora as grandes contribuições que a estética daria ao seu filme. Sempre esteve plenamente convencido que o *stopmotion* era perfeito para transpor sua história para as telas. Para Frank Thompson, estudioso que acompanhou atentamente a feitura da película, *O estranho mundo de Jack* é o filme de animação mais elaborado do cinema. Mesmo usando uma técnica considerada obsoleta, Burton e sua equipe conseguiram renovar os filmes de animação, usando uma das mais velhas artimanhas da sétima arte.

Usar bonecos articulados para adaptar uma obra literária para o cinema parece ser muito viável. As marionetes e/ou bonecos ajudam na interação do leitor com o filme. A imagem de um boneco em movimento provoca um efeito que se aproxima do efeito da marionete nos palcos de teatro. Essa peculiar relação já fora problematizada por vários estudiosos. Marionetes e bonecos têm grande atuação na aproximação do espectador infantil em relação ao filme. Elas remetem ao lúdico, especificamente ao brinquedo, elemento muito presente no mundo da criança. No cinema, o brinquedo recria o ambiente das vivências e experiências do leitor/espectador infantil. Os objetos, os seres e tudo que os cerca, desde o mais rústico ao mais sofisticado boneco, colocam a criança como centro do enunciado, um espectador em evidência. O brinquedo é um fenômeno muito sério e importante na vida da criança e ocupa dois terços de sua vida, ele representa o centro da vida infantil, peça marcante e necessária de aprendizagem para a vida adulta. "A criança que não brincou na infância será um adulto prejudicado em sua capacidade de pensar e agir", afirma a estudiosa Barbara Carvalho, confirmando que o brinquedo desenvolve o gosto pelas atividades lúdicas. Para Carvalho, o brinquedo é atividade permitida e livre, sobre o qual a criança exerce seu controle, refazendo ou repetindo diversas situações de relaxamento ou de reflexão. Quando a criança usa brinquedos, ela cria, compõe e educa seus reflexos. Brincando, ela se liberta de suas tensões e faz com que se construa sua percepção de mundo. Fazendo parte do universo infantil, o brinquedo desenvolve a atenção, o raciocínio, o gosto e a inteligência; enriquece a capacidade criativa, aguçando a imaginação. É por essa razão que bonecos e marionetes mostram-se muito pertinentes quando usados em uma adaptação fílmica dedicada às crianças.

Apesar das diferenças de estilo, Burton ainda considerava sua história uma espécie de Disney paralelo. O livro do diretor, apesar de ser seu *debut* na literatura infantil, trabalha o imaginário infantil de maneira ímpar e muito madura. Burton vê a hibridez da cultura norte-americana com olhos de criança. Os feriados cristãos, celtas e históricos são mundos distintos onde o sonho de criança pode se tornar real. Cada mundo está estampado em uma árvore de um bosque e todos os mundos, apesar da clara distinção, ajudam a formar um único calendário, um único povo. Os habitantes desses mundos celebram, a seu modo, a noção da civilidade americana, e endossam as misturas que formaram sua gente. Na história de Burton, os costumes e símbolos da sociedade americana têm vida e engajam-se, juntamente com a criança para fazer uma interação plena e construtiva.

A estilística de Burton certamente marca sua obra e a transposição de seu livro para a tela vem carregada com sua tão marcante característica. É notória, nas obras do californiano, a grande influência do expressionismo alemão e o gótico, tanto nas personagens quanto no figurino, nota-se também toda a forma dos filmes-B em suas películas. Na tela sempre predominam ambientes escuros, personagens exageradas e grotescas. A iluminação surreal dos seus filmes ajuda a destacar a ambientação proposta pelos diretores da corrente cinematográfica alemã.

O expressionismo, escola que surge no pós-Primeira Guerra, na Alemanha, tem como característica um estilo cenográfico que distorcia a realidade. As interpretações dos atores também são exageradas para ajudar a ambientação mórbida. Quase sempre a patologia surge como um de seus temas, e também é uma constante expressar por formas visíveis realidades interiores. Era como uma ideologia da evasão "entendida antes de tudo como uma manifestação de revolta diante da crescente racionalização da vida social". (cf. MACHADO, 1998, p. 35).

Siegfried Kracauer, em seu marcante livro *De Caligari a Hitler*, tece importantes considerações sobre a estética expressionista, e como ela representava bem os filmes daquele período da história da Alemanha. Ele analisa *O gabinete do Dr. Caligari* (1918) de Robert Wiene, o marco dos filmes expressionistas, e descreve sua importância para a estética européia. Basta observar o filme com um pouco mais de atenção, para perceber que se trata de um autêntico manual expressionista e várias características da estéticas podem ser pontuadas. Esse arsenal onírico ressalta a fragilidade humana diante de seus pavores. A distorção age como revelação dos conflitos interiores das personagens perturbadas em uma sociedade em constante colapso das películas alemãs. Os prédios finos e os ambientes internos apertados têm um clima de inimizade, dão a impressão que irão engolir, a qualquer momento, os habitantes de Holstenwall. *Caligari* abusa do choque, deforma a natureza para revelar seu medos e pavores.

O gótico também é uma constante em obras com tom mais soturno. Por isso, elementos góticos fazem grande participação em filmes expressionistas. O estilo gótico apresenta, de forma genérica, histórias de horror e terror transcorridas em castelos arruinados com portas falsas, passagens secretas, alçapões que conduzem para locais misteriosos e lúgubres, habitados por seres estranhos que convivem com fantasmas e entidades sobrenaturais, em atmosferas penumbrosas e soturnas, onde quase nunca penetra luz. (cf. MOISÉS). Todo esse estilo é imediatamente reconhecido em várias películas de Burton, especialmente *Batman* e *Batman, o retorno*.

A ambientação de Gotham City foi a que mais se beneficiou com a leitura expressionista de Burton. Os deformados gárgulas e as soturnas catedrais da cidade lembram muito os filmes de Fritz Lang e Wiene. O espaço escurece o filme dando a impressão taciturna e fria da cidade do Homem-Morcego. O cenário ajuda a compor o ambiente tenebroso, quase onírico, um pesadelo, no caso de Gotham City. Tal ambiente é uma constante nos filmes da escola alemã.

A Cidade do Halloween, assim como Gotham City, contém vastos complexos de formas recortadas, pontudas, lembrando muito os padrões góticos. Os cenários são repletos de objetos materiais que sofreram uma representação mais emocional. A cidade parece um recorte de filmes como *O gabinete do Dr. Caligari* e *Nosferatu* ou paisagens das telas de Münch, Klee, Chagall ou Kandinsky. Os tetos e as chaminés oblíquos e confusos, janelas com arabescos distorcidos, as sombras em desarmonia com os efeitos de luz, são todos elementos constantemente presentes em obras de conteúdo expressionista. Tais características são evidentes nas obras de Burton.

As personagens de *O estranho mundo de Jack* não fogem desses padrões. Jack Skellington, o protagonista, é feito de ossos e se veste todo de negro, usando uma gravata que imita um morcego. Arranca sua cabeça para citar Shakespeare com naturalidade e facilmente se desfaz de uma costela para entreter o seu estimado cão Zero. A mesmice e a passividade de sua rotina assolam a personagem, deixando-o angustiado e taciturno. Sally, a boneca de trapos, se desmembra com extrema facilidade, ora para escapar de seu criador, o Dr. Finklestein, que levanta habitualmente a parte superior se seu desfigurado crânio para coçar o cérebro, ora para salvar o próprio Papai Noel das garras do hilário Oogie Boogie, um ser totalmente recheado de insetos viscosos. Ao se desmembrar, Sally costura por sua conta as partes de seu corpo. Essa alusão à obra de Mary Shelly é a grata surpresa do filme, sendo que a personagem não existe no livro. O andar desengonçado, o equilíbrio precário, os olhos esbugalhados e a boca toscamente cortada encantam o filme.

Essas assustadoras personagens, dignas de figurarem em qualquer conto de Edgar Allan Poe, estão presentes em uma obra dirigida para o público infantil e juvenil. Percebe-se que todas as personagens da Cidade do Halloween são disformes, mas de modo algum maléficas. Todos estão situados em um mundo onde a meta principal é pregar sustos e fazer estripulias.

Burton considera que não há vilões na história, apenas um bando de gente de aparência esquisita. Talvez, na aparência, as personagens da Cidade do Halloween sejam assustadoras mas, no fundo, elas são pessoas boas, honestas, trabalhadeiras, que se deixam levar pela idéia de fazer algo novo, diferente, divertido. O cineasta ainda acrescenta que até a idéia de ocupar o Natal não é maliciosa — eles só querem dar um descanso para o Papai Noel, fazer uma coisa diferente.

O feriado norte-americano dos dias das bruxas, o *Halloween*, vem de uma tradição celta que antigamente era chamada de *Allhallows Eve*, a véspera do dia de todos os santos, o dia que as almas andam novamente sobre a terra. As crianças se vestem com fantasias representando algum monstro ou ser do imaginário coletivo de sua cultura (não necessariamente da cultura americana), como bruxas, esqueletos, vampiros gárgulas, e batem de porta em porta pedindo doces e "ameaçando" os habitantes com travessuras.

As personagens do filme de Burton são representações da morte, mas não são más, fugindo de um determinado padrão. A dicotomia bem/mal, presente na maioria das obras infantis e juvenis, tende a dar qualidades grotescas ao mal e qualidades sacras e angelicais ao bem. No filme, bem e mal, no entanto, estão presentes, mas todas as personagens têm uma aparência grotesca. Jack Skellington é um esqueleto, símbolo da morte em quase todas as culturas ocidentais e orientais. No dicionário de símbolos de Hans Biedermann, os esqueletos "na maioria das vezes são concebidos como símbolos da morte, porque os ossos sobrevivem à destruição da carne, e em circunstâncias favoráveis, podem conservar-se por milhares de anos" (cf. BIEDERMANN, 1993).

O herói de Burton, no entanto, é uma simpática e viva figura e por quase todo o filme desassociamos sua aparência como sendo a representação da morte. Chevalier confirma que o esqueleto é a personificação da morte, do demônio. Na alquimia, ele é símbolo do negro, da putrefação, da decomposição. No entanto, ele também esclarece o aspecto iconoclasta da representação da morte:

> O esqueleto com seu sorriso irônico e seu ar pensativo, simboliza o conhecimento daquele que atravessou a fronteira do desconhecido, daquele que, pela morte, penetrou no segredo do além. Nos sonhos, ele indica a iminência de um acontecimento que transformará a vida, quebrando uma certa rotina, cujo desaparecimento o suspeito pressente com angústia, por não saber ainda o que irá acontecer. (CHEVALIER & GHEERBRANT, 1996, p. 401)

Questiona-se, então, o comportamento da sociedade ocidental diante de símbolos preestabelecidos da morte, e que estes símbolos são susceptíveis a reflexões e questionamentos.

O filme de Burton contém a questão problematizada pelos dicionaristas, sendo que, o tempo todo, as representações do mal e da morte burlam seu significado simbólico. Jack, Sally, Oogie Boogie, o Prefeito, Dr. Finklestein e os outros habitantes da Cidade do Halloween em nenhum momento são ícones do perverso, do demoníaco ou do mal. Suas feições asquerosas representam no filme a bondade, a sensibilidade e o bom caratismo.

O protagonista de Burton é sem dúvida uma representação benigna, mesmo tendo a aparência de um cumprido e esquisito esqueleto. A criança interage com essa subversão simbólica quando discerne o caráter das personagens sem associá-lo somente à aparência. Nota-se que o cineasta, em sua adaptação, postula tal pacto de leitura e acredita que seu leitor irá satisfatoriamente subverter as enraizadas representações do mal. A maldade inerente às personagens transcende o plano físico e o público infantil faz muito bem essa diferenciação. É natural para a criança desconsiderar esses símbolos já enraizados e moldados pelo sistema, pois ainda não assimilou essa iconografia, esse comportamento imposto pela sociedade. No caso de *O Estranho Mundo de Jack*, tem-se uma reflexão sobre os ditames, geralmente dispostos em díades como bem/mal/, belo/grotesco, vida/morte, tão impostos pelo meio social.

É pouco provável que o público infantil se assuste com as hilariantes personagens de Burton. Certamente faria, sem problemas, a distinção entre bem e mal entre as personagens grotescas. Muitas vezes fadas coloridas e borboletas ajudam a endossar uma harmonia que a sociedade quer impor. A criança recebe a informação de que um mundo feliz é aquele em que os cavalos de cores brilhantes passeiam sobre um vasto arco-íris e que só existe o verde e o céu cheio de estrelas. Colocam heróis se espancando para impor um *status quo* que a camada dominante insiste em afirmar como certo. Talvez todo esse paraíso esteja realmente simbolizando a dominação, a repressão? Seria tudo isso o belo? Nota-se que, na literatura e no cinema destinado ao público infantil e juvenil, existe a tendência de banalizar conteúdos. Não é o caso do livro ou do filme de Burton. Os habitantes da Cidade do Halloween inocentemente rompem uma norma e percebem que é possível conviver com as diferenças, e não rejeitá-las. A sociedade nos obriga a pensar em certo e errado, e nunca em uma reflexão. Tem-se a idéia de que as representações do bem seriam formas angelicais, sacras. O mal, por sua vez, recebe formas grotescas, assimétricas, um jogo de padrões questionado tanto na obra fílmica quanto na literária de Burton, uma reflexão longe de ser banal.

Colocar o leitor/espectador na posição do néscio seria um equívoco. Exigir pouco do público infantil e juvenil limitaria muito qualquer obra. Burton, refletindo sobre esse aspecto esclarece:

> Sempre gostei da idéia do conto de fadas, e sempre quis fazer um conto de fadas em sua forma mais pura. Quando em geral,

um conto de fadas é transposto para a tela, ou ele é infantilizado ou é exagerado, ridicularizado, vira uma piada, ou seja, é anulado como história, como mito. (BAHIANA, 1995, p. 172)

A afirmação de Burton confirma o descaso da maioria dos filmes para com o espectador infantil e juvenil. A banalização da história, ao ser transposta para o cinema relega o público infantil e juvenil a uma posição pouco articuladora e interpretativa. Anular uma história ao transpô-la para a tela significa também anular suas possíveis leituras e interpretações.

Burton articulou e releu seu próprio texto. Reinterpretou sua obra, ao transpô-la para a linguagem fílmica, linguagem que o americano domina muito bem. Houve transmutações, dessemelhanças, acréscimos como qualquer texto que recebe uma leitura com intenção de virar cinema. Eco salienta que "é preciso buscar no texto aquilo que o destinatário aí encontra relativamente a seus próprios sistemas de significação e/ou relativamente a seus próprios desejos, pulsões, arbítrios". (Eco, 1979, p. 7) Esses aspectos confirmam que o leitor está sempre evoluindo, constantemente desenvolvendo sua enciclopédia.

O cineasta manteve em mente que uma transmutação para outro campo semiótico deveria insistir em um enunciador atento. Por isso, *O estranho mundo de Jack* figura no rol dos grandes livros infantis da década de 90 do século passado e em um dos mais respeitados filmes de animação do século passado.

Bibliografia

BAHIANA, Ana Maria. *A luz da lente.* São Paulo: Globo, 1996.

BIEDERMANN, Hans. *Dicionário dos símbolos.* Trad. Glória Paschoal de Camargo. São Paulo: Melhoramentos, 1993.

BURTON, Tim. *The nightmare before christmas.* New York: Hyperion Books for Children, 1993.

CARVALHO, Barbara Vasconcelos de. *A literatura infantil.* 6 ed. São Paulo: Global, 1989.

CHEVALIER, J.& GHEERBRANT, A. *Dicionário de símbolos.* 10 ed. Trad Vera da Costa e Silva; Raul de Sá Barbosa; Angela Melim; Lúcia Melim. Rio de Janeiro: José Olympio, 1996.

ECO, Umberto *Lector in fabula.* Trad. Attilio Cancian. São Paulo: Editora Perspectiva, 1979.

EISNER, Lotte H. *A tela demoníaca, influências de Marx Reinhardt e do expressionismo* Trad. Lúcia Nagib. Rio de Janeiro: Paz e Terra, 1985.

HALAS, John, MANVELL, Roger. *A técnica da animação cinematográfica.* Trad Roberto Raposo. Rio de Janeiro: Civilização Brasileira, 1976.

HELD, Jaqueline. *O imaginário e o poder.* 2 ed. Trad. Carlos Rizzi. São Paulo: Summus, 1980.

KRACAUER, Siegfried. *De caligari a hitler.* Trad. Teresa Otoni. Rio de Janeiro: Zahar, 1988.

MACHADO, Carlos Eduardo Jordão. *Debate sobre expressionismo.* São Paulo: Editora Unesp, 1996.

MASSAUD, Moisés. *Dicionário de termos literários.* 7 ed. São Paulo: Cultrix, 1995.

THOMPSON, *Frank. The Film, the art, the vision:* Tim Burton's Nightmare Before Christmas. New York: Hyperion books for childrren, 1993.

A LEITURA LITERÁRIA DIANTE
DA VISÃO MODERNA DE PROGRESSO

Marcelo Chiaretto

Nos últimos tempos, vem causando crescente mal-estar a ênfase firmada pelas editoras de vertente abertamente comercial no texto literário produtor de leituras acessíveis, fáceis, que a todos agradariam. Compreendendo a era moderna como a era da técnica e da velocidade, regida pela lógica onipotente do mercado, percebe-se que tais editoras trabalham conforme uma programação organizada pela publicação de livros e catálogos promocionais, aptos a obscurecer estratégias francamente abusivas.

A princípio, para que se possa de fato estudar criticamente tal situação e assim buscar um novo horizonte de alternativas, é indispensável atentar para certos conceitos. De acordo com pesquisas recentes enfocando a leitura literária, sabe-se hoje que a idéia de letramento literário não se configura somente na produção de escritores, estudiosos da área de educação e de professores de literatura. Grosso modo, enquanto processo social e individual, vê-se que tal modalidade de letramento acaba por relacionar a expressão que sintetiza de forma mais adequada os procedimentos geradores e capacitadores da apropriação do mundo da escrita literária pelos leitores vistos em todos os níveis, seja professor, seja aluno, sejam sobretudo os indivíduos inseridos precariamente nos círculos de educação formal. Assim, este letramento contemplaria dois âmbitos primordiais, a sociedade e o indivíduo, ou seja, diante dos mecanismos ordenados para organizar de forma pública e previsível a sociedade como um todo homogêneo, há a imprevisibilidade do sujeito, isto é, sua carga subjetiva conformada em um caos de experiências, sentimentos, pensamentos e desejos. Como inserir a hiperarquitetada lógica do consumo nesse campo de indefinições? Para as editoras comerciais, torna-se assim indispensável disciplinar essa desordem, torná-la previsível e socializável, para que pouca ou nenhuma surpresa surja para perturbar a moderna dinâmica do comércio, uma dinâmica que apenas aprecia o progresso em linha reta e contínua, sem tempo para paradas ou circunvoluções, mantendo assim a homogeneidade, a velocidade e a eficiência.

Confundindo letramentos

Como se realiza então este processo de percepção "civilizatória" do sujeito-leitor de literatura? Quais são os procedimentos levados a cabo pelas editoras para confundir a idéia de letramento literário com a idéia de letramento funcional, uma noção que realmente não rege textos literários mas, sim, textos informativos e técnicos? Em outras palavras, como lograram estabelecer uma leitura instrumental, objetiva e, daí, eficiente, para um texto que se assume como literário? Enquanto um dos subprojetos que compõem o projeto global do Grupo de Pesquisa do Letramento Literário (GPELL), intitulado "Letramento literário no contexto da biblioteca escolar", levo à frente atualmente uma pesquisa que estuda a visão do comércio editorial sobre a leitura literária juvenil e a história dos livros *sem tempo de estar* na biblioteca escolar. Em conformidade com o que o próprio nome demonstra, este projeto busca colocar, como objeto de sua análise, os livros para público juvenil disponibilizados pelas editoras comerciais que se manifestam caracteristicamente como *sem tempo* para preencher as estantes da biblioteca escolar. Isso seria constatado seja pelo fato de que tais livros se apresentariam sem interesse em firmar uma relação de fato atemporal, crítica e interlocutória com o leitor, seja pelo fato de que foram produzidos conforme uma concepção por demais mercadológica, consumista e modernizante. Nesse estudo, analiso mais detidamente as estratégias comerciais firmadas pelas editoras com o fim de distorcer a idéia de letramento literário, estratégias estas que, aqui, serão estudadas superficialmente devido aos limites de espaço.

Dentre essas estratégias, nota-se à primeira vista a publicação maciça de livros de aproximadamente cem a cento e vinte páginas. Os textos são predominantemente em forma de diálogos, com histórias de ação e de mistério baseadas em tramas novelescas e maniqueístas sem densidade significativa. Vê-se também o uso abusivo de cores e de desenhos, que tornam o texto de leitura mais rápida e instantânea. Os temas sociais, por seu lado, perdem seu teor ideológico e são vistos, na maioria das vezes, de forma segmentada e caricatural, com dramas calculados, de fácil resolução e com desenvolvimentos distantes da realidade, ou seja, os finais são sempre satisfatórios ou simplesmente *felizes*.

Enfim, entre outros procedimentos com a finalidade de produzir fácil atração, percebe-se também a marginalização das obras literárias citadas como *clássicas*, situadas nos catálogos promocionais em espaço diferente dos livros *para leitura e entretenimento*, quando não são inseridas em algum processo de reciclagem, sofrendo então adaptações, sínteses ou condensações.

Nota-se dessa forma a democratização da leitura literária pela banalização, em vez da indispensável socialização do literário. De um lado, vêem-se livros que não promovem o letramento literário sob o ponto de vista de que não se preocupam em possibilitar uma comunicação realmente ativa – e transformadora – tendo em vista a história pessoal e a sociedade do leitor. Por outro lado – e por contigüidade –, verificam-se livros impostos como mercadoria descartável, com pressuposto tempo de validade e atuação, *fabricados* por editoras de acordo com a motivação (ou com a moda) dominante no momento.

De fato, cria perplexidade a percepção dessas estratégias das editoras, assim como seus efeitos. Um livro descartável acaba por servir de publicidade para uma arte com tempo de atuação determinado, baseada em uma visão constrangedora de progresso. Sobre isso, Octavio Paz já fez o seguinte apontamento:

> A Revolução Francesa continua sendo nosso modelo: a história é mudança violenta e essa mudança se chama progresso. Não sei se estas idéias seriam aplicáveis à arte. Podemos pensar que é melhor conduzir um automóvel que montar a cavalo, mas não vejo como se poderia dizer que a escultura egípcia é inferior à de Henry Moore ou que Kafka é superior a Cervantes.[1]

Octavio Paz estabelece ainda outros interessantes reparos sobre o hábito de se entender e se promover a arte sob um ponto de vista estritamente comercial. O fundamento de sua crítica permanece o mesmo: pensar em progresso na arte e na literatura é levar exageradamente a sério a modernidade tecnológica e suas concepções totalitárias. Nas palavras de Paz:

> A idéia da modernidade é filha do tempo retilíneo: o presente não repete o passado e cada instante é único, diferente e autosuficiente. A estética da modernidade, como observou um dos primeiros a formulá-la, Baudelaire, não é idêntica à noção do progresso: é muito difícil – e mesmo grotesco – afirmar que as artes progridem. Mas modernidade e progresso se parecem por ser manifestações da visão do tempo retilíneo. Hoje esse tempo se acaba. Assistimos a um fenômeno duplo: crítica do progresso nos países progressistas ou desenvolvidos e, no campo da arte e da literatura, degeneração da "vanguarda". O que distingue a arte da modernidade da arte de outras épocas é a crítica e a "vanguarda" cessou de ser crítica. Sua negação se neutraliza ao ingressar no circuito de produção e consumo da sociedade industrial, seja como objeto, seja como notícia. Pelo primeiro, a

---

[1] PAZ, 1990, p. 134.

verdadeira significação do quadro ou da escultura é o preço; pelo segundo, o que conta não é o que diz o poema ou a novela e, sim, o que se diz sobre eles, um dizer que se dissolve finalmente no anonimato da publicidade.[2]

Foi e é interessante se observar a difusão da arte literária de vanguarda, da literatura moderna, assim como é desalentador vê-la mergulhada nos ditames da sociedade industrial, perdendo o teor crítico em vista da necessidade de responder positivamente às políticas comerciais das grandes editoras. No lugar da crítica e dos questionamentos, exalta-se a literatura de entretenimento, que aparece na publicidade como de *indispensável leitura*. Mascara-se assim o funcionamento ideológico da literatura no momento em que esta é colocada no mesmo nível dos brinquedos de elite, que exigem tempo para brincar e dinheiro para serem consumidos, algo distante dos comuns. Fundam-se dessa forma leituras com o fim de arrancar o homem de seu interior, distanciando-o da consciência de sua experiência vital e social em vista do comodismo e do descompromisso: ler vai se tornando, cada vez mais, surfar. É interessante recordar que Adorno relacionou o sentido de divertir como *estar de acordo, resignar-se*.

É relevante destacar que a intenção ora explicitada não seria com efeito a de negar a modernidade em sua visão de progresso e de velocidade. Como disse Milton Santos:

> Aqui não se trata de pregar o desconhecimento da modernidade – ou uma forma de regresso ao passado –, mas de encontrar as combinações que, segundo as circunstâncias próprias de cada povo, a cada região, a cada lugar, permitam a construção do bem-estar coletivo. É possível dispor da maior velocidade tecnicamente possível no momento e não utilizá-la. É possível fruir da modernidade nova, atual, sem ser obrigatoriamente o mais veloz.[3]

Conforme uma visão dominante, afinam-se os livros, incluem-se variados desenhos, montam-se narrativas simplificadas

---

[2] Op. cit., p. 136.
[3] SANTOS, 2001.

e superficiais, firmando a virtude nos livros produtores de leitura tecnicamente veloz e econômica. No mundo de hoje, as obras de literatura parecem ter que optar entre ser recipientes de informação ou de entretenimento. Tornam-se saudosos os tempos em que a virtude era poder ler levantando às vezes os olhos, como dizia Roland Barthes, interrompendo com freqüência a leitura não por desinteresse, mas, ao contrário, por afluxo de idéias, excitações, associações: "é essa leitura, ao mesmo tempo desrespeitosa, pois que corta o texto, e apaixonada, pois que a ele volta e dele se nutre"[4]. É uma leitura sem a imposição do tempo, sem autoridade, que reencontra a perspectiva do prazer no momento da hesitação e do estranhamento, levando ao conhecimento de si mesmo e do mundo.

É interessante observar os meandros do processo de administração do leitor levado a cabo pelo atual comércio editorial montado pelas grandes editoras. Como na leitura funcional das notícias de jornal ou revista em que se pode apenas preferir saber ou ignorar, de uma mesma forma, enunciados que serão esquecidos instantes depois, as narrativas atuais saídas do forno industrial das editoras comerciais não são diferentes. Não há nuances determinadas: na maior parte das vezes simpatiza-se com um personagem e antipatiza-se com outro, algumas passagens ou temas são enfatizados para serem discutidos amplamente pelo público para outros serem apenas citados, certos livros são produzidos para serem lidos repetidas vezes (e depois esquecidos), enquanto outros são publicados apenas com o fim de criar uma imagem culta e pedagogizante. Como disse Marcos Nobre em uma reflexão sobre Adorno, o poder da racionalidade instrumental não está simplesmente em estabelecer verdades: seu poder está em reduzir toda racionalidade ao *ou isto ou aquilo*, sempre uma alternativa entre a ordem vigente e um grande disparate. Todos reconhecem o poder de controle e de padronização presente na idéia de grupo entre os jovens, assim

---

[4] BARTHES, 1984, p. 40.

como sabem do grande medo adolescente, o medo de ser visto como estranho e desviante. Hoje, percebem-se livros superpromovidos para que todos os jovens leiam, aprendam e esqueçam seguindo um circuito sem fim, entendendo assim a literatura como escrita de indiferenciados *blogs*, ou seja, espécies de diários virtuais amplamente divulgados pela Internet em que adolescentes contam de maneira prosaica o que fizeram durante o dia. Em contraponto, um jovem leitor, para ser e permanecer diferente no mundo moderno da tecnologia, teria que se inclinar para aquilo que Michel Foucault chamou uma vez de soberania, isto é, uma tomada de posição sobre si enquanto ser vivo, em pleno direito e dever de ser múltiplo como sua própria biologia.

Sem negar a modernidade e sua tecnologia, vê-se como urgente o encontro de combinações, de alternativas, de uma convivência democrática e interativa entre o visto como *novo* e o divulgado como *antigo*. Não há embaraços em se afirmar: a literatura que oculta seu sentido de formação estética, ética e política com base em um discurso modernizador arruína mundos outros e outras vidas, anula a dúvida, a curiosidade e a perturbação em busca de um saber, em suma, danifica uma experiência estética e cognitiva capaz de transformar e enriquecer tanto a realidade pessoal do sujeito-leitor quanto sua realidade social e histórica.

É fundamental dessa forma enaltecer os bons livros, ou melhor, os livros que corroboram uma noção de literatura como convite ao prazer, ao mesmo tempo que convite ao pensar consoante uma inter-relação texto/leitor que seja realmente produtiva, instrutiva e crítica. Da mesma maneira, é indispensável travar ou mesmo dificultar a propagação daqueles livros que circulam seguindo na corrente do marketing editorial, evidenciando a linguagem literária como algo de percepção instantânea, de gosto imediato e descartável, pragmática, independente do leitor, que torna claro o descompromisso com a literatura enquanto arte da palavra intercomunicativa.

Na acelerada corrida pelo progresso, não se pode atropelar a educação em prol da tecnologia, não se pode colocar a técnica contraposta à crítica. São partes de um mesmo construto, de um mesmo organismo. São interdependentes. Não há um jogo de exceções. Enquanto esse tumulto não for esclarecido, muito mal-estar ainda será produzido dessa falência, pelo esquecimento de algo muito presente na história, que contemplando placidamente o passado, descobrimos o conhecimento necessário para moldar o futuro.

Bibliografia

BARTHES, Roland. *O rumor da língua*. Trad. Mário Laranjeira. São Paulo: Brasiliense, 1984.

PAZ, Octavio. *Signos em rotação*. São Paulo: Perspectiva, 1990.

SANTOS, Milton. Elogio da lentidão. Caderno Mais. *Folha de S. Paulo*, março/2001.

LETRAMENTO LITERÁRIO

LETRAMENTO LITERÁRIO:
NÃO AO TEXTO, SIM AO LIVRO

Regina Zilberman

Letramento literário e livro didático, ou a difusão da literatura pela escola

O livro didático constitui um dos gêneros literários mais antigos do Ocidente. Se as primeiras manifestações artísticas expressas pela palavra remontam aos versos de Homero e Hesíodo, responsáveis, respectivamente, por epopéias como a *Ilíada* e a *Teogonia*, datadas dos séculos VIII e VII a. C., já no século IV a. C. apareceu a *Retórica para Alexandre*, considerado "provavelmente um livro didático mais típico [que o de Aristóteles] dessa época"[1], redigido, segundo se especula, por Anaxímenes de Lampsaco. O título atribuído a essa obra, contemporânea da *Retórica*, de Aristóteles, sugere seu tema: trata-se de um manual destinado à aprendizagem da arte de falar em público, matéria altamente relevante para os atenienses, envolvidos, tanto quanto se sabe, na vida política da cidade.[2]

Durante muitos séculos, livro didático e manual de retórica se confundiram, e desde esses começos a matéria

---

[1] KENNEDY, George A. *A New History of Classical Rhetoric.* Princeton: Princeton University Press, 1994, p. 49.

[2] Cf. BARTHES, Roland. *Investigaciones retóricas I. La antigua retórica.* Buenos Ayres: Tiempo Contemporaneo, 1974.

predominante era o conhecimento da língua e da literatura, com o fito de aperfeiçoar a expressão pessoal.

No século XVI, com a expansão da imprensa, elaboram-se outras obras destinadas à escola – instituição que igualmente se difundia na Europa, tornando-se pouco a pouco obrigatória para a infância –, mas, na maioria delas, predominam assuntos relacionados à aprendizagem e ao emprego da língua. Cabe ressaltar, por seu turno, que, no material então elaborado, a língua deixa de ser entendida em termos de oralidade, insistindo-se na importância do correto manejo da escrita. Aos manuais de retórica, somaram-se as cartilhas, aparecendo a alfabetização do horizonte dos professores.

Nesse mesmo século XVI, principiava a colonização do Brasil por portugueses, que, da sua parte, legaram as tarefas pedagógicas aos jesuítas, e esses se interessaram sobretudo pela catequese dos indígenas. Seus produtos didáticos, portanto, dirigiam-se a esse tipo especial de público. Somente no século XVIII, durante a administração do Marquês de Pombal, o governo português decidiu envolver-se com os rumos da educação dos jovens, retirando o monopólio dos inacianos e procurando laicizar o ensino. Os religiosos continuaram responsáveis pela feitura da maior parte das obras destinadas à aprendizagem da língua, mas, agora, o controle sobre elas passa a ser exercido pelo Estado, e não mais pela Igreja.

Por mais de vinte séculos, o livro com que lidavam os estudantes privilegiava o estudo da linguagem verbal. A Retórica e a Gramática, que originalmente incluía o conhecimento da tradição literária – eis as disciplinas fundamentais, ao lado da Matemática e, entre os gregos, da Ginástica, que formavam o cidadão, cujas habilidades começavam pelo domínio da fala e da escrita.[3] O letramento colocou-se então na base, e a ciência

---

[3] Cf. a respeito ATKINS, J. W. H. *Literary Criticism in Antiquity*. A Sketch of its Development. London: Methuen, 1952. 2v. E KENNEDY, George. *Classical Rhetoric and its Christian & Secular Tradition*. From Ancient to Modern Times. Chapel Hill: The University of North Carolina Press, 1980.

dos dicionários ajudou a consolidação do saber lingüístico. Ao final do processo, a literatura, ou a poesia, como era então denominada, porque a teoria da leitura em voga pressupunha o aprendizado do alfabeto para se alcançar sua expressão mais elevada – a que os artistas da palavra tinham utilizado.

Os fatores de ordem histórica explicam por que o livro didático constitui um gênero que assumiu natureza literária: ele lida basicamente com o mundo das Letras. Assim, embora não se exijam do livro didático as qualidades que caracterizam o poético – que pode equivaler, conforme a orientação adotada dentre as correntes teóricas existentes, à determinada maneira de representar a natureza ou a sociedade, à manifestação da genialidade e da originalidade do artista, ou ainda a um certo modo de lidar com a linguagem –, ele engloba a tradição literária e atua como seu portador mais credenciado. Da Antigüidade até o século XVIII da era cristã, tinha a tarefa de transmitir a tradição e veicular modelos, que aos aprendizes competia emular. Após as revoluções burguesas que estabeleceram os Estados nacionais, ele foi tomando cores locais, elegendo a língua e a literatura pátrias como objeto de conhecimento e difusão entre os escolares.

Se a função das primeiras cartilhas, antes do século XVIII, era dar a saber e utilizar o alfabeto, enquanto condição para a prática da leitura, silenciosa ou em voz alta, não competia determinar em que língua se faria a atividade de deciframento da escrita. A preferência recaía sobre o latim, depois, sobre as línguas estrangeiras, não sobre o vernáculo, pois este, supostamente, era instruído em casa. O estudante não ia à escola para aprender o que, em princípio, já dominava com naturalidade. O contrário dessa tese é o que advoga Luiz Antônio Verney, ainda em 1747, em Portugal, ao defender que "o primeiro princípio de todos os estudos deve ser a gramática da própria língua".[4]

---

[4] VERNEY, Luiz Antônio. *Verdadeiro método de estudar*. Ed. organizada por António Salgado Júnior. Lisboa: Livraria Sá da Costa, v. II., 1950.

A passagem do século XVIII para o XIX assistiu à mudança de panorama: tornava-se tarefa do ensino o estudo da língua nacional, doravante também denominada "materna", não porque as pessoas tivessem-na esquecido, mas porque o Estado burguês, modelo que se tornava hegemônico na Europa posterior à Revolução Francesa, necessitava de um padrão lingüístico homogêneo, que representasse a unidade de um país. Os dialetos – inúmeros na França, Espanha e Alemanha, por exemplo – foram sendo marginalizados, reprimidos como o basco, o galego ou o catalão, na Península Ibérica, ou rebaixados à condição de regionalismo ou de expressão restrita às camadas populares, pouco ou nada ilustradas. O padrão urbano dos segmentos cultos consagrou-se como norma e correção, e os demais foram jogados para a situação de desvio, erro ou mera curiosidade.

O livro didático, gênero literário por priorizar a poesia, a retórica e a gramática – modos principalmente da escrita –, privilegia agora um tipo de língua, a que provém dos grupos superiores, incluindo-se aí suas preferências artísticas, as que passam a representar a literatura nacional, cuja trajetória é incorporada pela história da literatura.

Não se trata apenas de explicar por que, aqui, se julga o livro didático um gênero próximo do literário. Importa é esclarecer o profundo vínculo entre esse tipo de livro e o mundo das Letras, determinando uma espécie de obra que se torna padrão para todas as áreas do conhecimento. Isto é, o livro didático pertence à literatura, nasceu para difundi-la sob suas várias formas – seja enquanto modalidade singular de expressão, exemplo de uso bem-acabado da língua, e maneira de ser e falar a ser imitado – e, por causa disso, converteu-se no paradigma repetido em outros campos do saber. É possível, pois, examinar o livro didático enquanto generalidade considerando o caso dos que se referem à aprendizagem da leitura, da gramática e da literatura, porque, salvo raras exceções, os demais – destinem-se eles ao estudo de História, Ciências

Sociais, Matemática, Biologia, etc. – espelham-se naqueles, não chegando a ultrapassar seus limites, nem a oferecer uma formação diferenciada.

Ao mesmo tempo, porém, eles incidem em certa figuração da língua e da literatura que determina o tipo de veiculação que essas recebem na sociedade e na cultura, por conseqüência, impõem uma concepção de leitura e de consumo de criações literárias.

Os livros didáticos que os jesuítas introduziram na educação brasileira não fugiram, até o século XVIII, do paradigma vigente. Após a expulsão da Companhia de Jesus, em 1759, a educação dos jovens brasileiros passou a ser gerenciada principalmente por leigos, piorando, conforme Fernando de Azevedo, o que já não era satisfatório.[5] Como, na colônia, a impressão de livros era proibida, as dificuldades cresciam: era preciso trazer as obras desde a Metrópole, encarecendo o produto e rareando o consumo.

Somente em 1808 foi autorizada a publicação de obras escritas no Brasil, com o estabelecimento da Impressão Régia por força de decreto assinado por D. João, o Príncipe Regente, na época encabeçando o governo português. A tipografia era estatal, mas não podia dar prejuízo, razão por que não se limitou a divulgar os documentos emanados da administração. Passou a editar, de um lado, cartas de jogar,[6] de outro, livros destinados ao comércio local, e entre os gêneros eleitos figurava o didático, destinando títulos, de um lado, aos estudantes dos recém-fundados cursos da Real Academia Militar, a Academia Naval e Medicina,[7] de outro, aos meninos

---

[5] Cf. AZEVEDO, Fernando de. *A cultura brasileira*. Introdução ao estudo da cultura no Brasil. 4 ed. Brasília: Editora Universidade de Brasília, 1963.

[6] Cf. CABRAL, Alfredo do Vale. *Anais da Imprensa Nacional do Rio de Janeiro de 1808 a 1822*. Rio de Janeiro: Tipografia Nacional, 1881

[7] Cf. a relação de títulos de livros didáticos destinados ao ensino superior, publicados entre 1809 e 1820 in: LAJOLO, Marisa e ZILBERMAN, Regina. *A formação da leitura no Brasil*. São Paulo: Ática, 1996.

que começavam a ler. Pode-se supor que esse não fosse um mau negócio, pois um dos lançamentos foi alvo de quatro edições subseqüentemente, entre 1818 e 1824, a saber, *Leitura para meninos*, provavelmente de José Saturnino da Costa Pereira, que, conforme Alfredo do Vale Cabral, continha "uma coleção de histórias morais relativas aos defeitos ordinários às idades tenras e um diálogo sobre a geografia, cronologia, história de Portugal e história natural".[8]

O livro didático principia sua trajetória, no Brasil, na condição de coletânea de textos educativos, aptos à formação ética e cultural da infância aqui residente. Ao longo do século XIX, as obras tomam essa feição, oscilando entre aquelas que são produzidas na Europa – especialmente em Portugal – e importadas para as livrarias locais, e as que são impressas nas cidades brasileiras. O número destas é muito menor, determinando a carência de material didático entre os alunos. Características do dezenove brasileiro são as queixas freqüentes relativamente a essas faltas: reclama-se a falta de livros nas salas de aula; quando eles existem, protesta-se pelo fato de serem estrangeiros, comprometendo a formação das crianças. Alguns exemplos ilustram a situação.

Em relatório de 1851, observa Justiniano José da Rocha, jornalista e professor do Colégio Pedro II, aliás, ele mesmo autor de livros didáticos na década seguinte:

> Quanto aos métodos e livros de ensino, se não há perfeita identidade, também não há diferenças capitais entre eles. Na falta de livros elementares aprovados e impostos por quem tenha direito de impor e de aprovar, são geralmente adotados os livros antigos, notando-se em alguns colégios progressos: a adoção dos livros da Universidade de França, cujo texto é mais acurado, cuja escolha é melhor regulada pela gradação das dificuldades. Nas aulas, porém, de Retórica e de Filosofia outro tanto não acontece: Quintiliano e Genuense estão destronados (este último com justiça); não há porém uniformida-

---

[8] CABRAL, Alfredo do Vale. Op. cit.

de nos que lhes são substituídos, seguindo-se geralmente em cada colégio, a par das preleções dos professores, postilas ou cadernetas.⁹

Em 1862, o poeta Gonçalves Dias, com missão de verificar as condições do ensino e das bibliotecas nas regiões Norte e Nordeste do Império, tarefa que lhe delegou o Imperador, constata lacuna similar:

> Um dos defeitos é a falta de *compêndios*: no interior porque os não há, nas capitais porque não há escolha, ou foi mal feita; porque a escola não é suprida, e os pais relutam em dar os livros exigidos, ou repugnam aos mestres os admitidos pelas autoridades. [...] Qualquer que fosse o fundamento da escolha é certo que o Conselho da instrução, que foi quem a propôs, esqueceu-se de um livro para leitura; e se alguns professores remediaram este inconveniente, adotando com melhores razões o bom Homem Ricardo e Máximas de Franklin, outros, a maior parte, obrigam os meninos a ler pelo catecismo, livro impróprio para leitura por ser escrito em perguntas e respostas.¹⁰

Além disso, a predominância de textos inteiramente produzidos em Portugal provoca a reclamação de intelectuais brasileiros, reivindicando a nacionalização do livro didático. Em *A educação nacional*, de 1890, José Veríssimo chama a atenção para a necessidade de abrasileiramento das publicações em circulação na sala de aula:

> Acanhadíssimas são as melhorias desse triste estado de cousas, e ainda hoje a maioria dos livros de leitura, se não são estrangeiros pela origem, são-no pelo espírito. Os nossos livros de excertos é aos autores portugueses que os vão buscar, e a autores cuja clássica e hoje quase obsoleta linguagem o nosso mal

---

⁹ ROCHA, Justiniano José da. *Relatório sobre o ensino secundário no Rio de Janeiro*. Exposição sobre o estado das aulas públicas de instrução secundária, e dos colégios e escolas particulares da capital do Império. Reproduzido in: CARDIM, Elmano. *Justiniano José da Rocha*. São Paulo: Nacional, 1964. p. 117-129.

¹⁰ Reproduz-se o relatório de Gonçalves Dias in: MOACYR, Primitivo. *A instrução e as províncias*. (Subsídios para a história da educação no Brasil). 1835 - 1889. São Paulo: Nacional, v. 2, 1939, p. 525-526.

amanhado preparatoriano de português mal percebe. São os Fr. Luís de Souzas, os Lucenas, os Bernardes, os Fernão Mendes e todo o classicismo português que lemos nas nossas classes da língua, que aliás começa a tomar nos programas o nome de língua nacional. Pois, se pretende, a meu ver erradamente, começar o estudo da língua pelos clássicos, autores brasileiros, tratando coisas brasileiras, não poderão fornecer relevantes passagens? E Santa Rita Durão, e Caldas, e Basílio da Gama, e os poetas da gloriosa escola mineira, e entre os modernos João Lisboa, Gonçalves Dias, Sotero dos Reis, Machado de Assis e Franklin Távora, e ainda outros, não têm páginas que, sem serem clássicas, resistiriam à crítica do mais meticuloso purista?[11]

Alguns anos antes, em 1879, a *Revista Brasileira*, em artigo assinado por F. Conceição, já denunciara o problema, examinando suas causas – a dependência da importação de livros produzidos no Exterior – e apontando as conseqüências no plano da expressão lingüística:

> Não temos diante dos olhos senão modelos estrangeiros, escritos em língua que não é nossa, o que faz com que (quem não concordará?) pareça que os brasileiros têm perdido o sabor do idioma com que foram acalentados nos seios de suas mães.[12]

A desnacionalização não envolvia apenas o material escolar. Conforme adverte Justiniano José da Rocha, em 1851, as instituições de ensino eram dirigidas, em sua maioria, por professores originários da Europa, fato, conforme o relator, gerador de resultados negativos:

> Devo informar a V. Exa. acerca da nacionalidade dos diretores de colégio. Em geral são eles estrangeiros; poucos são brasileiros; alguns franceses, e quase todos portugueses; são igualmente portugueses quase todos os professores. Parece-me isso uma gravidade.

---

[11] VERÍSSIMO, José. *A educação nacional*. 2 ed. aumentada. Rio de Janeiro: Francisco Alves, 1906. p. 4-8.

[12] CONCEIÇÃO, F. Os livros e a tarifa das alfândegas. *Revista Brasileira*. Ano I, Tomo 1, 1879, p. 607-611.

> Um dos cardeais objetos da educação da mocidade deve ser infundir o culto da pátria, o conhecimento das suas glórias, o amor às suas tradições, o respeito aos seus monumentos artísticos e literários, a nobre aspiração torná-la mais bela a mais gloriosa. Esse sentimento de religiosa piedade para com a nossa mãe comum não se ensina com preleções catedráticas, comunica-se porém nas mil ocasiões que oportunas se apresentam no correr da vida e das lições colegiais... mas para comunicá-lo, é necessário tê-lo.[13]

Reagindo ao panorama negativo, aparecem as primeiras iniciativas brasileiras. Em 1864, o Cônego Fernandes Pinheiro, membro do corpo docente do Colégio de Pedro II, onde lecionava Literatura Nacional e Gramática Filosófica, organiza *Meandro poético*, coletânea que reúne Alvarenga Peixoto, Basílio da Gama, Cláudio Manuel da Costa, Francisco Bernardino Ribeiro, Francisco de São Carlos, Francisco Vilela Barbosa, João Gualberto Ferreira dos Santos Reis, José Bonifácio de Andrada e Silva, José da Natividade Saldanha, Luís Paulino, Manuel Alves Branco, Santa Rita Durão, Silva Alvarenga e Sousa Caldas, enfim, os nomes que vinham formando o nascente cânone da poesia nacional, hoje reconhecido apenas em parte.

Ao anunciar o livro, no catálogo da livraria Garnier, a casa editora que patrocinou o lançamento da obra, escreve o organizador:

> Esta obra recomenda-se aos pais de família e diretores de colégios pela boa escolha das poesias que a compõem; até hoje sentia-se a falta de uma boa obra neste gênero, que preenchesse o fim desejado; podemos asseverar que a mãe mais extremosa pode dar este livro a sua filha sem temer pela sua inocência; os homens encarregados da educação da mocidade podem ter a certeza de encontrar nesta coleção as poesias mais próprias para formar o coração, ornar o espírito e apurar o gosto dos seus discípulos.[14]

---

[13] ROCHA, Justiniano José da Rocha. Op. cit.

[14] CATÁLOGO DA LIVRARIA DE B. - L. GARNIER. In: PINHEIRO, Joaquim Caetano Fernandes. *Meandro Poético*. Rio de Janeiro: Garnier, 1864, p. 111.

Apenas no período republicano, efetivamente se expande a indústria livreira nacional, calcada sobretudo na produção de obras destinadas ao público estudantil. Uma relação preliminar dos livros didáticos publicados no período entre 1890 e 1920 é expressiva da quantidade de títulos lançados e de suas orientações principais:

- Afonso Celso – *Por que me ufano de meu país*;
- Alberto de Oliveira – *Céu, terra e mar*;
- Alcindo Guanabara – *Contos para crianças*;
- Arnaldo Barreto – *Primeiras leituras*;
- Arnaldo Barreto e Ramon Puiggari – *Livro de leitura*;
- Carlos de Laet e Fausto Barreto – *Antologia nacional*;
- Coelho Neto – *Compêndio de literatura brasileira*;
- Felisberto de Carvalho – *Exercício de estilo e redação; Gramática; Livro de leitura* (cinco volumes); *Seleta de autores modernos; Exercícios de língua portuguesa; Dicionário gramatical*;
- Francisco Viana – *Leituras infantis; Primeiros passos na leitura*;
- João do Rio e Viriato Correia – *Era uma vez...* (contos para crianças);
- João Kopke – *Leituras morais e instrutivas; Leituras práticas*;
- João Ribeiro – *História do Brasil* (curso médio); *História do Brasil* (curso primário); *Livro de exercício*;
- Júlio Silva – *Aprendei a língua vernácula*;
- Olavo Bilac – *Poesias infantis*;
- Olavo Bilac e Coelho Neto – *A pátria brasileira; Contos pátrios; Teatro infantil*;
- Olavo Bilac e Guimarães Passos – *Tratado de versificação*;
- Olavo Bilac e Manuel Bonfim – *Através do Brasil; Livro de composição; Livro de leitura*;
- Ramon Puiggari e Arnaldo Barreto – *Livro de leitura*;
- Rodrigo Otávio – *Festas nacionais*;
- Sílvio Romero – *História do Brasil ensinada pela biografia de seus heróis*;
- Ventura Bôscoli – *Lições de literatura brasileira; Análise gramatical*.

Por certo chamam a atenção dois elementos: primeiramente, a presença de importantes vultos da literatura brasileira da passagem do século XIX para o XX. Com efeito, aí estão, na qualidade de autores de obras dirigidas ao uso escolar, historiadores do porte de João Ribeiro, pensadores da cultura brasileira, como Sílvio Romero e Manuel Bonfim, poetas e ficcionistas como Olavo Bilac e Coelho Neto, além de Júlia Lopes de Almeida, cujas obras para a infância em sala de aula não foram indicadas acima.

Em segundo lugar, a maioria dos livros emprega a palavra *leitura* no título, na seqüência da prática que vinha do Segundo Reinado e que tivera, por exemplo, em Abílio César Borges, o Barão de Macaúbas, um de seus principais usuários. Também ele organizara livros de leitura, relembrados na ficção de Raul Pompéia em *O Ateneu* e nas memórias de Graciliano Ramos, matéria de *Infância*.

Nenhum dos dois romancistas parece ter apreciado a pedagogia, criticada por Pompéia, ou as compilações, odiadas por Graciliano, de Abílio César Borges. Com a República, o monarquista Barão de Macaúbas tentou adaptar seus livros ao novo regime político, mas, a se julgar pelo desaparecimento do título dos catálogos das livrarias e tipografias da época, a providência não parece ter tido sucesso.[15] Em seu lugar, apareceram outros *blockbusters* do período: a *Antologia nacional*, de Fausto Barreto & Carlos de Laet, *Através do Brasil*, de Olavo Bilac & Coelho Neto, e os *Livros de leitura*, de Felizberto de Carvalho, coletânea que igualmente marcou a memória de futuros ficcionistas, como José Lins do Rego, que o recorda na novela *Bangüê*.

O vocábulo *leitura*, tão freqüente nesses livros, recobre significações variadas e nem sempre coincidentes. Pode representar primeiramente aprendizagem da escrita, mas é também estímulo ao gosto de ler. Associado à alfabetização,

---

[15] Cf. a respeito LAJOLO, Marisa e ZILBERMAN, Regina. Op. cit.

redunda em redação, mas não exclui o interesse cognitivo, pois cabe-lhe alavancar a inteligência. O modo como Felizberto de Carvalho encaminha a questão, na abertura do primeiro volume de sua série de *Livros de leitura*, revela o feixe de intenções, algumas complementares, outras contraditórias, englobadas por um único termo:

> Assim, pois, procuramos escrever este livrinho de modo a atender os seguintes fins:
>
> 1º – Despertar no aluno o desejo de aprender a ler;
>
> 2º – Facilitar-lhe de certa maneira a leitura, pelo exame prévio do desenho que precede cada lição;
>
> 3º – Não apresentar de uma só vez, como aliás já o tem feito alguns autores, todas as letras e essa grande quantidade de sílabas que desanimam a criança;
>
> 4º – Fugir do que é muito trivial, e fazer que o aluno adquira sempre idéias novas, apresentando-lhe algumas palavras cuja significação não pode saber, para que o professor tenha ocasião de lhas explicar;
>
> 5º – Associar a escrita à leitura, poupando ao professor o trabalho de representar por muitas vezes, em manuscrito, as palavras ou frases; cumprido aqui dizer que se não trata de exercícios *caligráficos*, mas simplesmente *logográficos*, isto é, da escrita *correta* das palavras, ainda que não seja *bela*;
>
> 6º – Desenvolver sempre, cada dia de aula, a inteligência do menino, levando-o a raciocinar e a expender bem os seus juízos.[16]

Nessa apresentação, a leitura parece desprovida de objeto, já que não se enumera o que virá a ser lido, a não ser "palavras ou frases". Por sua vez, em volume posterior, dirigido a alunos que já dominam a leitura de modo independente, Felizberto de Carvalho esclarece indiretamente a que se refere essa atividade, ao enumerar para o professor os passos do trabalho com textos escritos. Nesse caso, acoplam-se atividades

---

[16] CARVALHO, Felizberto de. *Primeiro livro de leitura*. Desenhado e refundido por Epaminondas de Carvalho. 58 ed. Rio de Janeiro: Francisco Alves & Cia; Lisboa: Aillaud, Alves e C., 1911, p. 7-18.

de reprodução em voz alta do conteúdo da peça escolhida e interpretação, processo conduzido pelo docente e repetido pelo estudante:

> 4° – Marcha a seguir para dar uma lição de leitura expressiva.
>
> 1° – Preparação do trecho que deva ser lido;
>
> 2° – Leitura expressiva pelo professor, ou por um dos alunos mais adiantados;
>
> 3° – Catequização geral, a fim de fazer descobrir: a síntese do trecho; suas idéias principais, e o modo por que se ligam umas às outras; o gênero da composição (descritivo, narrativo, ou oratório); e o acento que nele domina;
>
> 4° – Nova leitura pelo professor e nova catequização destinada a fazer encontrar por meio do raciocínio:
>
> a) – O objeto do pensamento e o sentido das expressões figuradas;
>
> b) – O caráter da entonação e das inflexões;
>
> c) – As palavras que se devem acentuar;
>
> d) – Os movimentos de aceleração e os de retardação da voz;
>
> 5° – Leitura pelos alunos, enfim.[17]

Quando se consolida a produção de livros didáticos nacionais, adaptados às peculiaridades da escola e do estudante brasileiro, aqueles não desmentem uma tradição que remonta à Antigüidade helênica:

– privilegia-se o mundo das letras, começando pela leitura e pela aquisição da escrita;

– chega-se ao conhecimento da literatura, que, da sua parte, é representada por "trechos", mas que pertencem aos gêneros descritivo, narrativo ou oratório, vale dizer, aos gêneros nobres.

---

[17] CARVALHO, Felizberto de. *Quarto livro de leitura*. Desenhos de Epaminondas de Carvalho. Rio de Janeiro: Alves & Cia, s. d., p. 6-13.

Nosso livro didático não foge ao modelo geral: compõe-se de fragmentos de livros, que, reunidos, tomam a forma de um livro integral.

O recorte histórico, com ênfase no processo ocorrido no Brasil do Segundo Reinado e dos primeiros anos da República, permite descrever o modo como se dá a formação literária proposta pelo livro didático, incidindo numa concepção de literatura:

a) nos primeiros níveis, a leitura corresponde à aprendizagem dos sinais gráficos – as letras;

b) a leitura introduz o indivíduo no mundo da escrita;

c) quanto mais o sujeito se adentra no mundo das letras – representado pela escrita e por trechos lidos em voz alta – tanto mais ele se habilita ao conhecimento dos gêneros elevados, que pertencem à literatura.

Elegem-se textos para objeto inicial de leitura, a seguir, de compreensão e reprodução, encarados como trânsito na direção de outros textos, estes já consagrados e reconhecidos socialmente na posição de cânone literário. A literatura é miniaturizada na condição de texto, e o livro, enquanto representação material daquela, desaparece, a não ser quando substituído pelo próprio livro didático, exemplar único a espelhar, na sua fragmentação, a categoria geral e uma classe de produtos.

A formação literária não leva ao mundo dos livros, e sim a simulacros que, se pertencem ao campo conceitual das Letras, representam-no apenas parcialmente. O conceito de literatura aí proposto isola uma parte – o texto – do todo, o livro, produto material que congrega autor e obra, sociedade e mundo representado, cultura e economia.

A literatura fica de fora da escola, reproduzindo-se, nesse jogo de empurra, o processo de sua elitização.

Se o início do século XX impôs à escola esse modelo de difusão e ensino da literatura, seu final não apresentou mudanças substanciais, apesar das alterações de glossário e de base teórica.

Entre o texto e o livro

Para se refletir sobre o momento presente, tomem-se como referência, não mais o livro didático, e sim os Parâmetros Curriculares Nacionais [PCN], não para questioná-los ou recusá-los, e sim por representarem uma tendência dominante no âmbito do ensino, com repercussões na difusão da literatura e no processo de introdução à obra literária. Destinados à escola básica, dividida em quatro ciclos, esses documentos abordam, em todos os passos, tópicos relativos à escrita e à leitura. Citam-se aqui os que se dirigem às quatro últimas séries do Ensino Fundamental

O projeto que os fundamenta pressupõe a conscientização de que o fracasso escolar localiza-se no campo da leitura e da escrita; por causa disso, o objetivo geral para o ensino do Português nas quatro últimas séries do Ensino Fundamental consiste em propiciar ao aluno o uso eficiente da linguagem. Concretizado esse objetivo, realizar-se-ia a finalidade principal dos PCN, a saber, o exercício competente e consciente da cidadania. Ao mesmo tempo, desatar-se-ia o nó que tem comprometido a qualidade da escola brasileira: em virtude do tipo de funcionamento, eficaz, proposto para a área de Língua Portuguesa, o problema seria resolvido, refletindo-se no desempenho do estudante nas demais áreas.

Ao ensino do Português delegam-se, pois, duas responsabilidades: superar uma das mais importantes causas do fracasso escolar; cooperar decisivamente para a formação da consciência cidadã, porque essa se expressa e adquire substancialidade no uso da linguagem, sobretudo a verbal.

Para se chegar a esse resultado, cabe partir de um novo pressuposto: não mais a língua como sistema lingüístico fechado, conforme sugeriam currículos e programas em outros tempos, mas o *texto*, considerado *unidade básica de ensino*. O texto, contudo, não é concebido de modo uniforme: pode-se apresentar na forma oral ou escrita, verificando-se ainda *diversidade de textos e gêneros*. Essa conceituação não dissimula a base teórica, oriunda das teses de Mikhail Bakhtin, pensador russo cujas reflexões se introduziram recentemente na Lingüística e na Teoria da Literatura, afetando a Análise do Discurso, que examina as modalidades de expressão e seu fundo ideológico, e a Literatura Comparada, que estuda a intertextualidade.

Procedendo a esse giro, conforme o qual o estudo da língua é substituído pela prática com textos, obtém-se virtualmente o resultado almejado: a escola passa a ensinar o aluno a utilizar a linguagem de modo adequado nas diversas situações comunicativas. O resultado é alcançado pela *prática constante de leitura e produção de textos*, fazendo-se apelo à atividade metalingüística ou gramatical apenas quando necessário, isto é, quando for preciso ampliar o repertório comunicativo do aluno. O documento propõe *que não se justifica tratar o ensino gramatical como se fosse um conteúdo em si, mas como um meio para melhorar a qualidade da produção lingüística*. Há, à primeira vista, ruptura com o ensino tradicional da Língua Portuguesa, embora não se verifique a rejeição de alguns de seus propósitos, se se comparar esses objetivos aos de uma obra tradicional, e hoje, de valor unicamente histórico, como a de Felizberto de Carvalho, antes citada.

Os objetivos apresentam duas direções: de um lado, referem-se ao uso do texto em situações pragmáticas; de outro, têm sentido analítico, porque visam a desenvolver a percepção de características peculiares às manifestações lingüísticas. No primeiro caso, a meta é chegar ao "conjunto de atividades que possibilitem ao aluno desenvolver o domínio da expressão oral e escrita em situações de uso público da linguagem" (p. 35); no segundo, visam a oferecer ao estudante um potencial classificatório que lhe permita distinguir modalidades de texto, tipos de uso da manifestação verbal, etc., valorizando a consciência reflexiva diante do material lingüístico de que o próprio aluno é usuário.

Embora legítimos, esses objetivos não são originais. Como se sabe, a escola que conhecemos é uma instituição característica da cultura ocidental que remonta aos gregos, em especial aos atenienses do século V a. C., que acreditaram que o homem, embora dotado de inteligência e discernimento, podia ser aperfeiçoado por intermédio da educação. Os sofistas foram provavelmente os primeiros professores do Ocidente, e sua matéria foi a linguagem, que ensinavam como dar emprego adequado às palavras da língua. O estabelecimento da gramática veio depois, competindo-lhe sistematizar as regras da língua a serem utilizadas pelo bom orador. A Retórica consagrou-se como ciência, tornando-se não apenas disciplina obrigatória da escola, mas objeto da reflexão de homens do porte de Platão e Aristóteles, entre os gregos, e de Cícero e Quintiliano, entre os romanos.

Todo o objetivo que lida com o *uso público da linguagem* remonta à Retórica e sua tradição, que, como se observou no início, determinou o aparecimento dos primeiros livros didáticos. De todo modo, os objetivos mostram-se coerentes com o propósito geral dos Parâmetros Curriculares: se compete à escola formar cidadãos lúcidos e participantes, nada melhor do que ensinar aos alunos como lidar com a linguagem, sinal de sua competência lingüística e consciência diante da sociedade. O risco é de reverter o ensino da Língua Portuguesa à Retórica tradicional, escondendo atrás de uma roupagem renovadora uma concepção não apenas pragmática e utilitária da língua, mas bastante convencional e, supostamente, superada desde o início do século XX, quando deixou de vigorar em sala de aula.

A literatura não fica de lado, aparecendo enquanto uma das possibilidades de texto ou gênero de discurso. Verifica-se aí, aparentemente, uma oposição à tradição dos estudos literários, que privilegia a especificidade da escrita artística.

Com efeito, a Teoria da Literatura, por boa parte do século XX, conferiu atenção exclusiva ao literário enquanto qualidade intrínseca à arte da palavra, diversa e superior aos demais empregos dados à linguagem verbal. O *New Criticism*, desde os anos 40, na América do Norte, e o Estruturalismo, na Europa dos 60, levaram esse propósito às últimas conseqüências. Os movimentos modernistas e de vanguarda, liderados por escritores, aceleraram o processo, dando vazão a obras herméticas que requeriam, efetivamente, um recebedor altamente preparado. Como chama a atenção Andreas Huysens, o resultado foi uma nítida divisão de fronteiras, separando, para um lado, a literatura, com seus críticos e estudiosos muito preparados, para outro, os consumidores.[18]

Por sua vez, ao eleger esse procedimento – elitista, digamos – a Teoria da Literatura não desmentia o paradigma da leitura até então adotado pela escola, tradicional ou moderna; pelo contrário, reforçava-o. Desde os gregos, a aprendizagem da leitura oferecia o solo sobre o qual se apoiava o conhecimento da literatura, representada por obras e autores prestigiados, cuja fama se consolidou ao longo do tempo. Embora apresente finalidade prática e imediata, pois visa a promover a comunicação e facilitar o emprego da escrita, a leitura fomentada em sala de aula colaborou para o fortalecimento de um cânone, explicado e ainda reforçado pela ciência da literatura.

Assim, a primeira grande teoria da leitura, e provavelmente a mais duradoura, foi a que dispôs do ensino e da pedagogia como um de seus principais e mais eficientes difusores. Iniciou entre os gregos, que, como ainda hoje se faz, partiam da alfabetização, para chegar ao conhecimento do texto literário, começando pelo próximo, para alcançar o distante.

Para atingir esse resultado, foram necessárias duas providências: organizar a instituição encarregada de profissionalizar

---

[18] Cf. HUYSSEN, Andreas. *After de Great Divide*. Modernism, Mass Culture, Postmodernism. Bloomington and Indianapolis: Indiana University Press, 1986.

a atividade pedagógica, o que deu origem à escola; e promover a separação entre a religião e a poesia, competindo à primeira a guarda do mito, e à segunda, nascida daquela, mas agora emancipada, o zelo da língua. Desse modo, embora se transfira do mundo do sagrado para o profano, a literatura não deixa de ser venerada como algo santificado, por representar um patrimônio precioso, responsável por regras, primeiramente as lingüísticas, depois as éticas, ideológicas, sociais e artísticas. Eis a "aura" que Walter Benjamin reconhece nos objetos de arte,[19] manifestando-se desde a Antigüidade. E sendo preservada pelo menos por duas razões: a poesia era compreendida como uma entidade elevada; e destinava-se tão-somente aos grupos dominantes, os únicos, por muitos séculos da história ocidental, com acesso à educação.

No século XX, a Teoria da Literatura associou-se ao que a escola vinha fazendo desde a Antigüidade, ajudando a consolidar o processo e devolvendo-o ao ensino com o nome de Estudos Literários. A elitização permanece, mas deixa os consumidores de fora, colaborando para o aprofundamento das diferenças que geram dois modos de exclusão: de um lado, a Teoria da Literatura alça seu objeto a um patamar de excelência que o distancia dos leitores; de outro, esses aceitam que a literatura não faça parte de sua vida ou não a entendem como tal.

As mudanças sociais e econômicas ocorridas após o século XVIII determinam, contudo, outras questão que repercutem no âmbito da literatura e da leitura, gerando novas facetas de exclusão.

As transformações provocadas pelo capitalismo, desde o século XV da nossa era até o século XVIII, quando a revolução industrial acelerou a modernização européia, requereram transformações radicais no ensino. A burguesia disputava o poder com a nobreza e, como parte dessa luta, atribuía à posse da educação a função de simbolizar a adequação da

---

[19] BENJAMIN, Walter. "A obra de arte da época de sua reprodução mecânica". In: *Obras escolhidas*. São Paulo: Brasiliense, 1985.

nova classe emergente às funções dirigentes reinvidicadas. Por sua vez, as plantas industriais, em expansão, exigiam mão-de-obra qualificada para dar conta dos serviços especializados. E a economia capitalista reclamava consumidores aptos a adquirirem os novos produtos postos à sua disposição, vinculados ao mundo da comunicação e da informação. Escolarizar a população torna-se a palavra de ordem, começando pela alfabetização em massa.

Não se trata mais do processo importado dos gregos e que sobreviveu, com pequenas modificações, durante a Idade Média e princípios da era moderna, adotado por pedagogos tanto leigos, quanto religiosos, como os jesuítas. A introdução ao mundo das letras tinha de se mostrar mais rápida e eficiente e, ao mesmo tempo, levar em conta que se destinava a usuários, boa parte provenientes do campo e de origem humilde, que até então não sentiam falta da escrita e da leitura de textos.

De lá para cá, a teoria da leitura não pôde mais se confinar à literatura, tomando nova direção. Assim, desde o século XIX, com intensidade maior no século XX, proliferaram as teorias da alfabetização. Não surpreende que essas tenham se desenvolvido especialmente em países pobres, onde, até hoje, se encontram, de uma parte, grandes contingentes de iletrados, de outro, o empenho e a adoção de arrojados projetos de crescimento econômico e aceleração tecnológica.

Eis o dado novo: o letramento passou a constituir um segmento autônomo das teorias da leitura quando aplicadas à educação. Harvey J. Graff chama a atenção para o papel ideológico que exercem, adequando o aprendiz não apenas ao mundo dominado pela escrita, mas ao mundo regido pelas regras da sociedade capitalista,[20] aspecto igualmente destacado

---

[20] Cf. GRAFF, Harvey J. *The Literacy Myth*. Literacy and Social Structure in the Nineteenth-Century City. New York: Academic Press, 1979. V. também GRAFF, Harvey J. *Literacy and Social Development in the West*: a Reader. Cambridge: Cambridge University Press, 1981. GRAFF, Harvey J. *The Legacies of Literacy*. Continuities and Contradictions in Western Culture and Society. Bloomington and Indianapolis: Indiana University Press, 1991.

por John Oxenham.[21] A peculiaridade das teses relativas ao letramento, mesmo quando se fala das idéias progressistas de Paulo Freire, no âmbito da pedagogia,[22] ou de Emília Ferreiro e Anna Teberosky,[23] no campo da lingüística, é que se apresentam como um fim em si mesmas, não mais na condição de passagem para a literatura.

Assim, se antes – conforme o modelo originário da Grécia que institucionalizava o canônico e que ainda vigora nos Estudos Literários – a literatura ficava no fim ou de fora, agora ela não está em parte alguma. A dissociação faz com que a literatura permaneça inatingível às camadas populares que tiveram acesso à educação, reproduzindo-se a diferença por outro caminho, respondendo os letrados não mais por aqueles que sabem ler, e sim pelos que lidam de modo familiar com as Letras, os especialistas. Como a estética e as teorias da literatura proclamaram, por muito tempo, a auto-suficiência da obra poética, reconstitui-se a sacralidade dessa e mantém-se a aura flagrada por Walter Benjamin, mais uma vez com a colaboração da escola e da pedagogia.

As discriminações, que se encontravam no seio da sociedade, migram para o miolo das teorias da leitura que circulam por meio da educação do leitor. Até um certo período da história do Ocidente, ele era formado para a literatura; hoje, ele é alfabetizado e preparado para entender textos, ainda orais ou já na forma escrita, como querem os PCNs, em que se educa para ler, não para a literatura. Assim, nem sempre a literatura se apresenta no horizonte do estudante, porque, de um lado,

---

[21] Cf. OXENHAM, John. *Literacy*. Writing, Reading and the Social Organization. Boston and Harley: Routledge and Kegan Paul, 1980.

[22] Cf. FREIRE, Paulo. *Educação como prática da liberdade*. Rio de Janeiro: Paz e Terra, 1974. ___. *A importância do ato de ler* em três artigos que se completam. São Paulo: Autores Associados; Cortez, 1982.

[23] Cf. FERREIRO, Emilia. *Novas perspectivas sobre o processo de leitura e escrita*. Porto Alegre: Artes Médicas, 1987. ___ e TEBEROSKY, Ana. *Psicogênese da língua escrita*. Porto Alegre: Artes Médicas, 1985.

continua ainda sacralizada pelas instituições que a difundem, de outro, dilui-se no conceito vago de texto ou discurso.

A literatura pode constituir um gênero de discurso, como sugere Bakhtin, em seus ensaios – formulação aparentemente dessacralizadora. Similar concepção, contudo, exclui a natureza material da literatura, que se configura na forma do livro, este sendo o grande excluído do ensino, porque, como se verificou antes, quando ele se apresenta, toma a configuração da obra didática, súmula de fragmentos fragilmente costurados.

Para admitir o livro como face material da literatura, cabe aceitar corresponder esta a uma mercadoria, artefato fabricado em quantidade por profissionais, conforme a sistemática de uma indústria específica que visa ao lucro. Com efeito, a literatura se expandiu e tomou o caráter que hoje tem – a faceta escrita superando a origem oral da poesia – quando veio a ser fixada num dado suporte, de cuja comercialização dependiam os sujeitos que participavam de sua criação e difusão. Ele pertence, pois, a um processo econômico, e o modo como se apresenta, na sociedade e na escola, decorre das expectativas do meio. Evitá-lo ou negá-lo representa idealizá-lo, elitizando-o por outro caminho. Compreendê-lo na sua materialidade aproxima-o da situação concreta de seus usuários.

Um projeto educacional destinado a preparar os indivíduos para o exercício competente da cidadania não supõe, acredita-se, a exclusão. Se a leitura da literatura deve contribuir para a efetivação dessa meta, ela suporá a experiência total do produto – não o fragmento sacralizador do todo, mas a totalidade dessacralizada, material e imediata do livro impresso.

AUTORES

Alexandre Veloso de Abreu
Doutor em Letras, Professor da PUC-MG.
posletras@pucminas.br

Ana Maria de Oliveira Galvão
Doutora em Educação, Professora do Centro de Educação da Universidade Federal de Pernambuco. Pesquisadora do CEALE-FaE/UFMG e do NÚCLEO DE ESTUDOS E PESQUISAS HISTÓRIA DA EDUCAÇÃO EM PERNAMBUCO-NEPHEPE.
anagalvao@nlink.com.br

Aparecida Paiva
Doutora em Literatura Comparada, Professora da Faculdade de Educação da UFMG, Pesquisadora do GPELL/CEALE-FaE/UFMG.
Cida@fae.ufmg.br

Aracy Alves Martins
Doutora em Educação, Professora da Faculdade de Educação da UFMG. Pesquisadora do GPELL/CEALE-FaE/UFMG.
Aracy@dedalus.lcc.ufmg.br

Armando Martins de Barros
Doutor em Educação, Professor da Faculdade de Educação da Universidade Federal Fluminense. Pesquisador do CEALE-FaE/UFMG.
ambarros@domain.com.br

Célia Abicalil Belmiro
Mestre em Comunicação Social, Professora da Faculdade de Educação da UFMG. Pesquisadora do CEALE-FaE/UFMG.
Celiab@terra.com.br

Cecília M. A. Goulart
Doutora em Letras. Professora da Faculdade de Educação da Universidade Federal Fluminense. Pesquisadora do PROALE.
cecilia@ism.com.br

Delfim Afonso Jr.
Doutor em Educação, Professor do Departamento de Comunicação Social da Faculdade de Filosofia e Ciências Humanas da UFMG. Pesquisador do CEALE-FaE/UFMG.
daj@fafich.ufmg.br

Egon de Oliveira Rangel
Mestre em Lingüística, Professor da PUC/SP, Coordenador do PNLD em Ação.
erangel@uol.com.br

Graça Paulino
Doutora em Teoria Literária, Professora da Faculdade de Educação da UFMG. Pesquisadora do GPELL/CEALE-FaE/UFMG.
gpaulino@gold.com.br

Hércules Tolêdo Corrêa
Doutor em Educação, Professor do Centro Universitário de Belo Horizonte - Uni-BH. Pesquisador do GPELL/CEALE-FaE/UFMG.
Herculest@uol.com.br

Jane Paiva
Doutora em Educação, Professora da Faculdade de Educação - UERJ ; Membro da Comissão Coordenadora do Programa Nacional de Incentivo à Leitura, da Fundação Biblioteca Nacional.
janepaiva@alternex.com.br

Leo Cunha
Mestre em Ciência da Informação, Professor do Centro Universitário de Belo Horizonte – Uni-BH, Pesquisador do Grupo de Jornalismo Cultural. Autor de mais de 30 Livros Infanto-Juvenis.
lacunha@unibh.br

Marcelo Chiaretto
Doutor em Estudos Literários, Professor do Colégio Técnico da UFMG, Pesquisador do GPELL/CEALE-FaE/UFMG.
mchiaretto@uol.com.br

Maria Teresa de Assunção Freitas
Doutora em Educação, Professora da Faculdade de Educação da UFJF, Pesquisadora do Grupo de Pesquisa Linguagem, Interação e Conhecimento (LIC.)
mtl@acessa.com

Regina Zilberman
Pós-Doutora, Professora da Faculdade de Letras da PUCRS. Pesquisadora do grupo de HISTÓRIA DA LITERATURA: BANCO DE TEXTOS-FONTE.
reginaz@portoweb.com.br

Ricardo Azevedo
Doutor em Teoria Literária e Literatura Comparada, Escritor e Ilustrador, de Livros Infanto-Juvenis.
rjd.azevedo@uol.com.br

Sônia Queiroz
Doutora em Comunicação e Semiótica, Professora da Faculdade de Letras da UFMG. Pesquisadora do Núcleo de Estudos da Cultura do Impresso.
queiroz@dedalus.lcc.ufmg.br

Zelia Versiani
Doutora em Educação, Professora da Faculdade de Letras da Puc Minas, Pesquisadora da Capes e do GPELL/CEALE-FaE/UFMG.
zeliav@uol.com.br

Wellington Srbek
Doutor em Educação, Pesquisador do GPELL/CEALE-FaE/UFMG.
srbek@hotmail.com

QUALQUER LIVRO DO NOSSO CATÁLOGO NÃO ENCONTRADO NAS
LIVRARIAS PODE SER PEDIDO POR CARTA, FAX, TELEFONE OU PELA INTERNET.

Rua Aimorés, 981, 8º andar – Funcionários
Belo Horizonte-MG – CEP 30140-071

Tel: (31) 3222 6819
Fax: (31) 3224 6087
Televendas (gratuito): 0800 2831322

vendas@autenticaeditora.com.br
www.autenticaeditora.com.br

ESTE LIVRO FOI COMPOSTO COM TIPOGRAFIA GATINEAU, E IMPRESSO
EM PAPEL OFF SET 75 G. NA SERMOGRAF.
BELO HORIZONTE, DEZEMBRO DE 2007.